Armanski
Maschinen des Terrors

Gerhard Armanski, geb. 1942, Prof., Dr., lehrt an den Universitäten in Osnabrück und Frankfurt; seit Jahren befaßt mit der Analyse von Gewalt in Europa - insbesondere in ihren eklatantesten Ausprägungen in Gestalt von Diktaturen.

Gerhard Armanski

Maschinen des Terrors

Das Lager (KZ und GULAG) in der Moderne

Westfälisches Dampfboot

Die Deutsche Bibliothek - CIP Einheitsaufnahme

Armanski, Gerhard:
Maschinen des Terrors : das Lager (KZ und GULAG) in der
Moderne / Gerhard Armanski. - 1.Aufl. - Münster : Westfäli-
sches Dampfboot, 1993
  ISBN 3-924550-89-1

1. Auflage Münster 1993
© Verlag Westfälisches Dampfboot, Münster
Alle Rechte vorbehalten
Umschlag: Egbert Lütke-Fahle
Druck: Druckwerkstatt Hafen GmbH, Münster
ISBN 3-924550-89-1

Inhalt

Vorwort

In der Totalität und Radikalität des Grauens stehen die Lager - zur Verwahrung, Zwangsarbeit oder Vernichtung - einzig in der Geschichte. Daher gibt es unendlich viele Zugänge zu ihnen, so sie denn wahrgenommen und beschritten werden wollen und können. Die dem Menschen geschlagene Wunde ist derart groß, daß sie schmerzt, wo und wie immer wir sie berühren. Sie strahlt unaufhebbar ab auf den, der in ihrem Radius stand oder sich in ihn begibt, in Art und Intensität allerdings sehr verschieden. Denn die erste Reaktion war und ist noch immer die, zu verdrängen und zu vergessen. Selbst die Überlebenden und die Berichtenden erzählen aus der Erinnerung und im ganz anderen Licht des Lebens; selbst sie können sich und den Nachlebenden das Dunkel des tödlichen Augenblicks oft nur unvollständig begreiflich machen. Die Qual verkapselt sich schnell. Das äußerst bedrohte Leben verlöscht bis auf eine Sparflamme, die sich nachher meist nicht wieder aufdrehen läßt und deren Licht aus diesem und anderen Gründen immer einen begrenzten Schein wirft. Die gewöhnliche Sprache wird zur Chiffre. Ihre Worte sind von denen außerhalb des Infernos besetzt. Sie treffen daher nur annähernd das, was in den Lagern war. Die Nachrichten aus dem ungeheuren Abgrund irren verstümmelt auf einer eigenen Sendelänge und werden, sofern sie denn empfangen werden, meist abgewehrt und abgedeutet. Und doch sind die Berichte der Opfer (und Täter) aus der Höhle des Verderbens letztlich das einzige, was von ihr Kunde gibt.

So widersinnig es angesichts des millionenfachen Mordes anmutet, ist auch Erkenntnis auf die Distanz zu den Ereignissen angewiesen. Nicht jene eiskalte eines Höß, obwohl auch sie Bände spricht, sondern die in Analyse verwandelte Leidenschaft des Protests. Noch indem das Massenverbrechen abrollte, vermochten es etliche, gleichsam gerichtsmedizinisch die Mechanik und Dynamik des ihnen Widerfahrenen zu diagnostizieren. Robert Antelme, Bruno Bettelheim, Viktor Frankl, Benedikt Kautsky, Eugen Kogon, Primo Levi und David Rousset waren einige der Analytiker dieser ersten furchtbarsten Stunde. Ihre Bücher sind Krankenblätter einer gepeinigten Menschheit. Den Psychiatern des Untergangs verdanken wir die ersten unwiderleglich scharfen Einsichten in die soziale Pathologie auf einem anscheinend so abgelegenen Feld der Moderne. Ihre Sprache sucht und ermöglicht (eher) den Brückenschlag zu einem verstehenwollenden Leser, um den Preis einer Konkretion, die freilich ohnehin nie die unsere gewesen ist. Auf diesen Krücken beruht unser Wissen von den Lagern (und im Falle der stalinistischen nicht einmal das, da die zweite Kategorie von Büchern darüber noch aussteht, von Solschenizyn abgesehen); anderes 'Primärmaterial' haben wir nicht. Die Aufgabe des Verstehens und Deutens der traumatischen Verletzung des Menschengeschlechts, der wir uns nicht entziehen können, hat damit ihren Ausgangspunkt. An ihm wird sich grundsätzlich nicht viel ändern; weitere Berichte und Forschungen differenzieren das Bild, aber sie verändern es nicht. Ganz anders steht es um den gesellschaftlichen und geschichtlichen Rahmen, in dem es hängt, gesehen und gedeutet wird. Um ihn wie die Anatomie der Lagermacht kreist die vorliegende Arbeit.

Dementsprechend zeichnen sich zwei Wege ab: das Geschehen soziologisch und psychologisch zu fassen zu versuchen oder danach zu trachten, es historisch-politisch zu untersuchen. Dem ersten liegt die Frage zugrunde (und folgt möglicherweise die Antwort nach), ob die Lager Bestandteil, Derivat oder gar destruktives Modell der Moderne waren. Der zweite geht der Frage nach, unter welchen Voraussetzungen und Bedingungen es zu ihnen kommen konnte oder gar kann. Gar so weit liegen diese Zugänge nicht auseinander, obwohl sie in der Regel als auseinanderlaufende gesehen und beschritten werden. Unzweifelhaft steht derzeit die soziologische Vorgehensweise im Vordergrund. Das hat seine Logik und seine Verdienste, indem wir in der uns vorfindlichen Gesellschaft genug Spuren und Stränge aufzuweisen vermögen, die dem Lagersystem benachbart oder isomorph sind. Letztlich steht die Debatte um den Charakter der Moderne dahinter. Der soziologische Befund, leider kaum der psychologische, des Lagerwesens macht Fortschritte und vermag zu jener Debatte wichtige Beiträge zu liefern. Schließlich bedeutet es einen nicht geringen Vorzug, nach den älteren soziologischen Untersuchungen nun das seither vermehrte Wissen mit neuen Methoden zusammenzustellen und vorzutragen. Im Falle der stalinistischen Lager haben wir ja nicht einmal das.

Mit der Arbeit von Wolfgang Kirstein liegt "eine der bisher seltenen, konsequent machtsoziologisch konzipierten Studien" (Friedrich Pohlmann) des KZ-Systems vor. Methodisch geleitet von Hannah Arendt und Heinrich Popitz sieht Kirstein im Konzentrationslager die Essenz der totalen Unterwerfung des Menschen im Nationalsozialismus. Historische Generaldeutungen nimmt er nicht nur nicht vor, sondern lehnt sie eindeutig ab. Er bevorzugt das induktive Herangehen, indem er aus einem Fall - das KZ Natzweiler - das Muster des Lagerterrors zu entwickeln sucht. Obwohl er dem Leser verspricht, die deskriptiv-empirische Analyse eines Lagers mit der Reflektion übergeordneter Aspekte zu verbinden, führt er diese oft unausgewiesenen in jene ein. So oszillieren ihm konkrete Lagergeschichte und systemische Lagersoziologie, während der historische, politische und institutionelle Zusammenhang unaufgehellt bleibt. Aus herrschaftstechnischem Blickwinkel untersucht er das Lager als Raum und Funktion der Macht, seine Population auf den Schienen der "geteilten Täterschaft" und der hierarchisierten Häftlinge. Sein besonderes Augenmerk gilt der Konditionierung und dem Habitus des SS-Personals sowie der Zestörung von Individualität und Sozialität der Opfer, beides gipfelnd im Lagerterror. Allerdings, und hier zeigt sich spätestens der Mangel der Einzelfallanalyse, unterscheidet er wenig zwischen verschiedenen Seiten des Lagerlebens und -systems, etwa im Verhältnis von Arbeit und Tod. Es zeigt sich, daß die Extrapolation von einem Lager auf viele auf zu dünner Grundlage ruht und daher nicht trägt. Der machtsoziologische Begriffsapparat, so frappierende Einsichten er auch bisweilen vermittelt, erscheint so eher aufgestülpt. Überdies geht er an den Häftlingen als Subjekten weitgehend vorbei. Mit der Ausblendung ihres Innenlebens und der Streichung des historisch-politischen Zusammenhangs schrumpft die Analyse auf die zu aufgeblähte Untersuchung eines einzelnen Lagers. Das ist viel, aber nicht genug.

Ähnlich verhält es sich mit der umfangreicheren Arbeit von Wolfgang Sofsky, mindestens was die begrenzenden Prämissen angeht. Indes geht sein Anspruch viel weiter, zielt letztendlich auf das Konzentrationslager als Paradigma der Moderne. Hinschauen, was gewesen ist, das steht als Motto über dem Buch von Sofsky. Er will eine Nahsicht des KZs als Machtform eigener Art liefern, nicht eine Systemgeschichte oder historisch-politische Einordnung, mit der man sich genug und eher zuviel abgebe. Methodisch bedient er sich dafür der dichten soziologischen Beschreibung und Mikroanalytik der Gewalt. Mit Hilfe der Machtsoziologie und der soziologischen Situationsanalyse untersucht er das Konzentrationslager als "dynamisches Handlungsfeld" und "abgeriegelter Kosmos", welche die Strukturen des Raumes und der Zeit, der Sozialität und Individualität" durchdringen. Hierfür wird vor allem auf Häftlingsberichte sowie Verwaltungsakten und Prozeßdokumente zurückgegriffen, weniger in ihrer narrativen Qualität denn als bedeutungsanalytisches Material der Mikroskopie der Macht. Konzeptuell ist die Arbeit vom Begriff der absoluten Macht geleitet, wie sie sich schlagend im KZ-System entäußert habe. Sie erscheint als Demiurg des Terrors, "tobt sich aus, wann immer sie will." Sie organisiert die Gewalt, übt das absolute Definitions- und Etikettierungsdispositiv aus, staffelt und delegiert. Sie bedarf keiner ideologischen Legitimation und gründet sich nur auf die eigene Negativität, mit der sie menschliche Arbeit und Existenz zersprengt (welches Wort Sofsky nicht zufällig immer benutzt). Fessellos und grausam expandiert sie um ihrer selbst willen und bewirkt als ihren Gegenpol die unbegrenzte Ohnmacht der zu Serien gepreßten Menschen. Selbst entgrenzt bestimmt sie die Grenze zwischen Leben und Tod, regiert das Sterben mit dem "Muselmann" als Zentralfigur anthropologischer Destruktivität. Absolute Macht bezieht sich auf sich selbst und ist sich erst genug im totalen Tötungsprozeß.

Mit Hilfe dieses Leitfadens untersucht der Autor die Konfigurationen der Gewalt im Konzentrationslager. Angelehnt an Foucault schildert er die terroristische Transformation von Raum und Zeit, das Lager als Architektur, Choreographie und Ritual der absoluten Macht, institutionell geronnener Gewaltkörper, der die Körper der Insassen zerstörerisch reguliert, Identität und Sozialität zertrümmert. Die mentalen und sozialen Merkmale der SS als organisierte Prügelgarde mit personalistisch-politischen Zügen durchformen die Häftlingsgesellschaft und steuern die lebenswichtige Verteilung von Macht und Arbeit, Besitz und Gewalt zu Klassen und Klassifikationen extremer Inegalität. Im "Machtprozeß zwischen Zentrum, Staffel, Klientel und Peripherie" gliedert sich das soziale Feld und wird zugleich immer wieder von der absoluten Macht dissoziiert. Die vom Zentrum verfügten Positionszuweisungen innerhalb der Hierarchie reichen von der Lageraristokratie der "Bindenträger" über Schreiber und Dienstleistende bis zur dichten Zwangsmasse der Parias und determinieren die Lebensweise und -fristen. Unter dem Gesetz des Faustrechts stehen selbst jene, die sich politisch oder moralisch gegen die Ordnung des Terrors zu wenden versuchen. Sofsky wendet sich gegen die These vom KZ als Sklaven- und Zwangsarbeitersystem. Die herrschende Logik sei die des Verlusts, Arbeit daher nicht Zweck, sondern Mittel der Macht gewesen. Sie habe sowohl ökonomische Erwägungen wie das menschliche Sachverhältnis zur Arbeit überformt und im Kapo-System ihren adäquaten Ausdruck gefunden. Das KZ produziert krasse Verelendung und menschlichen Abfall; den Insassen herrscht es Gleichgültigkeit als Fluidum absoluter Macht und Ohnmacht auf. Terrorstrafen und Exzesse zerreißen willkürlich den Zusammenhang von Anlaß und Sanktion. Sie folgen aus dem standardisierten Ensemble der Gewalt und bedürfen keiner besonderen Neigung zur Grausamkeit. Der Terror ist institutionalisiert und habitualisiert, begründet sich durch die eigene extreme Normenwelt des Lagers und geschieht arbeitsteilig und distanziert. Er gipfelt in der allfälligen Selektion als "beispiellose Situation absoluter Macht", in welcher der einzelne Gewaltträger die Serie auf der "Drehscheibe des Todes" bewegt. Die Todesfabrik der Vernichtungslager verallgemeinert und totalisiert sie. Mit dem spurlosen Auslöschen der Objekte der absoluten Macht hat diese ihren Endpunkt erreicht.

10

Der von Sofsky gewählte Zugang ermöglicht ein umfassendes und überzeugendes Tableau der extremen Gewalt im Konzentrationslager. In dieser Hinsicht hat es geradezu Handbuchcharakter und vermag durchaus, wie der Verlag hofft, das bahnbrechende, aber in vieler Hinsicht unzureichende Werk von Eugen Kogon fortzuführen bzw. abzulösen. Der Vorteil des skizzierten Konzepts ist die Stringenz der Beschreibung. Gerade hier sind aber auch Zweifel angebracht, gerade weil das Konzept so fugenlos in der beschriebenen Wirklichkeit aufzugehen scheint. Die Überlegung liegt nahe, ob diese Übereinstimmung nicht daher rührt, daß es mindestens teilweise von der Lagerwelt deduktiv abgezogen und im Gegenzug ihr wieder angelegt, insofern also tautologisch wäre. Denn woher die absolute Macht kommt, wird nirgends ausgeführt. Sie ist ebenso einfach da, wie sie sich selbst ausreicht. "Ihr Sinn ist sie selbst." Die so fruchtbar entfaltete funktionalistisch-soziologische Analyse gruppiert sich letztlich um das ahistorisch gefaßte Übersubjekt der absoluten Macht und ihrer Objekte. Das Innenleben der Subjekte auf beiden Seiten des Gewaltverhältnisses kommt hingegen kaum in den Blick. Die Barbarei des Konzentrationslagers hatte keineswegs nur organisatorische und soziale Grundlagen, wie der Autor ausführt. Die von ihm mehrfach abgewiesene Rolle individueller und kollektiver Aggression waren mindestens im Sinne von Schloß und Schlüssel ebenfalls handlungsleitend. Eine weitere Folge der gewählten Sicht ist die Unterbelichtung der Gegentendenzen im KZ-System, so schwach sie auch waren, nämlich der Solidarität und des Widerstands. Die Hypostasierung des Modells färbt auf die Präsentation des Gegenstands ab. Vielleicht hätten mehr historisch-genetische Aspekte der Untersuchung gutgetan, die bei Sofsky bis auf die präformierenden der "alten Disziplinarmächte" totaler Vergesellschaftung (Fabrik, Kaserne, Gefängnis usw.) fehlen. Das Konzentrationslager habe sich ihrer bedient, aber von ihren Zielen gelöst und in Terrorinstrumente verwandelt. Diese Zäsur wird wohl behauptet und benannt, aber nicht begründet. Die dramatisch und eindringlich gezeichnete Brechung des Menschen im organisierten Terror markiert die destruktive Seite der Zivilisation, insbesondere in ihrer deutlichsten Ausprägung. Insofern hat Sofsky Recht: "Das Konzentrationslager gehört in die Geschichte der modernen Gesellschaft." Eingelöst wird diese Einsicht aber von ihm nicht.

Damit steht er nicht allein. Die historische Methode als Mittel, Genese und Gestalt aktueller politischer Prozesse transparent zu machen, erfreut sich keines Zuspruchs, ja verfällt allzu rasch dem Verdikt der Historisierung (wie die sozial-analytische Betrachtung dem der Soziologisierung). Nicht wenige fürchten, das Singuläre, nämlich der Massenmord unter dem Nationalsozialismus, werde mit historischen Zusätzen nur verdünnt, dadurch manipuliert und hand-

habbar gemacht. Darin zeigt sich wenig Wissen um die Geschichte und Vertrauen in die Wissenschaft von ihr. Denn im Gegenteil liefert die geschichtliche Betrachtung erst die analytisch-genetischen Bausteine des dramatisch-politischen Geschehens, hier des Nationalsozialismus. Ob sie zur Erkenntnis hinreichen und inwieweit immer und gerade hier ein unerklärbarer Rest bleib, steht offen; ihre Verwerfung aber führt in die Sackgasse. Denn nicht nur stehen alle jeweils Handelnden auf der Stufenleiter einer Generationenfolge, die ihnen mehr mitteilt als unmittelbar aufscheinen mag. Es können sich im geschichtlichen Verlauf auch Faktoren kumulieren, deren Zusammentreffen unter bestimmten Bedingungen die singuläre politische Aktion erst ermöglicht und erklärt. In diesem Sinne wagt Norbert Elias (Studien über die Deutschen. Suhrkamp, Frankfurt 1989) den "Versuch, Entwicklungen des nationalen Habitus der Deutschen herauszuarbeiten, die den Entzivilisierungsschub der Hitler-Epoche ermöglicht haben, und sie mit dem langfristigen deutschen Staatsbildungsprozeß in Zusammenhang zu bringen."(7) Man muß den Befund gar nicht im einzelnen teilen, darum geht es nicht, und kann gleichwohl seinem Blick auf die untergründige kollektive Krankengeschichte einer Nation folgen.
"Warum ist im zweiten Viertel des 20. Jahrhunderts in einem hochzivilisierten Volk der Standard des zivilisierten Gewissens zusammengebrochen?" (45) Die zentrale Dynamik sieht Elias in der Überreaktion verschiedener Gruppen der deutschen Gesellschaft auf den realen und phantasierten Machtniedergang seit dem Mittelalter - eine "lange Anlaufzeit für die scheinbar aus dem Nichts entspringenden Großtaten der Barbarisierung." Auf diesem historischen Erklärungsfeld vermittelt er Topoi des nationalen Charakters. Eine Entwicklung voller Diskontinuitäten und Brüche habe zu einem tiefen Gefühl der Schwäche und (Selbst)Entzweiung geführt, im Gegenzug zu einem übersteigerten Wir-, Harmonie- und Größenideal. Kompromißlos, heroisch und spektakulär habe man sich nach der großen Stunde gesehnt, in der sich alles löse - und doch letztendlich zugrundegehe. Die autokratische und obrigkeitsstaatliche Tradition habe eine überragende Identifizierung mit dem Unterdrücker bewirkt, zumal in Krise und Abstieg, und die verzweifelte und gnadenlose Fata Morgana der eigenen Überlegenheit befördert. Kränkung und narzißtische Omnipotenzphantasien hätten sich mit einer autoritäten Staats- und Familienstruktur amalgamiert. Ein fremdzwangbestimmter Persönlichkeitstypus hätte sich in militärisch-obrigkeitliche Verhaltens- und Empfindungsmodelle gefügt. Vor dem Hintergrund der Niederlage des Bürgertums im 19. Jahrhundert und der nationalistischen und machtbesessenen Verwandlung seiner humanistischen Ideale seien barbarisierende Tendenzen immer stärker geworden. Ausgelöst durch die traumatische Niederlage von 1918 seien bereits die Freicorps als prononcierte "Vertreter der

12

anti-zivilisatorischen, anti-moralischen, die Gewalttat idealisierenden Strähne jener neubürgerlichen Tradition" (246) aufgetreten, was sich schließlich in der nationalsozialistischen Wahndoktrin vollendet habe. "Der Tod ist ein Meister aus Deutschland" (Paul Celan). Elias läßt keinen Zweifel an der historisch produzierten besonderen deutschen Verantwortung am Zusammenbruch der Zivilisation. Gerade im Vergleich mit der Entwicklung anderer Nationalgesellschaften, wie etwa der englischen oder holländischen, macht seine Tiefenanalyse das deutlich. Er führt indes an (aber nicht aus), daß der Massenmord der Möglichkeit nach den modernen technisierten Massengesellschaften allgemein angehöre. Die Zivilisation habe sich als zutiefst verwundbar gezeigt. In dieser Regression verschwänden die nationalen Zwecke und es triumphiere nihilistisch: "Luzifer auf den Trümmern der Welt." (297) Was für eine Zivilisation das nun freilich ist, die in einem bestimmten Land unter bestimmten Bedingungen derart explodieren kann, steht auf einem anderen Blatt. Erst wenn wir es aufzufinden und zu lesen vermöchten, erschlösse sich uns auch das Lageruniversum des Grauens weiter - und mag uns näher stehen als geahnt.

I. Dialektik der Diktatur

1. Zivilisation, Regression und Moderne*

Die Zuversicht auf den zivilisatorischen Fortschritt hat einen tiefen und irreparablen Bruch erfahren. Die industriell betriebene Gewalt im 20. Jahrhundert führte Adorno/Horkheimer zu der Ansicht, daß sich in ihr die dunkle Seite der "Dialektik der Aufklärung" entlade, in welcher eine instrumentell verkürzte Rationalität sich des Humanums der Vernunft entledigt habe. Offensichtlich hat die europäische Zivilisation in ihrem Fortschreiten selbst die Motive, Mittel und Taten der Vernichtung mitproduziert. Die in sie von Anfang an inkorporierte Gewalt begleitete und bedingte die industrielle Produktion und Gesellschaft. Zivilisation entwickelte sich als zwieschlächtiger Prozeß, der in herrschaftsförmiger Gestalt mit Hilfe von Technik und Wissenschaft ungeheuren materiellen Reichtum hervorrief, die Autonomie des Individuums auf die Tagesordnung setzte und seiner geistig-künstlerischen Tätigkeit neue Bahnen öffnete. Zugleich unterwarf er die äußere und innere Natur, disziplinierte die menschliche Triebökonomie zum Zwecke des fungiblen Produzenten und staatlich regulierter Sozialität, wie er die zu ihm quer stehenden gesellschaftlichen Gruppen zu eliminieren trachtete. Der Mensch und sein Körper, die Natur und ihre Gaben fielen in den Zusammenhang artifiziellen herrschaftlichen Zwangs. Dies hatte bereits mit den ersten agrikulturellen Dorfgesellschaften vor etwa zehntausend Jahren begonnen, aber sich erst mit der bürgerlich-modernen Ökonomie und Gesellschaft zum Rahmen und selbst Movens des Stoffwechsels mit der Natur entwickelt. Die primäre Herstellung des Kapitalverhältnisses ab dem 16. Jahrhundert bedurfte des zugerichteten und analog motivierten Menschen und ging darum repressiv gegen seine Trägheit, Besonderheit und Abweichungen vor. Sie bediente sich auf breiter Ebene der Institutionen totalen Zwangs vom

---

* Die folgenden Ausführungen (sowie die unter II.1 und III.1) bilden einen historisch-heuristischen Rahmen zur Interpretation des Lagersyndroms. Sie sind Prolegomena zu einer anstehenden Sozialgeschichte der Gewalt. Insofern stellen sie allgemeinste Resultate der Untersuchung, nicht etwa deren konkret-materialen Gang dar.

Armen- zum Arbeitshaus, von der Fabrik bis zur Schule, dem Gefängnis und der Kaserne, die in ihrem sozialfunktionalen Charakter, in der dinglichen Topographie und Disziplinarordnung strukturelle Ähnlichkeiten aufwiesen - "kasernierte Vergesellschaftung" (Popitz) also in der "totalen Institution" (Goffman). Materiell und geistig konnte und wollte die Moderne von Anfang an der systematischen Gewalt - sowohl der violentia gewaltförmigen Verhaltens wie der potestas machtförmiger Verfügung - nicht entraten. Auch hier sollte man "im Kern des Diskurses über 'Struktur' und 'Kultur' der Moderne die Sozio- und Psychogenese zivilisatorischer Prozesse als analytischen Bezugspunkt ernst nehmen" (Kuzmics/Mörth, 8). Die Geschichte der Moderne als zu sich gekommene Wahrheit der Neuzeit liefert die Klassenanalyse der Herrschaft und den Code ihrer Gewaltformation(en).

Der Beginn dieses Herrschaftsprozesses vom Feudalismus über den Kapitalismus bis zum Sozialismus kann tentativ auf 1095, den Aufruf zum ersten Kreuzzug festgesetzt werden. Die Identität des Abendlandes entwickelte sich fortan als polare, die des feindlich begriffenen Gegenübers bedurfte. Der Zivilisationsprozeß verlief über Integration und Separation, fügte zusammen und grenzte aus. In die Formierung der Staatsgewalt, der materiellen Produktion und der Kultur gingen gewaltsame Zurichtungen des Eigenen und die Definition und Destruktion des Fremden ein. Diese aggressiven Einschlüsse eklatierten in großen Wellen der Verfolgung - der Juden, Ketzer und Hexen -, der Eroberung nichteuropäischer Gesellschaften und der Kriege, die besonders im Fall des 30-jährigen Krieges einen Dezivilisierungsschub bewirkten. Der Fortschritt der Kultur entwickelte ebenso Methoden der Verbesserung des Menschengeschlechts wie solche, das der Herrschaft nicht Genehme umzuwerfen und zu zerbrechen. Im Verlauf der Geschichte kumulierten diese destruktiven Erfahrungen der Gewalt und sedimentierten sich im kollektiven Unbewußten wie in der individuellen Psyche als Bedrohungsangst und -bereitschaft. Diese subkutanen Aggressionsbestände erwiesen sich in Zeiten gesellschaftlicher Umbrüche und Krisen als in immer neuen Formen und Dimensionen aktualisierbar. Sie sind in die Geschichte des Abendlandes insgesamt eingelagert, wenngleich es bestimmten Nationen zu bestimmten Zeiten aus spezifischen Gründen vorbehalten blieb, sie auf historische Spitzen zu treiben. Während des Kolonialismus und Sklavenhandels vom 16. bis 19. Jahrhundert waren das insbesondere Spanien und England, während des Imperialismus im 20. Jahrhundert Deutschland und seine Verbündeten. Obwohl mit guten Gründen argumentiert worden ist, daß im Nationalsozialismus bzw. Stalinismus jene destruktiven Tendenzen der Zivilisation über dieser zusammenschlugen und ihren Begriff wie Inhalt zunichte machten, bleiben die Massenverbrechen "der Diktatur in der Moderne" (Faßler, 67) doch im Bann der Geschichte. Die progressiv-destruktive historische Dialektik des Abendlandes hat die Diktatur ermöglicht und noch ihre innere Dynamik geprägt. Die nekrophile Färbung der Zivilisation hebt ihren zwieschlächtigen Charakter nicht auf, sondern diffamiert ihn. Das Zerstörungswerk der Konzentrationslager und der Bombe von Hiroshima als bloße Barbareien anzusprechen, überhebt sich jenes historischen Charakters, indem es einen Standpunkt der Moral und Vernunft jenseits davon postuliert. Die dem Abendland immanent gewordene Aggressionsbereitschaft amalgamierte sich mit instrumentellem Verstand in der Bedienung industrieller Zerstörungsapparate zum Zwecke politischer Herrschaftsprojekte der Moderne. Die technologische und positivistisch durchformte und übermächtigte Gesellschaft bündelte ihre geläufigen Bewältigungsformen des Stoffwechsels von Mensch und Natur zum mortalen Gewaltschlag, ebenso einzigartig wie konsequent. Die angekoppelte Mobilisierung der Massen im Namen antinomischer Ideologien bediente sich archaischer Sehnsüchte ebenso wie der Gewaltangst und -bereitschaft. In totalitärer Verschmelzung regredierte das Ich zum willfährigen Objekt des Herrschaftsapparats, der sich gleichwohl nichts weniger als Methoden und Zielen der Moderne verpflichtete, nämlich einen rationalisierten, monolinearen und hegemonial verfügbaren Sozialverband zu bilden, zerstörend und zerstört einer furchtbaren Zivilisation einen furchtbaren Preis zahlend, "den Terror als tief in der Dynamik moderner Zivilisation und besonders Wirtschaftsorganisation verwurzelt" (Löwenthal). "Das dreihundertjährige Drama der Moderne" (Toulmin, 259), nunmehr historisch und begrifflich an den entwickelten westeuropäisch/nordamerikanischen Industriegesellschaften festgemacht, stellt im Kern die Genese einer kommerziell-technisch-bürokratischen Arbeits- und Wertmaschine dar. Sozial konfiguriert sie im großen Kapital, der Lohnarbeit und dem Markt, politisch im Wettbewerb der großen Parteien um die politischen Posten im säkularisierten zentralen Staat, ideologisch am Autonomiedispositiv und an den Menschen- und Bürgerrechten orientiert. In partikularisierender Arbeitsteilung verweigert sie sicht- und zurechenbaren materiellen und moralischen Sinn und verschiebt diesen auf die Effizienz und Abstraktion des sich beständig erweiternden institutionell-maschinellen Selbstlaufs. "Die Tendenz der zivilisatorischen Entwicklung, zu einer gigantischen Maschine zu werden, liquidiert schleichend den Menschen auch als verantwortbar zu machenden Urheber seiner Taten" (Liessmann, 90). Die geschichtlich produzierte Maschinalität wird zur Rhythmik moderner Gesellschaften. Sie erzwingt die warenförmige Standardisierung in Produktion und Konsumtion, verlangt eine strikte funktionale Disziplin und strebt nach der Perfektion reibungsarmer sozialer und persönlicher Abläufe. Wissenschaft und Expertentum als separierte Agenturen allgemeinen Wissens liefern entsprechende Denk- und Handlungsmodelle, etwa des social engineering. Weil und insoweit die Individuen sich in diesem sozialen Apparat als Waren- und Bürokratieobjekte gleichgültig und entfremdet gegenüberstehen, treten sie als entdifferenzierte Massen auf. Die "stumme Gewalt" der Gesellschaft ist nach innen gewandert und drückt sich in Konformität und Kooperation ihrer fragmentierten und par- zellierten Objekte/Subjekte aus, deren Zusammenhang ihnen als fremd gestif- teter gegenübertritt. Die Ausbildung entsprechender Sekundärtugenden der Ordnung, Zuverlässigkeit, Sauberkeit und Einpassung rundet die moderne Sub- jektivität ab, ohne sie freilich ganz des Gärstoffs der Sehnsucht nach Glück und Lust berauben zu können. Das Geld ist die Münze der Macht im gängigen Kon- sens und Zwang. Der offenen Gewalt bedarf sie in ihrer Reproduktion wenig - falls und in soweit diese krisenfrei verläuft. Umgekehrt umgekehrt.

In den epochalen Krisen schlug die bürgerliche Rationalisierung sans raison in totalitären Ordnungsterror um. In diesem Licht (nur in diesem, nicht etwa dem der psychischen Dynamik) erscheint die "Massenvernichtung des Natio- nalsozialismus als erster kumulativer negativer Ausbruch eines Systems ratio- naler Arbeitsorganisation" (Liessmann, 86). Die Abstraktion der Bürokratie und Warenwirtschaft spaltete moralische und vernünftige Tugenden von der Lebenswelt der Menschen ab und entließ das Erbe des dekontextualisierenden Rationalismus in die Aporie der autoritären Modernisierung. Obwohl diese sich als Sackgasse erwies, stammte sie doch von den Leitideen und -prozessen der Moderne ab, wie sie derem Arsenal die Erfahrung absoluter Macht und voll- kommener Reduktion des Menschen eingliederte. Holocaust, Gulag und Hiros- hima stellen keine Negation der Normalität dar, sondern ihre monströse Per- horreszierung, keinen Betriebsunfall, sondern einen Fehler in der Anlage. Die "potestas annihilationis" der "Herren der Apokalypse" (Günter Anders, Die Antiquiertheit des Menschen I, 239) ist nicht der göttlichen Strafe für mensch- liche Schuld zu verdanken, vielmehr wurde sie durch Menschen an Menschen ohne Schuld statuiert, konstituierte erst eigentlich Schuld. Die Massenverbre- chen dieses Jahrhunderts demonstrieren "die alptraumhafte Seite des modernen Erbes" (Toulmin, 330) - haben insoweit ihre Schuldigkeit getan und sich über- lebt. Die konstellativen Faktoren, aus denen sie hervorgingen, sind modifiziert, umgruppiert und zu einer 'Normalität' geworden, die das Trauma extremer Gewalt mit sich führt und dennoch oder gerade deswegen weiter alltägliche und eklatante Gewalt ausübt.

Wenn insoweit die Moderne gerade in ihrer Normalität Ziehvater der Exzesse dieses Jahrhunderts ist, kann ihre Analyse Aufschlüsse über das entgleiste histori- sche Experiment liefern, das Trauma mindestens benennen und lindern helfen

(Erinnerung als Medium der Aufhebung ihres Gehalts) und Fingerzeige für das Verstehen und Behandeln heutiger Abkömmlinge bieten. Die Anatomie der Macht in ihrer entstellten Form zeigt, wozu diese imstande ist. Das Konzentrationslager in seinen nationalsozialistischen und stalinistischen Varianten diente als Transmissionsriemen der jeweiligen Herrschaftszwecke wie als Brennglas menschlicher Destruktivität, Instrument und Mikrokosmos terroristischer Regime. Es gilt daher, über seine Binnenanalyse hinaus den historisch-genetischen Prozeß zu erfassen, der es möglich und nötig machte. Die Lager erfüllten bestimmte politische, ökonomische und sozialpsychologische Funktionen im nationalsozialistischen und stalinistischen Herrschaftsbau. Schließlich strahlte der Lagerterror auf eine Bevölkerung zurück - und mindestens teilweise von ihr aus -, die zwischen Konsens mit ihm, Furcht vor ihm und Solidarität gegen und in ihm pendelte. Die Pathologie der Macht ist historisch, sozialstrukturell und psychisch zu tief verankert, als daß sie die Beschränkung auf ihre externalisierten und je aktuellen Auswüchse erlaubte.

2. Das Lager* im 20. Jahrhundert

Das Lager durchzieht und prägt die Geschichte dieses Jahrhunderts. Es entstand an seinem Vorabend, und seine Laufbahn ist noch nicht zu Ende. Als moderne Form terroristischen Zwangs gegen große Menschengruppen stellt es "eine unerhörte Wunde (dar), die der Menschheit geschlagen wurde" (Jean-Marie Lustiger) - unbüßbar, unwiedergutmachbar und letztlich unverstehbar. Gleichwohl wirft es in allen seinen Formen und am zugespitztesten in Gestalt der nationalsozialistischen Konzentrationslager zutiefst beunruhigende Fragen nach der Qual und Verletzlichkeit des Menschen auf. Sie lassen sich vielleicht nie beantworten und genauso wenig jemals abweisen.
Das sinistre Signum des Lagers in diesem Jahrhundert ist unübersehbar. Die Auftritte sind nach Ort und Zeit keineswegs zufällig. Sie spannen sich von den Internierungslagern der Spanier auf Kuba 1895 und der Briten in Südafrika einige Jahre später über die Gefangenenlager des Ersten Weltkrieges bis zu den sowjetischen Zwangsarbeitslagern und den nationalsozialistischen Konzentra-

---

* Die Aussagen beziehen sich vorwiegend auf die nationalsozialistischen Konzentrationslager, weil diese in ihrer radikalen Destruktivität die negative Wahrheit der Institution ausdrücken und somit typenbildend waren, aber auch weil wir über sie ungleich mehr wissen als über die sowjetischen Lager. Für diese gelten sie nicht unbesehen. Ein Vergleich wird am Ende der Untersuchung versucht.

tionslagern, in welch letzteren sich historisch und begrifflich der Phänotyp Lager kristallisiert. Aber überall in der Welt wird weiterhin darauf zurückgegriffen, in Flüchtlings- und Internierungslagern zumal, in Algerien, Somalia, Kurdistan z.b. oder jüngst Bosnien - und auch Deutschland ist davon erneut betroffen.

Gibt es einen Leisten, über den sich alle Lager schlagen lassen? Was steht als Gemeinsames hinter ihnen, so verschieden nach Anlaß und Region sie sein mögen? Das Lager in seinen verschiedenen Formen scheint aus den Erschütterungen und Brüchen neuzeitlicher Geschichte hervorzugehen - sei es, um diese erst heraufzuführen, sei es, um eine Krise derselben zu überwinden. In beiden Fällen etabliert sich das Lager in der »black history« der Moderne, nämlich die menschlichen Person(en) absolut dirigier- und verwertbar zu machen, sie zu brechen und in letzter Instanz auszulöschen. Mindestens trifft es diejenigen, welche den einlinigen herrscherlichen Kriterien nicht genügen und die Verfügbarkeit, Geschlossenheit und Reinheit des Sozialkörpers stören könnten. Sie werden im Medium der Lager terroristisch vergesellschaftet, d.h. zwangsgemodelt und im Zweifel ausgeschaltet. Jene bilden eine gewaltförmige Subinstitution und -kultur der umgebenden Gesellschaft, aus der sie entstehen und an die sie rückgebunden sind. Das Lagersyndrom fängt und schreckt Dissidenten; es gibt sich als Remedur sozialer Mängel und Gebrechen aus; als soziales Labor der Gewalt ermöglicht es eine dehumanisierende Konditionierung der Täter und der Opfer sowie ihrer Beziehung, die auf das entsendende und auffangende System ausstrahlt.

Das Lagersyndrom entsteht und vergeht mit gesellschaftlichen Krisen. Es tritt um so heftiger auf, je substantieller und schwerer diese sind. Sozialtypologisch und psychodynamisch wirkt es in der Matrix absoluter Macht über Menschen, die es abstrakt und kalt exekutiert, darin durchaus modern und nicht etwa rückfällig. Begriffe wie Despotie, Verbrechen, Barbarei treffen daher nur moralisch eine bestimmte erscheinende Schicht des Vorgangs. Jenseits ihrer spielt sich das auf die Austreibung des säkularisierten Bösen gerichtete Reinigungsritual der Macht ab, die projektive und destruktive Wendung der (Selbst-)Anteile der Andersheit und Ambiguität. Im Aufbau und Ablauf der Lagerherrschaft wird denn auch die Person entmischt, polarisiert und degradiert. Die Täter können sich ungestraft entgrenzen, ihre Knechtungs- und Tötungstriebe ausleben und exkulpieren - dienen damit als (unbewußtes) Treibmittel des terroristischen Apparats. Die Opfer haben sich der Aggression zu amalgieren, sich zu unterwerfen und in der Tendenz selbst aufzulösen. Im Modell der Zerstörung von Andersartigkeit und Personenhaftigkeit ist das Ich nurmehr Akzidenz des (negativen) Allgemeinen.

Aktiviert wird es in Gesellschaften, welche die Möglichkeit freiwillig-kooperativer sozialer Synthese noch nicht oder nicht mehr zuhanden sehen und daher auf den direkten Zwang statt auf den indirekt-stummen der gang und gäbe Verhältnisse setzen. Sie mißtrauen ihren Bürgern und glauben sie staatlich-polizeilich abschrecken, umformen oder eliminieren zu müssen. Das freie Spiel der Kräfte signalisiert ihnen nur verderbliches Chaos. In ihrer Geschichte haben sie traumatische Verletzungen durch Orgien der Gewalt und selbst noch durch Versuche ihrer Behebung erlitten. Typologisch befinden sie sich meist in Gesellschaft der Freiheit bloß am Tag ihrer Beerdigung. Sie kennen und/oder lieben sie wenig, haben sie gar zu fürchten gelernt und sehen ihre Einschränkung resignativ bis wohlwollend.

Im Zusammenhang der europäischen Geschichte, die vor tausend Jahren den Weg des feindseligen Umgangs mit dem Fremden einschlug, ihr (im-)materielles Heil in der herrschaftsförmigen Zerlegung und Rekombination von Mensch und Natur suchte, die Zeichen des Rationalismus und der Vernunft zu Akzenten selbstläufiger gesellschaftlicher Praxis reduzierte, vor ihren eigenen Krisen zutiefst erschrak und in der Abwehr ihrer apokalyptischen Angst sie in säkularisierter Form erst eigentlich bestätigte - im Zusammenhang dieser Geschichte brachen die in ihr angesammelten destruktiven Potenzen in Deutschland und Rußland auf. Die allgemeine Möglichkeit schlug in die konkret besondere klassengeschichtliche Realisierung um. Dies geschah vor dem Hintergrund je spezifischer historisch-sozialer Dynamik in unterschiedlichen Zwecken, Formen und Resultaten. Des Lagers als Moloch des 20. Jahrhunderts haben beide - und viele andere - sich bedient, tiefe Spuren in der Psyche der Völker und der Individuen hinterlassend.

Wie sahen der Charakter und die Dynamik des Bösen auf der Folie der Lager aus? Wir müssen genau hinschauen. Vieles ist verschwunden, vergessen und verdrängt, Erinnerungen sind fragmentiert, Erörterungen gegensätzlich. Es fällt auf, daß die vorherrschende Beschäftigung mit dem Lager um seinen sozialen und psychischen Kern noch immer meist einen Bogen macht (vgl. Kuss, 1989). Weitgehend wird die Rede von "den Häftlingen" dem Blick auf ihre tiefe Zerklüftung vorgezogen, bleibt der soziopsychische Charakter "der Täter" unerhellt (vgl. Hartmann, 1991). Eine soziologische und moralische Holzschnitttechnik wird aber dem bewegenden Gehalt der Lager außen vor bleiben. Indes, "viele Anzeichen deuten darauf hin, daß die Zeit gekommen ist, den Raum näher zu erforschen, der die Opfer von den Verfolgern trennt" (Levi, 1990, 37). Die Grobzeichnung hat ja recht mit ihren grellen Kontrasten - aber es gilt doch weiterzugehen in die weniger offenkundigen, deswegen nicht weniger wirksamen Verbindungen, in die Widersprüche, Schattierungen und Winkel der La-

gerexistenz. "Die *Interaktion* von Tätern und Opfern ergibt erst das 'Schicksal'" (Hilberg, 1982, 698). Einschlächtiges Vorgehen betäubt nur diese komplizierte Wurzel, legt sie aber nicht frei. In seinem Gefolge blühen die Mythen, jene der kompletten Anormalität der Lager, der "schrecklichen Fügsamkeit" (Hannah Arendt, 1989) oder gar des Märtyrertums der Opfer. Diese waren aber weder heilig noch passiv, sondern degradiert und einverleibt. Wir schulden ihnen "nicht ein pauschales Wehgeschrei, sondern ein genaues Wissen um die Ursachen und Umstände ihres Todes" (Kaminski, 54).
Wenn man sie stilisiert, sterben sie noch einmal. Denn wo sonst könnten sie noch leben als in uns? Die Opfer zu stilisieren bedeutet auch, von ihrem Lebenstrieb und Widerstandsgeist abzuheben, die doch nicht nur für jene einen Hoffnungsfunken im Leid darstell(t)en, der nicht zu verklären ist. Die Wahrheit, die den Opfern zusteht, ist ihr absoluter und einmaliger Tod in Zuständen und Zusammenhängen, die so präzise wie möglich zu untersuchen sind. Noch im Ungeheuerlichsten ist der Mensch sicht- und spürbar, und zwar keineswegs so abseitig, wie es die wohlgefällige Vorstellung unserer 'Normalität' will. Zwischen ihrer und unserer Welt sind Fäden gezogen und Pfade getreten. Obwohl es den zivilisierten Betrachter schaudert, wird er einsehen müssen, daß es sich im Lager um einen Abkömmling seiner Geschichte und Gesellschaft handelt - Rückschlüsse sind erlaubt und geboten. Auch aus dem Abort, wie die Archäologen mittlerweise wissen und üben, erschließt sich die Lebensweise der Hausbewohner.
Hinter den Lagern sind die Umrisse eines historischen Modells innerhalb der abendländischen Kultur zu erkennen - daher ermöglichen sie einen wertvollen heuristischen Zugang zu ihr. Sie sind ein gigantischer und grausamer Sozialversuch, ein Menschenexperiment im großen, unerreicht in Art, Umfang und Resultat. Es trieb die Abstraktion und Zertrümmerung der Person bis in ihren Kern, die "totale Beherrschung von Menschen" als "Hauptziel" verfolgend (Kirstein, 79). Dies als Einschmelzung auf das Wesentliche zu begreifen, wie es gelegentlich vorkommt (vgl. Frankl, 1961), kann zur zynischen Randnote geraten. Das Lager hat das grundsätzliche Thema der Formen und Grenzen der Unterdrückung der (ideellen Gesamt)Person aufgeworfen und ließ damit "einen Abgrund in die äußersten Tiefen des Menschen aufbrechen" (a.a.O., 758). Es ist ein Archipel menschlichen Leidens und des Wunders zu überleben, der Gang und Gesetz der Welt, die ihn hervorbrachte, folgt und entstellt. Wie in einem Brunnen bewahrt er die schwarze Seite der Fähigkeiten des Menschen auf. Wir können uns in ihm sehen. Dabei wissen wir nicht, ob es sich um Rationalität oder Wahnsinn handelt. "Sanity of madness" nennt Feig den Vorgang im Untertitel ihres wichtigen Buches. "Haben wir der rationalen Durchführung eines unmenschlichen Plans beigewohnt oder einem (in der Geschichte bis jetzt und

Verlag
Westfälisches Dampfboot
Dorotheenstraße 26a

D-48145 Münster

Ich bitte um die regelmäßige Zusen-
dung von Verlagsinformationen:

Vorname: ....

Name: ....

Straße: ....

Plz - Ort: ....

Beruf: ....

immer noch unzureichend erklärten) Ausbruch kollektiven Wahnsinns? Einer Logik, die das Böse wollte, oder dem Nichtvorhandensein von Logik? Wie so oft in den Dingen des menschlichen Lebens existieren die Alternativen gleichzeitig" (Levi, 1990, 107).

Die Erfahrung des Lagers, so unvollkommen sie auch zu Bewußtsein, Wort und Gehör gedrungen ist, verstößt gegen alles bisher Bekannte - und hat doch mit diesem auf vertrackte Weise mehr geahnt als gewußt zu tun. Das war damals nicht anders als heute. Es handele sich doch nur um ein paar Verrückte, die so was täten, und übertrieben wäre es obendrein. Oder man konnte (zunächst) glauben und dann wegschieben, wie dies auch vielfach im Ausland geschah, das nicht betroffen war bzw. Krieg gegen Deutschland führte. Die Mechanik der Abwehr der Schreckenskunde pendelt zwischen Hilflosigkeit und Abspaltung, die vermischt oder rein viele Gestalten annehmen können, Bestandteil eines "chunk removal syndrome" (Feig, xxi) der Mit- und Nachlebenden. "If we avoid the hellish, we eliminate the possibilities of any serious discussion about human beings". Anders als Vermeidung ist es nicht zu verstehen, wenn selbst Hilberg in seinem grundlegenden Werk über den Holocaust ausführt: "Es war keine borniert Strategie zur Erreichung irgendeines Ziels, sondern ein sich selbst genügender Prozeß, ein als Erlebnis erfahrener Vorgang - erlebt und durchlebt von den an ihm Beteiligten" (1982, 673). Damit ist die Analyse letztendlich in eine Art situationistischen Selbstlauf verlegt und gerät *methodisch* in die Nähe des moralischen Nihilismus der Nazis, dessen Folgen er untersucht. Es gibt das Schweigen sehr vieler Beteiligter, nicht über die Fakten, aber über Ziel und 'Mission', und es gibt das Beschweigen der Motivik des Schrecklichen. Feig spricht von "death for no apparent reason" (6), Bettelheim von "sinnlosen Massenmorden in den Gaskammern" - "Menschenwerk ohne tieferen Sinns" (1985, 19), Hannah Arendt 1950 in einem Aufsatz von "vollendeter Sinnlosigkeit" (vgl. dies. über den "ideologischen Unsinn" der KZs, 1989, 30). Die Reihe läßt sich bis in Festreden und Feuilletons fortsetzen. Nach dem Maßstab abendländischer moralischer Normen sind KZs sinnlos und nach dem utilitaristischen Modell ebenfalls. Ihr möglicher 'Sinn' liegt ganz woanders - und möglicherweise doch nicht so weit weg: In der Dynamik der Hölle, im schaurigen Totentanz, an dem *alle* beteiligt waren, wenn auch in unterschiedlichen und gegensätzlichen Rollen, Sklaven *und* Herren sind geknechtet, von Angst und Haß getrieben, depersonalisiert zum Material der Gewalt (vgl. Löwenthal). Mit der bloßen Opferstilisierung und -identifikation geht man an der zwar asymmetrischen, aber interdependenten Logik des Gewaltverhältnisses im Lager vorbei. Da ist das blasse "Auschwitz in uns" noch insofern besser, als es eine Ahnung der Zusammenhänge enthält, das "Entsetzen darüber, wie

sehr der Mensch entarten kann, letztlich das Entsetzen über uns selbst" (W. Nachmann, Gedenkrede 1985) aufschimmert.
Die Zusammenhänge sind leichter geahnt als entschlüsselt. Wir wissen von der mehrschichtigen und -seitigen Konstruktion von autobiographischer Erinnerung und Wahrheit - eines so schweren Erlebens zumal. Auswahl, Bewertung und Bearbeitung bringen Facetten zustande und kein Gesamtbild. Der Berichtende und seine Zeit prägen den Bericht. Noch mehr Zweifel sind zu hegen an der geschichtlichen Kohärenz und Kausallogik von Deutungsvorschlägen. Nicht, daß solche nicht möglich und nötig wären. Aber sie haben doch eine treffende und einigermaßen zwingende Verknüpfung der Ereignisse nicht nachweisen können und sich daher allzuoft überhoben. "The postulate of some inexorable logic leading of necessity to the realization of the final solution remains a post factum construction at variance with critical facts" (R.C. Baum, 309). Um die Generalisierbarkeit von Befunden und Aussagen ist es nicht besser bestellt. Im Grunde rufen sie fast alle ihre Gegenstücke auf den Plan, erhalten darüber erst eigentlich ihre Validität. Im Lageruniversum war so vieles möglich. Ich habe den Weg gewählt, das KZ-Geschehen als Drama der Erfahrung des Terrors zu behandeln, d.h. ihren gemeinsamen Boden zu suchen. Dieser schließt mannigfache Gegensätze ein und öffnet sich vielgestaltig in die Konkretion. Wo immer möglich, ist das angedeutet, aber anders scheint eine dem Bestreben nach so umfassende wie wenigstens plausible Analyse gar nicht möglich. Zwingend ist sie nicht und kann sie nicht sein. Ich werde daher keine abermalige konkrete Geschichte des Konzentrationslagers schreiben; mittlerweile liegt hier reiches und wachsendes Material vor. Vielmehr versuche ich eine mikroanalytische Betrachtung seiner fremden Welt mit den Methoden der dichten Deskription und der transfaktischen Deutung, ähnlich wie das in der Ethnosoziologie oder -psychologie geschieht - wie diese übrigens bewußt die Verbindung zwischen dem Fremden und dem Eigenen reflektiert. Mit diesen Zielsetzungen habe ich deutsche, angelsächsische, französische und polnische Literatur - wissenschaftliche und belletristische - durchgearbeitet, auf die Fülle und Disparatheit ihrer Forschungsansätze (etwa der Persönlichkeits- und Lerntheorie, der stress-, coping- und survival-Forschung, der autobiographischen narrativen oder semiotischen, von den 'klassischen' Richtungen ganz zu schweigen) hingegen weniger achten können und wollen.
Am gravierendsten aber türmt sich das Problem der Ausdrückbarkeit. Schon für die unmittelbar Beteiligten war dies so - um wieviel mehr für spätere Betrachter, denen das Geschehen bloß durch mehrfache Filter in der "Literatur des Grauens" oder durch Filme zugänglich ist. Das Universum KZ lag schon seinen Insassen erklärtermaßen jenseits der Vorstellbarkeit, und die Über- wie

Nachlebenden bedienen sich der "Sprache der Davongekommenen" (Lustiger), stellen bestenfalls ein "Echo des Echos" (ders., Erinnerung, 28) dar. Die unerhörte und erst recht die nicht erlebte Erfahrung verlangen im Sinne des bewußten Seins eine andere Sprache. Aber wäre die verstehbar? Schon die "Rohmanuskripte des unmittelbaren Erlebens" (Costanza, 13) berichten mehr, als daß sie kommunizieren, sind sie doch oft verzweifelte Bemühungen, die tief verletzte Identität wiederherzustellen. Der Satte 'weiß' den Hunger nicht, der im relativen Frieden Lebende nicht den Terror; wenn er ahnt, ist es viel. Nur tastend läßt sich untersuchen und verstehen, ohne über allgemeingültige Gerüste verfügen zu können. Denn der Gegenstand sperrt sich. "Das Konzentrationslager hat nicht nur die Stammbegriffe der Zivilisation zunichte gemacht, die Ideale von Vernunft, Fortschritt und Verständigung. Es hat zudem den Anschein, als seien die Begriffe, mit denen man Gesellschaft zu verstehen versucht, die Begriffe des sozialen Handelns, der Arbeit und der Macht obsolet" (Sofsky, 519). Aus all dem folgt der letzte der anzuführenden Zweifel fast von selbst, dem an der Beurteilbarkeit nämlich. Maßstäbe von außen können schwer gewonnen werden, wenn es stimmt, daß das Konzentrationslager aus der Krise eben der Zivilisation stammt, die uns die gängigen analytischen und moralischen Begriffe liefert, mit denen wir uns ihm nähern. Vielleicht liegen sie im Geschehen selbst, im tragischen Bemühen der Gestorbenen und Überlebenden, der Zerstörung ihrer Person zu widerstehen. Das wollen sie uns mitteilen, und das müssen wir verstehen. Darin mag auch ein 'Sinn' des Grauens der Konzentrationslager liegen.

Die Untersuchung geht von der allgemeinen Erscheinungsform des Lagers in diesem Jahrhundert aus. Auf den Versuch, die nationalsozialistischen und stalinistischen Lagersysteme historisch zu verorten, folgt die Diskussion der historischen und sozialen Voraussetzungen des Konzentrationslagers in der abendländischen und besonders deutschen Zivilisation und ihrer Krise. Daran schließen sich Analysen des Zugangs zum KZ, des Terrors in ihm, der KZ-Wirtschaft und der Lagergesellschaft an. Ein Sozio- und Psychogramm der Täter steht den Konturen der Häftlingspsychologie gegenüber, beides verknüpft sich in Überleben und Widerstand. Das Nachwort zu den Tendenzen des Lagersyndroms beschließt den Abschnitt über das KZ. Die aufgrund der Literaturlage und des Standes der Debatte knappere Untersuchung der sowjetischen Zwangsarbeitslager skizziert zunächst eine bestimmte Tendenz der russisch/sowjetischen Geschichte, der Gesellschaft die Zwangsjacke des Fortschritts anzulegen, welche unter dem Stalinismus die Form des Gulag annimmt. Die Konturen und Widersprüche des Lagers werden in der politischen Ökonomie der Zwangsarbeit, der Machtstruktur von Funktionären, Kriminellen und gewöhnlichen Häftlingen und im Lageralltag zwischen Fron und Fütterung vorgeführt. Die Häftlingsrevolten und die Auflösung des Gulag schließen den Durchgang ab. Am Ende steht ein Versuch, die Essenz und Divergenz der beiden großen Lagersysteme herauszuarbeiten.

Die vorliegende Arbeit versucht eine in dieser Form nicht vorliegende Querschnittsanalyse des Konzentrationslagers sowohl der Sache wie den Forschungsdisziplinen nach. Anläßlich dessen sind nicht nur erhebliche Forschungslücken sichtbar, sondern ist auch die auseinanderdriftende und spezialistisch abgekapselte wissenschaftliche Produktion spürbar geworden. Von einem Brückenschlag zwischen der gerade hier reichlich vorhandenen autobiographischen Literatur (geschätzt ca. 500 deutschsprachige Titel) und den analytischen und systematisierenden Bemühungen der Wissenschaft ist wenig zu spüren. Ebensowenig von einer Untersuchung der inneren Anatomie der Lager - vorzugsweise beschränkt man sich auf deren Chronik und politische Geschichte. Ausnahmen, die vermutlich einen neuen Trend anzeigen, stellen etwa die Arbeiten von Kirstein (1992) oder Sofsky (1993) dar. Demgegenüber liegt das hauptsächliche Augenmerk hier auf der soziopsychischen Binnenstruktur und -dynamik.

Insoweit die vorhandene Literatur zugrundegelegt und vorausgesetzt wurde, begreift sich die Arbeit als Selbstverständigung und Diskussionsbeitrag für ein sachkundiges Publikum. Der gewählte Ansatz kann - weil jenseits der konkreten Fülle - dem neu Interessierten Anstöße zur eigenen weiteren Suche geben.

Phänotyp Lager

Aus der Geschichte dieses Jahrhunderts heben sich die Konturen des Lagers als neue Form umfassenden sozialen Zwangs ab - so verbreitet, daß Zeit und Ort seiner Existenz fast imaginär werden, Horrormärchen der Moderne. Sein planmäßiger Terror signiert unsere Zeit. "Auf verschiedenen Stufen und je nach den historischen Umständen produziert und reproduziert unser Jahrhundert eine ihm allein zustehende Erfindung: das Konzentrationslager" (Glucksmann, 10). Es ist der Antipode der Zivilisation, ihr Schandmal und ihre Wunde. Konnte noch die englische Philanthropin E. Hobhouse zu Anfang des Jahrhunderts die englischen Konzentrationslager im Burenland als "Grausamkeit im Großen" geißeln und daran die Hoffnung knüpfen, "daß der gesunde Sinn, wenn nicht die Barmherzigkeit der Engländer, sich gegen die Fortsetzung dieses grausamen Systems empören wird" (41) - was denn auch eintraf -, so hat sich das Ungeheuerliche aus eher bescheidenen Anfängen zu einem Monster entwickelt, das unzählige Menschenleben verschlang, einzigartig und unwiederbringlich ein jedes. "Die Lust, Hölle zu machen, durchzieht das Jahrhundert, Konzentrationen der unmöglichen Menschen, die nicht sein sollen" (Bachl, 71).

Schon im Ersten Weltkrieg, in den Gefangenen- und Zwangsarbeiterlagern ist die "Stacheldrahtkrankheit" aufgetreten und hat eine Symptomatik sozialer, physischer und psychischer Deformationen ausgeprägt, die sich noch extrem verschärfen sollte. Es war die Epoche, in der sich auch erstmalig Millionenheere, ausgestattet mit einer kümmerlichen Legitimation und fürchterlichen Waffen, auf offener Szene abschlachteten. Der gemeinsame Hintergrund liegt in der industriegesellschaftlich produzierten Weise, die Individuen als abstrakte Objekte zu Massen zu formieren, welche der Herrschaft und der Ausbeutung zu neuen Chancen verhelfen sollten. Gleichwohl war der Krieg als beabsichtigter Massenmord vom Lager zu unterscheiden, denn in der Regel findet er wechselseitig und auf Zeit statt, wie er eine distinkte, wenn auch aus den Fugen geratene Zweck-Mittel-Relation aufwies. So sehr er auch den äußeren Menschen zerriß und den inneren zerwühlte (vgl. E.M. Remarque, Im Westen nichts Neues, und A. Scharrer, Vaterlandslose Gesellen), die Zerstörung der Person ging gegen den Körper, die der Psyche war eher akzidentiell und gehört nicht zum Hauptzweck. Mit der Ausschaltung des Gegners war der Fall erledigt. Ganz anders bei den Lagern. Sie zielten, je mehr sie wurden und je länger sie währten, auf die Brechung der gesamten Person, die sie radikal von sich und ihrer Umgebung zu entfremden bestrebt waren. "Es gibt wohl kaum eine Situation menschlichen Existierens, die alle Formen und Schatten der Entfremdung dichter und brutaler zeigt, als das Vegetieren der Opfer in den Konzentrationslagern jeglicher Provenienz. Der Geschichte des zwanzigsten Jahrhunderts gehört die makabre Leistung, das Phänomen der 'Entfremdung' gleichsam 'in vitro' auskristallisiert zu haben" (Hoefer, 341). Die Besonderheit des Lagers liegt in seiner umfassenden Destruktivität, die doch 'nur' ein Zweig der allgemeinen ist. Sie ist in die moderne Geschichte eingeschrieben, die ohne sie nicht zu verstehen ist - und gleichwohl von ihren Interpreten und Verwaltern meist darum bereinigt wird. Marx und Freud, welche die Menetekel der modernen (damals nur bürgerlichen Welt) zu entziffern lehrten, konnten das grelle Licht nicht ahnen, vor dem die historisch eher zur Tagesordnung gehörenden Massaker verblassen. Denn für keine andere Zeit gilt: "Kind dieses Jahrhunderts, du wirst das Kind von Buchenwald sein und von der Kolyma ..." (Glucksmann, 10).

Die Lager haben ihre eigene physisch-dingliche Topographie und Ausgestaltung des Terrors entwickelt. Ihre Anlage bildete die gegenständliche Voraussetzung der herrschaftlichen Struktur und umschloß den ihr eigenen Machtraum. Das materielle Substrat der Lager hat sich in lakonischen Wörtern großer Tragweite niedergeschlagen: Transport und Waggon, Lager oder Zone (russisch), Platz und Block, Turm und Zaun, Bad, 'Bett' und Abort (der Exkremente des Körpers und schließlich dessen selbst), Pästen, Laus, Ratte und Hund - vor allem aber und obenan Arbeit und Brot: für jene stehen die Todesstiege von Mauthausen oder die Bergwerke der Kolyma, für dieses der karge Kanten grauschwarzer Masse, an der das Leben hing. Das ganze bildete in der Bauweise und Anlage eine Konfiguration der Macht: in eine unwirtliche und isolierte Gegend gesetzt, unzureichend gegen deren Unbilden ausgestattet, primitiv, funktional, strikt und hierarchisch. Auschwitz-Birkenau bildete eine regelrechte Stadt für zehntausende Bewohner mit 250 Baracken à 400 bis 1000 Häftlinge auf 175 Hektar Land, umgeben von 16 km elektrischem Drahtzaun und 13 km Ringgräben - eine besondere Leistung der Moderne in der Nachfolge des kolonialen hippodamischen Musters im antiken Kleinasien oder spanischen Amerika, nur daß dort wenigstens die Paläste für Götter und Herren abstachen, und daß damals der Zweck das Leben war. In der Sowjetunion waren ganze Provinzen mit Millionen von Insassen lagerisiert.

Die 'Liste' ist das Scharnier zwischen der Welt draußen und drinnen und distributives Instrument der Innenausstattung der Macht. Auf sie oder von ihr wurde per Meldung rangiert. Ihre Objekte waren gekennzeichnet von Armut und Hunger und Lumpen. In Essen, Macht, Zustand und Aussichten lebten sie extrem inegalitär. Egal (im Doppelsinn) war (bzw. wurde) der großen Mehrheit bloß das Elend. An ihrer Sorte herrschte Überfluß, man gab sich bestenfalls keine besondere Mühe mit ihnen und trachtete ihnen schlimmstenfalls sofort und beständig nach dem Leben. Die Häftlinge mußten ihr Dasein, sofern es nicht der Allfälligkeit von Schlag, Schuß und Siechtum erlag, auf ein minimum humanum zurückschrauben, ihre Lebensäußerungen rationieren von der äußeren und inneren Bewegung bis zur Sprache: im Muselmann/dochodjaga (russ., Weggeher) und den Prominenten/pridurki drückten sie die entscheidenden Pole ihrer Existenz aus.

Die Gefangenen im Lager bildeten ähnlich anderen Zwangsgemeinschaften eine eigene Häftlingsgesellschaft mit spezifischer Hierarchie und Herrschafts- und Informationskanälen, einem bestimmten Muster der Konfrontation, Kollusion und Kollaboration mit den Bewachern, mit gewandelten Werten und Personen sowie einzigartigen Lebens- und Sterbeformen aus. In ihr waren Herr und Knecht assimiliert und antagonistisch zugleich. Sie stellte Normen und Gesetze auf, die nur in ihrem Umkreis gültig waren. Sie brachte eine besondere Lagermentalität hervor, in der Moral, Instinkte und Handlungen vom Lagerzweck und Überlebensziel her umgruppiert waren. Die Lagergesellschaft produzierte in ihrer Realität, wogegen ihre Initiatoren und Betreiber zu Felde zogen, nämlich Arbeitsscheu und Verwahrlosung, und die schier unvermeidliche Folge dieser Paradoxie war Morbidität.

Diese Lagergesellschaft stand beileibe nicht isoliert in der sozialen und geschichtlichen Landschaft. Vielmehr können wir von einer mehr oder minder ausgeprägten strukturellen Isomorphie von Lager und umgebender Gesellschaft ausgehen. Was den Häftlingen zustieß, warf ein Licht auf die 'entsendende' Sozietät, ihre Sozialität war ein Subsystem derselben. Die Lager waren geheime und/oder offene Kommunikationsinstrumente zwischen Herren und Beherrschten, Ausbeutern und Ausgebeuteten, Verschonten und Todgeweihten. Auch für die nicht Eingesperrten war die Stimme des Herrn in Drohung und versteinertem Schweigen spürbar. Umgekehrt stellten die Lager die Speerspitze der Zustimmung, der Aggression und des Schuldgefühls mehr oder minder großer Teile der Bevölkerung, also gleichsam die stummen, stellvertretenden Opfer des gesellschaftlich Gefürchteten *und* Begrüßten. Insofern existierten sie fort in den Um- und Nachlebenden. Diese Kollaboration und Komplizität war im Rahmen der KZ-Geschichte bei der deutschen Bevölkerung sicher am ausgeprägtesten, die Beispiele dafür sind Legion. Aber auch andere Populationen waren hier beteiligt, und sei es auch nur augenzudrückend und schweigend. Der antisemitische Mob von Riga, die gegen die Juden wütende rumänische Soldateska in Transnistrien, ungarische Polizisten im (indirekten) Dienst des NS-Regimes, feindselige slowakische Nachbarn, polnische antisemitische Partisanen, ukrainische Zug- oder Lagerwachen, französische Kollaborateure und holländische Denunzianten - die Liste ist lang und läßt sich um die der Wegblickenden und Tatenlosen ergänzen (etwa in den USA), aber auch nicht fortsetzen, wie die italienischen, bulgarischen oder dänischen Beispiele zeigen. Weit griff die destruktive Verblendung, und das verschlimmerte sie. In der Sowjetunion stellte sich das Problem insofern anders, als zwischen 'großem' und 'kleinem' Lager mannigfache osmotische Beziehungen bestanden.

Die umrissene Isomorphie und Ubiquität der Lager belegen vor allem eines, daß sie nämlich Produkt und Krisensymptom der abendländischen Gesellschaftsgeschichte sind - ohne noch strikt aus ihr 'herleitbar' zu sein. Ihre dreifache Achse bilden politisch-sozial die Beseitigung und/oder Verwertung der Mißliebigen, wirtschaftlich die Ausplünderung und Ausbeutung der dafür Abgesonderten, psychologisch die Abspaltung, Abwehr und Vernichtung des/der 'Fremden'. In unterschiedlicher Ausprägung, Intensität und Mischung finden wir diesen Begründungszusammenhang in allen Lagersystemen vor. Sie sollen damit nicht über einen Kamm geschoren werden. Vielmehr scheint es eine Art gemeinsamen Bestand zu geben, von dem aus die erheblichen Unterschiede erst recht sichtbar sind. Wir finden ihn um so deutlicher, je mehr wir von den geschichtlichen Wurzeln über die systematische Motivik und die Essenz der Lager bis hin zu ihrer Phänomenologie gehen - und umgekehrt. Dies vorausgeschickt, werden die Kernelemente eines Phänotyps des Lagers in diesem Jahrhundert nachfolgend umrissen (vgl. den ähnlichen Versuch von Leo Löwenthal).

Übermacht

Erst im Verlauf der letzten hundertundfünfzig Jahre wuchsen den zentralen staatlichen Apparaten die politischen, sozialen und technischen Potenzen zu, ihre Objekte schier lückenlos zu kontrollieren und - im extremen Fall - zu selektieren und zu vernichten. Der fortschreitende Zerfall tradierter Sozialbindungen setzte das Individuum frei, indes: als Glied neuer Massen und Klassen. Dieser Widerspruch stand zur Lösung an; das Lager ist das am weitesten getriebene Paradigma herrschaftsförmiger Vergesellschaftung unter den neuen geschichtlich-gesellschaftlichen Bedingungen. Was Fürstengewalt und Fabrikdespotie nur partiell und temporär zuwege brachten, kristallisierte sich im Lager als perfekte Rundumverfügung über Leben und Tod seiner Insassen aus. Die absolute Macht hat sich dergestalt im historischen Verlauf nicht verdünnt, sondern im Gegenteil konzentriert.

Ihr gelten die angelieferten Subjekte nurmehr als Objekte des eigenen Herrschaftszwecks. Jedwede vorausgesetzte konsensuale Bindung ist ihr entbehrlich, genauer: sie erzwingt sie im terroristischen Reglement, das bis in die Psyche der Häftlinge reicht. Gegen die Maßnahmen der absoluten Macht und die systematische Willkür ihrer Träger ist eo ipso keine Beschwerde möglich. Ihr institutioneller Raum, obgleich an die Gesellschaft gekettet, der er sich verdankt, konstituiert sich nach eigenem Gesetz. In der Lagerleitung, ihrem Personal und Gefolge liegt das Zentrum der absoluten Macht. Ihrem Kreis schulden alle anderen unbedingten Gehorsam.

Diese Verfügung kennt keine Moral, kein Maß (außer äußerlichem), keine zeitlichen und sachlichen Beschränkungen, jedenfalls nicht im Sinne historisch erreichter und üblicher zivilisatorischer Normen. Der vollkommene Gegensatz, in dem sie dazu steht, hat diese zugleich aufgenommen und bis zur Unkenntlichkeit entstellt. Disziplin und Unterwerfung geraten in den Händen der unumschränkten Macht zur anmaßenden Totalintervention in das Leben der Häftlinge. Jeder ihrer Akte exekutiert diesen Anspruch, von der Nahrung, Kleidung und körperlichen Befindlichkeit über Benehmen, Verhalten und Arbeit bis zur psychophysischen Existenz selbst, und zwar in einem in der Geschichte fremd und ungeheuer dastehenden Ausmaß.

Indem die absolute Lagermacht dem Häftling das Rückgrat bricht und ihn bis zum Erlöschen traktiert, beraubt sie sich mit dieser Finalität auch der ökonomischen, sozialen und psychischen Substanz, die sie nährt. Die Opfer der terroristischen Vernichtung müssen ersetzt werden. Dem Projekt wohnt daher die Tendenz beständiger und erweiterter Reproduktion inne, sofern es nicht an seinen inneren Widersprüchen oder - eher noch - an äußeren Stößen zusammen-

30

bricht. Sein Scheinwerfer erfaßt immer neue Mißliebige und Widerständige, welche die Botschaft der Zivilisation anders lesen und daher gebrochen und beseitigt werden müssen. Unter ihnen wütet die destruktive Dynamik der absoluten Macht und ruft darüber letztlich ihren eigenen Untergang herbei. Denn es sind die von ihr beschlagnahmten Werte und Kräfte des Hauptstroms der Zivilisation, denen sie als Wechselbalg entstammte - und nach langem unterliegen sollte.

Un-Freiheit

Der Häftling ist gezeichnet, sobald Auge und Hand des Terrorapparats auf ihn fallen. Diese sondern ihn von seinem normalen Lebenszusammenhang, in dem es doch auch Unfreiheit gegeben hat, aber in gewöhnlichen relativen Formen. Mag er sich eines Verstoßes bewußt sein oder nicht - die Sanktion und Freiheitsberaubung stehen in keinem Verhältnis zu ihm. Sie erscheinen je länger desto mehr unlöschbar und ohne bekannten Ausgang. Fortan kann er nicht mehr frei leben und entscheiden. Er wird verhaftet, registriert, gequält und verurteilt, ohne das noch nennenswert beeinflussen zu können. Es liegt nicht mehr an ihm, mit wem er zusammenkommt, wo er ist, was er tut, wie er sein Leben fristet. Wenn es ihm gleichwohl gelingt, in dieser Fremdbestimmung ein Stück Eigenes zu ertrotzen oder zu erlisten, geschieht das gegen die Logik der Unfreiheit.

Die Freiheit des Häftlings zu vernichten, ist der Zweck der Prozedur; diesem zu widerstehen, stellt ihn in Frage. Der Transport bildet das Scharnier seiner Bewegung, die das unfrei gewordene Dasein vom vorherigen trennt. Mit dem Durchschreiten des Lagertores ist die Vorgeschichte zu Ende, und die Lagergeschichte beginnt. Unter dem Druck aufgezwungener Maßstäbe und Verrichtungen büßt der Lagerinsasse zentrale Dimensionen des Lebens ein. Sein Körper, sein Geist, sein Alltag, seine Arbeit und schließlich sein Leben sollen ihm nicht mehr gehören. Die Lagerexistenz beraubt die Person ihrer Selbstbewegung und damit der wesentlichen humanen Seinsbedingung. Sie erlaubt dem Häftling allenfalls, sich auf dem Boden der Unfreiheit einzurichten und kleine Portionen des Verlorenen zu bewahren und wiederzuerlangen.

Diese Schrumpfvariante der Freiheit mag mit den Gesetzen des Lagers zusammenfallen - und insofern keine mehr sein. Indes behauptet sie sich in zwei Fluchtformen: Der Häftling gewinnt sie, indem er sich vernichtet; oder er setzt sie sich zäh als Ziel jenseits des Lagerlebens vor. Aber selbst hierin ist er nicht frei, sondern zwangsweise in Bedingungen gestellt, die er nicht zu gestalten und zu verantworten hat. Der fremde Herrschaftszweck bannt ihn als Notwendigkeit, deren disparate Form der Zufall ist - dem Humanum freiheitsfordernder und -fördernder, selbstbestimmter Aktion feindlich. Er hat gesiegt, wenn er die Person ihrem eigenen Selbst entfremdet, sie unter Kuratel stellt und zutiefst zerklüftet, noch ehe er sie tötet. Der auferlegte Tod ist das letzte Siegel der Unfreiheit in der Häftlingsbiographie voller Schmerz, Pein und Sterben.

Indem das Lager so mit der einzelnen, den vielen Personen umgeht, ist es ein fundamentaler Angriff auf die Freiheit des Menschengeschlechts, die konzentrierteste Form, sie zu leugnen und zu entstellen, worin denn auch sein Daseinszweck besteht. Diesen Angriff zu erleben und zu überleben oder ihm zu erliegen, polarisiert es. Noch und selbst in der extremen Negation der Freiheit macht diese sich geltend, wie armselig und geschunden auch immer. Wer es durchlitten und wer es nacherfahren hat, weiß mehr von ihr. Es mag ihm dann scheinen, er habe ihrer zu wenig geachtet oder ihren, oft schleichenden, Verlust zu spät bemerkt. Der versteinerte Zustand der Unfreiheit verweist auf die Geschichte ihrer Herkunft, soweit man sich auch, ehe man ihm verfiel, dieser enthoben glauben konnte. Die Freiheit des Erinnerns nach der Zukunft hin erscheint dem Häftling als ihr wirkliches Licht, in dem er sie zu gewinnen trachtet.

Un-Recht

Abhängigkeit umfängt das Schicksal eines Menschen. Als tradierte, übliche und mindestens teilweise wechselseitige mag er sich in ihr einrichten, sie gar zu seinen Gunsten verändern. Solange er über einen wenigstens normativen Rechtstitel auf eine auskömmliche Lebenslage und hinlängliche Freiheit der Person verfügt, bzw. alle Beteiligten daran glauben (oder zu glauben vorgeben), wird ihm seine Situation nicht aussichtslos erscheinen. Diese Ansprüche aus bloß überlieferten in gesetzförmige und progressiv erweiterte zu überführen, hat einen Gutteil der kulturellen und politischen Geschichte des Abendlandes ausgemacht.

Die Erfahrung des Häftlings bedeutet einen radikalen Bruch mit dieser Entwicklung. Er wird ohne oder mit bloß formalen Rechtsgründen seiner Freiheit beraubt. Er ist schuldig von vornherein und unwiderruflich. Ein Rechtsmittel gegen diese Verurteilung de facto gibt es nicht. Abhilfe kann nur (schattenrechtlich) durch informelle Begünstigung oder (naturrechtlich) durch Flucht, Untertauchen oder Widerstand geschaffen werden. Viel häufiger stirbt der Delinquent, ehe er sich recht zu rühren versucht haben konnte. Der Gefangene wird gegen seinen Willen abtransporiert an einen Ort, dessen Lage und Beschaffenheit ihm fremd und nicht von ihm gewählt sind. Der bereits erfolgten flagranten Verletzung der sozialen Schutzrechte der Person fügt sich mit dem Eintritt ins Lager der durch kein Recht, nicht einmal eine Satzung, gedeckte Übergriff auf ihre physische und psychische Existenz. Körper und Kleidung werden zwangsweise verändert, somit das individuell Unverwechselbare ausgelöscht, mindestens reduziert. Der Name wird zur Nummer, die Person zum Häftling. Fortan obliegt ihm nichts mehr selbst: Art, Umfang und Qualität der Nahrungsaufnahme und Körperentleerung; Körperpflege und Krankheit; Beschaffenheit und Belegung des Quartiers; Aufteilung und Gestaltung von Arbeit und Freizeit; Gesellung und geistig-kulturelle und politische Neigung; sexuelle Wünsche; Zeitpunkt und Art des Todes sowie Verfügung über das Nachher. Die Bezüge summieren sich zu einem modernen System der Sklaverei, das jede auch nur entfernte Ähnlichkeit mit dem erreichten zivilisatorischen Standard bürgerlicher Freiheit eingebüßt hat. Der im herkömmlichen Sinn rechtsfreie Raum ist jedoch nicht rechtsverlassen. Das Lager generiert eigene Gesetze in Zerrform und/oder Kontrast zu jenen der herrschenden Gesellschaft. Sie enthalten eine tiefgreifende Paradoxie: sie regulieren die Willkür, indem sie sich auf das Recht des Stärkeren gründen; die Enklaven "älteren" moralischen oder politischen Rechts liegen auf diesem Boden und müssen sich auf ihm bewähren oder untergehen. Gleich einer Horde kennt die Lagersozietät auch Solidarität unter ihren Mitgliedern, aber nur in eng gezogenen zeitlichen und sachlichen Grenzen und immer dem leitenden Zweck untergeordnet, kraft dessen sich vor allem die Mächtigsten unter den Machtlosen durchsetzen und erhalten sollen. Das Recht entledigt sich sozialmoralischer Postulate, es regrediert auf das archaische Niveau einer notdürftigen und immer wieder überrannten Regelungsinstanz im Überlebenskampf.

Lebenswende

Der Häftling hat das Reich des Lebens hinter sich gelassen und ist durch das Tor des Todes gegangen. In der Regel wird er von Angehörigen und Freunden getrennt. Seine Erinnerungen versinken schnell unter dem brutalen Ansturm der Gewalt. Was ihn ausgemacht hat, ist verloren; die um ihn warten, sind fort. Er ist allein mit den Schemen seiner früheren Existenz, und oft verschwinden auch die. Da ihm kaum oder nur dürftiger kommunikativer Verkehr gestattet ist, kann er sich kein Bild mehr machen, wie sich Personen und Verhältnisse ändern. Was er bewahrt vom früheren Leben, ist abgeschnitten und droht zu verkümmern. Seit er den Schock des Zugangs erfahren hat, ist ein Teil seines Selbst von ihm abgerissen. Auch wenn er es wiederfindet, stimmen die Bruchstellen nicht mehr zusammen. Sogar Anlaß und Art der Verhaftung verblassen. Nur am Anfang denkt der Häftling daran und spricht davon. Sein Leben ist weithin wie ein blinder Spiegel geworden, in dem er sich nicht mehr erkennt. Mit den Gesichtern und Ereignissen sind auch die Gefühle fort. Schmerz und Freude hinterlassen nur noch Druckstellen, die verraten, was und wo sie einst waren.

Das Lagerleben, wenn er denn überhaupt dauerhaft zugelassen ist, nimmt den Häftling auf und löscht sein Herkommen aus, nicht nur seine Erinnerungen, sondern auch seine Moral, seine Fähigkeiten und sein Alltagswissen. Der Neuankömmling ist nichts und niemand. Seine Bewacher haben an ihm nur als Gegenstand für ihre Zwecke Interesse. Die Mithäftlinge sind mit sich selbst beschäftigt und kämpfen wie er ums Überleben. Sie sind in eine Gemeinsamkeit gestoßen, die alle abstoßenden Züge einer Zwangsgemeinschaft trägt. Jede Regung steht unter dem Diktat des Mangels an allem, was Menschen ausmacht. So entwickelt sich eine Art Ökonomie der Dinge, der Seele und der Worte, die auf das Nötigste konzentriert ist. Selbst wenn der Häftling weiß, wie es um ihn bestellt ist, so sendet er nur mit zerhacktem Code und wird auf diese Weise auch empfangen. Ganze Bereiche seines Gefühlslebens trocknen aus; er ist von ihnen genauso getrennt wie von seinen Mithäftlingen. Worte und Handlungen "stimmen" nicht mehr. Ihr neuer Sinn ist oft schwer entzifferbar und erst zu lernen. In der Höhle der Angst oder Stumpfheit ist nur wenig Platz füreinander. Die kargen Mitteilungen der Zusammengedrängten sind (über-)lebenswichtig und doch nur ein Gestammel; dem Lager haben sie kaum etwas entgegenzusetzen oder dem Mithäftling entgegenzubringen. Die Schattenfiguren geben nur Umrisse. In den Augen sitzen die Reste des Lebens am längsten, sie erlöschen zuletzt.

Wie kann sich einer ohne Erinnerung und ohne Mitmenschen zurechtfinden? Es fehlt ihm das Echolot für den Boden, auf dem er sich befindet und für die Erlebnisse, die sich auf ihm abspielen. Tonlos und unwirklich werden die Menschen und Dinge - Vorboten des Todes, der am Ende steht und nicht lange wartet. Der Häftling ohne Eigenschaften treibt ihm um so schneller zu, je weniger er noch Spuren seiner selbst vorfindet. Das schließt nicht aus, daß er bis zum Schluß sozial funktioniert, als Rädchen in der Lagermaschinerie, deren Zusammenhang ihm verborgen bleibt, von der er nur die Gesetze und die Resultate kennt. Der letzte Raub ist jener der Zukunft. Wenn es ihn nicht gut trifft und er nicht an etwas oder jemand zu denken und dafür zu kämpfen hat, an wen soll er sich innerlich wenden, von wem etwas erwarten? Noch ehe der Häftling tot ist, kann er derart schon gestorben sein, namen- und echolos abgerissen vom Stamm des Lebens. Von diesem Erlöschen unter der Folter haben wir keine Nachrichten - die stammen von denen, die ihr widerstanden. Die Qual des Lagers besteht darin, daß es dem Häftling nicht nur die Existenz verwehrt, sondern auch deren Schatten vernichtet.

34

Der "neue Mensch"

Die äußere und innere Lagerstruktur stülpt den Menschen um, sofern sie ihn am Leben läßt. Er ist krassem physischen und psychischen Terror ausgesetzt, sein Alltag und seine Arbeit tragen die Züge der Sklaverei, sein Ende ist geplant und voraussehbar. Dafür muß er de- und resozialisiert werden. Die Normen und Sitten seiner bisherigen sozialen Beziehungen verfallen einer Selektion: nur diejenigen Elemente sollen überleben, die nach den herrschenden Zwekken lagertauglich sind, nämlich Robustheit, Rücksichtslosigkeit und Unterwürfigkeit. Umgekehrt werden neue lagerförmige Tugenden gefordert. Der neue Mensch soll schier unbegrenzt anpassungsbereit sowie nach den (un-)geschriebenen Gesetzen der Lagerordnung einsetzbar und verwertbar sein. Dazu braucht er vor allem eine Gedankensperre, (Selbst-)Härte und blindes Funktionieren. Alle Lagersysteme setzen auf diesen roboterähnlichen Mechanismus, keines vertraut der ideologischen Erziehung oder gar der Einsicht. Alle sind sie darin versiert, den Häftling zu des Häftlings schlimmstem Feind zu machen, dem er kaum trauen darf, der ihn kontrolliert und schikaniert.

Obwohl diese Art von Sozialisation extrem "außengeleitet" ist, hinterläßt sie im Innenleben gewaltige Spuren, selbst wenn wir von Anteilen in der Psyche des Häftlings, die ihr entgegenkommen, d.i. vor allem sado-masochistische Unterwerfungsbereitschaft und projektive Identifikation mit den Bewachern, absehen. Die menschliche Triebstruktur wird gewaltsam umorganisiert. An der Spitze der Lagerzwecke steht nicht die Erhaltung oder gar Bereicherung des Lebens, sondern die nach Art und Umfang fremdbestimmte Aufführung und Leistung, und sei es die des Todes. Der Lebenstrieb des Gefangenen erhält einen schweren Schlag und muß alle Energien mobilisieren, um sich gegen die destruktive Zumutung der Lagerwelt zu wehren. Die geistigen Kräfte werden reduziert und kanalisiert, die instinktiven auf den Plan gerufen, in dessen Mitte die Nahrung steht. Vor dem Gebot des Überlebens weichen alle anderen Strebungen zurück, werden ihm untergeordnet oder verschwinden. Dazu gibt es nicht viele Alternativen, im wesentlichen nur zwei: sich zu "lagerisieren", d.h. ein lagerfunktionales Geschöpf zu werden, oder zu sterben, sofort oder schleichend. Die Wahl aber steht nicht im Belieben des Häftlings. Im Rahmen, den andere spannen, kann er sich allenfalls auskennen und Schlupfwinkel suchen. Die Bestrebungen der Lagerleitung und der Häftlinge begegnen und kreuzen sich im alltäglichen Macht- und Beziehungsgeflecht der Arbeit, der Unterkunft und des Essens. Während jene ein disziplinierendes Regelwerk durchzusetzen sucht, versuchen diese, es zu unterlaufen bzw. nach ihren Bedürfnissen zu richten, sofern sie das objektiv/subjektiv noch können und wollen. Denn es gehört

zur Sozialpsychologie des neuen Menschen, daß er unter gegenseitig auferlegten Zwängen lebt, die widerständige Energien ebenso binden wie sie wächteri-
sche entbehrlicher machen. Bis zu einem gewissen Grad stabilisiert sich so das
System selbst und bedarf nur an Knotenpunkten seines Ablaufs des unmittelbaren Eingriffs der Lagergewalt. In einer auf lange Zeit gestellten, politisch gesetzten Massenhaft, bei der herrschenden Lebensnotdurft ist das auch im Interesse der Ausgepowerten selbst, die sonst rasen müßten und untergetrampelt
würden. In der schmalen Zone zwischen oben und unten, Funktionieren und
Rebellieren, Versteinerung und Tod, haust der Lagerhäftling im Schatten über-
wältigender und jederzeitiger Drohung. Um sich zu erhalten, greift er zu sehr
unterschiedlichen Taktiken, die im "normalen" Leben eher verpönt sind: mit
den Wölfen heulen, eine Hand wäscht die andere, Verstellung bis zum äußersten, mit dem Rücken an der Wand, Messer raus oder Leinen los. Es ist der
schmale Weg, der breite führt in den Tod. So sind denn viele um- und nur
wenige davongekommen. Sie haben den Probelauf des neuen Menschen mit
ihrem Leben bezahlt.

"Und es ward ihnen gegeben, daß sie die Menschen nicht töteten, sondern sie quälten
fünf Monate lang; und ihre Qual war wie eine Qual vom Skorpion, wenn er einen Menschen sticht.
Und in jenen Tagen werden die Menschen den Tod suchen und nicht finden, werden
begehren und sterben, und der Tod wird vor ihnen fliehen.
Und hatten über sich einen König, den Engel des Abgrunds, des Name heißt auf hebrä-
isch Abaddon" (Offenbarung 9; 5, 6 und 11).

Die "moderne Methode des totalen Zwangs" (Bettelheim 1985, 50) hat sich tief
in die Seelen der Mitlebenden und der Überlebenden gegraben und wirkt auch
im Inneren der Nachgeborenen weiter. Sofern sie den Alp nicht wegzuschieben
trachten, versuchen sie, ihm nachfühlend, untersuchend, deutend und folgernd
beizukommen. In den literarischen, filmischen und wissenschaftlichen Werken, in denen sie das betreiben, wird der tiefe Riß zwischen unserer üblichen
Begriffs- und Verstehenswelt und dem Lageruniversum spürbar.
Daraus entwickeln sich Unangemessenheiten, etwa im komplizierten Verhältnis von Mordmaschinerie und individueller Verantwortung, oder im Anlegen
von Allegorien oft archaischen Ursprungs. So Des Pres: "The concentration
camps are plainly an embodiment of the archetype we call hell" (171). Oder
Adelsberger: "Menschen so zu entstellen und sie in die tiefste Verdammnis zu
treiben, ist ein Machtwerk des Teufels" (102). Beide sind keine religiösen Autoren, verwenden aber ein Bild aus dem Bereich der Religion, um die unendliche Pein auszudrücken. Diese Hölle hängt in der Luft, weil ihr das Gegenstück,
der Himmel, fehlt. Diese und die meisten anderen Autoren glauben nicht an

ihn, und die Leidenden schon gar nicht - allenfalls in der säkularisierten Form unbeschädigter Rückkehr ins (frühere) Leben. Die häufig (übrigens von Mördern wie Opfern) verwendete Allegorie von Dantes Inferno trifft nur partiell bzw. liegt zu hoch. Denn "in Dantes Inferno, da konnten die Menschen noch weinen und klagen; Millionen sind umgekommen, die nicht weinen und klagen konnten, die mehr erlebten als Dantes Inferno" (Schmorak, 110). In Dantes Hölle sind die Gequälten Sünder und erleiden ihre Strafe im Kosmos göttlicher Gerechtigkeit. Daran hängen die meisten der allegorischen Deutungsversuche, zu denen die Figuren der Gottesrache, des Totentanzes, der Apokalypse sowie des manichäischen Kampfes zwischen Gut und Böse gehören. Aber wo wäre die KZ-Gerechtigkeit, und wo war Gott? So stehen derartige Bilder in Gefahr, dem Nachtmahr doch noch einen irgendwie gearteten höheren Sinn zu unterlegen, von der fragwürdigen allegorischen Vergleichsebene ganz zu schweigen. Denn der mittelalterliche Scheiterhaufen ist ein armseliges Feuerchen gegen die Flammenwand des KZs. Das rasend Verzehrende findet sich schon eher in Allegorien des Pesthauses, des Kreisrades, des Monsters (Behemoth) oder des Molochs (Baal). Obwohl auch noch biblisch-mittelalterlich 'gemütlich' eingefärbt, fassen sie den absurden Aufbruch und Sog aus der Tiefe, der wie ein Mahlstrom die Menschen verschlingt. Denn die Lager stellen jede bekannte Ordnung auf den Kopf und in Frage; prinzipiell anomisch widersetzen sie sich jeder (auch negativen) Norm. Sie stellen eine kafkaeske Schatten- und Gegenwelt dar, hier hat die Wirklichkeit die Allegorie aufgesogen und hinter sich gelassen, sie wird wahr im beabsichtigten Erlöschen der Körper, Seelen und Augen.

Den historischen, sachlichen und begrifflichen Kern des Phänotyps Lager bilden die nationalsozialistischen Konzentrationslager, Höhepunkte der zwangsweisen Reglementierung und Zerstörung des Menschen, "the most cruel, shameless, and devilish institutions which human sadism has invented" (Bondy, 466). Der Nazismus stellte in seiner destruktiven Radikalität und Anthropologie sowie in der Systematik und quantitativen Dimension des Mordens alle historischen Greuel in den Schatten. Er gründete seine Macht auf die verallgemeinerte Form der Lager, "where the art of cruelty was refined to perfection" (Donat, 167). Die Opfer wurden zielbewußt entmenschlicht und entindividualisiert und schließlich mit quasi-industriellen Methoden umgebracht, von Subjekten gänzlich zu Objekten konditioniert und als solche kalkuliert. Die KZs waren historisch einzigartige "Laboratorien für das Experiment der totalen Beherrschung des Menschen" (Arendt 1989, 24), in der Geschichte der Gewalt "un point d'arrivée, une escale et un point de départ" (Cormier, 249). Wenn sich in ihnen eine "grundlegende Erfahrung und elementares Leid unserer Zeit" (Arendt, a.a.O., 54) verkörpert, allein stehen sie nicht in der Landschaft dieses Jahrhunderts. Während sich das Nazi-Lagersystem historisch und moralisch einzigartig darstellt, ist aus unterschiedlichen Graden und Formen die Institution Lager mit ihren spezifischen Merkmalen zeitlich und räumlich weit gestreut - eben Signum des Jahrhunderts. Die Nationalsozialisten haben die Lager nicht erfunden, aber sie sachlich und begrifflich zum Gravitationszentrum ihrer Erscheinung verdichtet. Im Verhältnis zu ihm können wir die anderen Lager- und auch Terrorformen bestimmen. An Auschwitz-Birkenau und Treblinka als den größten fabrikmäßigen Tötungsoperationen der Menschheitsgeschichte, an Mauthausen, Buchenwald oder Neuengamme als den bisher wirksamsten Terrormaschinen zur Brechung des Menschen werden wir sie messen, nicht etwa aufrechnen. Denn "das Ungeheuerliche ist überall und einerlei und nirgends. Aber jeder Ort des Todes ist absolut, jeder ist einmalig" (Bachl, 21). Die vielen (sowjetischen, japanischen, britischen, rumänischen, US-amerikanischen usw.) Eigenformen der terroristischen Verwahrung, Abschreckung, Arbeit und Vernichtung bestätigen nur die Monstrosität des Zentralmodells.

Wir sollten genau hinsehen, um andere Lagerformen (wie Geisellager im Kolonialkrieg; Kriegsgefangenenlager; Zwangsarbeitslager, Auffangs- und Abschiebelager; Strafkolonie-Bagno usw.) und andere Terrorformen (des Genozids, vor allem desjenigen an den Armeniern, vgl. Littell, 98 ff; des Massakers; der Massenexekution und/oder -haft; der Euthanasie; der Marginalisierung und Isolierung usw.) vom despotischen Vernichtungslager als Extrem der geschlossenen terroristischen Anstaltsform zu unterscheiden. Die Analogie mit der Sklaverei (z.B. Elkins) trifft nur bedingt zu (gewaltsame Herauslösung aus der Umgebung, traumatische Verwandlung der Existenzbedingungen und Werte, Gewaltsystem und Wandel der Person), übersieht hingegen fundamentale geschichtliche und soziale Unterschiede. Der antiken und kolonialistischen Sklaverei ging es in erster Linie um Ausbeutung, was einen gewissen schonenden Umgang mit den Arbeitsobjekten verlangte. Schließlich ist eine Gleichsetzung der beiden großen Lagersysteme dieses Jahrhunderts, des nazideutschen und des stalinsowjetischen, nicht haltbar, so viele Gemeinsamkeiten sie auch prima facie aufweisen mögen, und wie sehr eine mögliche subkutane Korrespondenz bestanden haben mag. Nachgewiesen hat die Berechtigung, sie ineinszusetzen, bisher niemand; behauptet und vehement bestritten worden ist sie oft. Es "besteht ein gravierender Unterschied zwischen den Straflagern des Gulag und den zu systematischem Genozid errichteten Vernichtungslagern" (Hoefer, 342), selbst noch zu den KZs. Wenn man Zwangsarbeit, Gegnerbeseitigung und Rassenvernichtung als konstitutive Elemente derselben annimmt, fehlt bei den sowjetischen Lagern das dritte Kriterium ganz, während das zweite und vor allem das erste im Vordergrund stehen. Die Population der NS-KZs war vorwiegend der Vernichtung geweiht, die der sowjetischen Lager in erster Linie industrielle Reservearmee staatlich forcierter Entwicklungspolitik. Armeen des Todes waren sie beide.

3. Historischer Ort der nationalsozialistischen und stalinistischen Lagersysteme

Die komparative Untersuchung der beiden Lagersysteme und ihres jeweiligen genetisch-strukturellen Zusammenhangs steht vor einem Dilemma. Anscheinend sind die Ähnlichkeiten bestechend: Willkür, Entrechtung und elende Existenz auf den Tod herrschten hüben wie drüben im gesamten gesellschaftlichen System als auch in den Lagern als dessen Eckpfeilern. Die politische Willensbildung und deren Exekution hätten unter einem ideologisch ausgerichteten Regime gestanden. Die absolutistisch-autoritäre Staatsordnung hätte die Gesellschaft durch- und überformt. Nach verbreiteter Vorstellung transmittierte sie die Intentionen des diktatorischen Machtdispositivs von den Schaltstellen des Partei- und Staatsapparats über die Ökonomie (im nationalsozialistischen Fall wird dies zuweilen eingeschränkt oder bestritten) und die 'Massenorganisationen', Erziehung und Massenmedien bis in den privaten sozialen und seelischen Raum der Individuen. So verwundert es nicht, daß sowohl analytisch die Totalitarismustheorie beide Systeme zu erfassen beansprucht, wie bezüglich der Lager eine Gleichsetzung vorgenommen wird. Das factum brutum massenhafter Unterdrückung und Tötung macht die Betroffenen gleich und findet seinen Ausdruck in einer analogen Theorieproduktion.

Aber schon dem näheren Blick müssen Unterschiede auffallen. Das Selbstverständnis der beiden Diktaturen als hegemoniales Projekt der Herrenrasse bzw. Kernland des internationalen Sozialismus ist nicht einfach beiseitezusetzen. Sie besetzten damit einen historisch-politischen Raum, den sie programmatisch und praktisch zu gestalten trachteten. Wenn Ideologie mehr ist als interessengeleitete Verblendung, gibt sie Aufschluß über die historisch gesättigte Intentionalität der Akteure. Dieser gilt es in Begründung und Auswirkung nachzugehen. In diesem Zusammenhang ist es nicht unerheblich, daß die Lager in dem einen Fall Konzentrationslager genannt wurden, im anderen Arbeitsbesserungslager; die unterschiedlichen Namen bezeichneten ihre funktionale Differenz. Während im KZ die Vernichtung (durch sofortige Tötung, mortale Lagerbedingungen oder Arbeit) aller Mißliebigen sowie die Eliminierung politischer Opposition im Vordergrund standen und demgegenüber die produktive Funktion widersprüchlich und nachgeordnet war, verhielt es sich in den sowjetischen Lagern genau umgekehrt: dort ging es um eine staatliche Zwangsorganisation der Arbeit in häufiger Tateinheit mit politischer Repression bei hingenommener bis gewollter Todesfolge. Beide Systeme verstießen eklatant gegen Menschen- und Bürgerrechte, haben willentlich den Tod von Millionen Insassen herbeigeführt - und dennoch oder gerade deswegen ihre historischen Ziele nicht erreicht. Die unterschiedlichen Zwecksetzungen waren dem verschiedenen historisch-politischen Ort des Nationalsozialismus und des Stalinismus geschuldet. Sie wirkten sich in der politischen Struktur und Aktion, dem Denken und Verhalten der Bevölkerung sowie im Binnenverhältnis der Lager selbst aus, welche ihrerseits auf die gesellschaftliche Synthesis zurückwirkten.

Es ist kein geschichtlicher Zufall, daß die ausgedehntesten und brutalsten Formen des Lagers im 20. Jahrhundert in Deutschland und Rußland entstanden, während es andere Länder und Zeiten bloß zu milderen Varianten gebracht haben. Die Frage nach dem Grund hierfür verschiebt sich zunächst zu der nach dem historischen Entstehungs- und Bedingungszusammenhang der Diktaturen, die beide Länder in diesem Jahrhundert errichtet haben. Wenn man dafür nicht eher zufällige, mentale oder gar personale Gründe verantwortlich machen will, wird man sie in der Geschichte suchen müssen.

Es fällt auf, daß sowohl Deutschland wie Rußland eine besondere Stellung im europäischen Kontext einnahmen. Jenes geriet aufgrund seines exaltierten mittelalterlichen Hegemoniestrebens (Doppelrolle von Imperium und Regionalmacht) und seiner exponierten geographischen Lage im Prozeß der Nationalstaatsbildung (als Schnittpunkt und Schlachtfeld europäischer Widersprüche) ins Hintertreffen, dieses sah sich gar infolge tatarischer Fremdherrschaft mit ihren lastenden Nachwirkungen an die Peripherie der europäischen Entwicklung gerückt. Deutschland gewann zwar im 19. Jahrhundert wieder Anschluß an die Moderne, aber um den enormen Preis sozialökonomischer Verwerfungen, illiberal durchsetzter Politik und enormer sozialpsychologischer Spannungen. Kapitalistische Produktionsweise und bürgerliche Demokratie entwickelten sich asynchron. Die junge Bourgeoisie und Teile des Feudaladels gingen ein (klassen)politisches Bündnis ein, um sich die erstarkende Arbeiterbewegung vom Leib zu halten, die Produktivkräfte umzuwälzen, ohne die Herrschaftsverhältnisse anzutasten, in Gestalt und mit den Mitteln der autoritären Monarchie die gesellschaftlichen Konflikte zu regulieren und schließlich um im imperialistischen Wettbewerb die nachhängende Stellung Deutschlands wettzumachen. Diese Konturen eines etatistisch-disziplinären Ordnungsmodells der Moderne brachte Deutschland (und ähnlich übrigens Japan) als Morgengabe ins 20. Jahrhundert. Rußland antwortete auf seine Randlage und materiell-politisch-kulturelle Rückständigkeit gegenüber Mittel- und Westeuropa mit der Formation der zaristischen Autokratie, die sich vor allem auf die Grundbesitzerklasse stützte. Mit den Instrumenten unmittelbaren politischen Zwangs versuchte jene, das Land zum produktiven Fortschritt anzutreiben, ohne jedoch die Dominanz der feudalabsolutistischen Klasse ernsthaft anzutasten oder sich der bürgerlichen politischen Kultur des Westens zu öffnen. Mit der am Ende des 19. Jahrhunderts einsetzenden Industrialisierung verschärften sich die sozialen und politischen Widersprüche zwischen 'asiatisch'-despotischen und europäisch-demokratischen Bestrebungen, die das Zarentum etatistisch und militaristisch zu lösen strebte.

Beide gesellschaftlich-politischen Projekte erlitten durch die Niederlage im Ersten Weltkrieg einen schweren Rückschlag bzw. stürzten in sich zusammen. Beide folgten auch danach dem eingeschlagenen Entwicklungsweg, allerdings unter verschiedenen klassenpolitischen Vorzeichen auf anderen historischen Positionen. Während in Deutschland der Modernisierungsschub in der Weimarer Republik nach der gescheiterten Revolution quasi probeweise in bürgerlich-demokratischen Bahnen sozialdemokratischer Provenienz verlief, ehe sie aufgrund des politischen Erbes und der ungelösten inneren und äußeren Spannungen unter dem Ansturm der Weltwirtschaftskrise ins alte, nunmehr aber diktatorisch regulierte Fahrwasser zurückfiel, erfolgte in Rußland die revolutionäre Ablösung des abgewirtschafteten alten Regimes. Sie geschah unter dem Druck der Zustände, begriff sich aber in der bolschewistischen Strategie als Speerspitze der proletarischen Weltrevolution, welche erst den Mangel und die Rückständigkeit in Rußland würde beseitigen können. Nur unter dieser Voraussetzung erschien die rasche Modernisierung der Sowjetunion denkbar. Als die Rechnung fehlschlug, blieben die politische Hegemonie der KPdSU und die tiefen Entwicklungsdefizite des Landes. Nach dem kurzen Zwischenspiel der Neuen Ökonomischen Politik und des heftigen Kampfes in der Partei um den einzuschlagenden Entwicklungsweg siegte der Stalinismus als Formation mit dem Anspruch, auf Basis allein der einheimischen Ressourcen das Land mit umfassender Gewalt in die Moderne zu zwingen. Das meint die Rede von den "roten Zaren", welche die liegengebliebenen Aufgaben der neueren russischen Geschichte unter anderen politischen Vorzeichen zu lösen unternahmen.

Das von seinen Konkurrenten und einem starken Klassengegner bedrohte Bürgertum in Deutschland und die in eine Sackgasse geratene bolschewistische Parteibürokratie in der Sowjetunion griffen unter dem Druck (oder Sog) ihrer Geschichte und der aktuellen politischen Situation nach diktatorischen Auswegen. Diese nährten sich aus dem Arsenal nationalhistorischer Traditionen, zusammengeführt und gesteigert im spezifischen terroristischen Projekt. In Deutschland versuchte die neue politische Klasse aus imperialer Bourgeoisie und radikalisiertem Kleinbürgertum, die Krise, in die der Weg in die Moderne geraten war, gewaltsam zu meistern. Rußland bzw. die Sowjetunion trachtete unter der Führung des geschichtsvoluntaristisch auftretenden historischen Subjekts KPdSU bzw. bestimmter Fraktionen derselben danach, sich gewaltsam erst eigentlich in die Moderne zu katapultieren. Beide bedienten sich dafür staatsterroristischer Mittel, als deren Achse die Lager gelten können. Die historisch-politischen Bedingungen, unter denen sie ins Werk gesetzt wurden, prägten auch ihre Gestalt. Die Lagersysteme und das Schicksal ihrer Insassen waren davon bestimmt - gezielt-perfekt in dem einen, grobschlächtig-brutal in dem anderen Fall. Für die Häftlinge konnte dieser unterschiedliche Stempel, kraft dessen die soziale und psychische Lageranatomie differierte, entscheidend sein - und für die Rückwirkung auf die gesamte Gesellschaft nicht minder. Die Dynamik des Nationalsozialismus und des Stalinismus mit ihren Lagersystemen gab schließlich auch den Ausschlag für deren Geschick. Während jener im Zweiten Weltkrieg ungeheuer expandierte und ein Ende noch nicht abzusehen gewesen war, als er infolge der militärischen Niederlage demontiert wurde, laborierte dieser nach seinem in die gleiche Zeit fallenden Gipfel zunehmend an inneren Widersprüchen, die den Gulag abbauen halfen, die Zwangskonsistenz des Systems lockerten und dieses schließlich zerfallen ließen.

Das Lagersyndrom verdankt(e) sich also mächtigen und vielfältigen Kräften, anders sind seine Radikalität und Ubiquität nicht zu erklären. Im Sinne einer historischen Sozialpathologie der Gewalt wird es in seiner Genesis und Struktur nur verstehbar, wenn wir den gesamten geschichtlich-gesellschaftlichen Korpus in den Blick nehmen. In diesem stecken auf der Basis historischer Konstellationen Motivstränge, deren Kreuzung unter bestimmten Umständen die Lager möglich werden und zwangsläufig erscheinen ließen. Sie sind durchaus als 'normal' anzusehen - insoweit Herrschaftsgeschichte dies sein kann. Es muß sich um Unterdrückungs- und Aggressionspotentiale handeln, die gang und gäbe und daher in Sozietät und Individuum eingelagert waren, ehe sie sich im terroristischen Projekt mitsamt seinen Massenverbrechen bündelten und eklatierten; sie gehen auch danach um und sind in variablen Graden und Formen abrufbar, sich entmischend und aus der Normalität heraustretend. Die Untersuchung kann daher nicht nur Aufschluß über das historische Werden des nationalsozialistischen und stalinistischen Gewaltzusammenhangs geben, sondern auch auf bis in die Gegenwart fortwirkende Ingredienzen oder Abkömmlinge desselben verweisen.

In erster Linie stellt sich die Frage nach dem politischen Charakter jener diktatorischen Systeme, d.h. nach den Formen und Mechanismen, in denen ihre Führung sich zur terroristischen volonté générale über ihre Population aufwarf. Welche politischen Traditionen sind darin eingeflossen? Warum und wie gelang der Griff zur Macht und deren Wendung zum totalitären Gewaltdispositiv? Wie exekutierten die Herrschaftsapparate dessen ideologische Vorgaben? Die Polarisierung der Bevölkerung in Genehme und Nichtgenehme schien die Konsequenz ihrer umfassenden Zurichtung zu sein. Ihr Wille wurde integriert und/oder ausgelöscht, um die gesteckten Zwecke zu erreichen. Die Herrschaft bediente sich dafür von Manipulation über Bestechung bis zu manifestem Zwang verschiedener Mittel, deren Achse die gewaltinstitutionelle Formierung der Gesellschaft bildete. Näherhin ist zu fragen, welche Instrumente dafür zur Verfügung standen bzw. entwickelt wurden, in deren Reihung die Lager an zentraler Stelle stehen.

Diese standen in einer Tradition politischer (Un-)Kultur, die in der allgemeinen Geschichte der Zivilisation und in der jeweiligen nationalen Geschichte wurzelt. Beide Länder haben aus unterschiedlichen Gründen schwerhändige Bürokratien hervorgebracht, "Gehäuse der Hörigkeit", die den unbefragten staatlichen Herrschaftszweck in der Gesellschaft mehr oder minder effektiv durchsetzten. Die Bürokratie imponierte als Regulierungsinstanz sozialer und politischer Konflikte, als weitverzweigter ausführender Apparat, der seine Vorgaben norm- und verhaltenssetzend abwickelte und darin sein Genügen und seine Rechtfertigung fand. Dies war in Gesellschaften möglich, in denen Konflikte sich nur schwer artikulieren und offen ausgetragen werden konnten, eine liberale politische Kultur des Meinungsstreits und pluraler Machtgestaltung wenig entwickelt war. In ihren Lebensäußerungen von der Produktion zur Wissenschaft standen sie unter dem Überhang des Staates, dessen Machtträger kaum hinterfragbar, geschweige denn ablösbar waren. Der Staat entwarf und organisierte vermittels der Bürokratie seit dem 18. Jahrhundert ein Ordnungssystem, das den gesellschaftlich führenden Gruppen ihre Ziele zu erfüllen versprach. Er fungierte nicht nur als autoritärer Agent von deren ökonomischer Aktion und Interpretation, sondern besorgte als Zuchtmeister des Herrschaftsprojekts in eigener Regie das 'richtige' Verhalten der Staatsbürger, und seien es auch solche der oberen Ränge.

In Deutschland war der Bürokratismus als bestimmte und ausgeprägte Form herrscherlicher Rationalität obendrein politisch, sozial und ideologisch mit dem Militarismus amalgamiert. Dieser lieferte ein zentrales Gewaltinstrument nach innen und außen, ein Leitbild disziplinärer Konfliktbewältigung und eine Schule zur Produktion konformen Verhaltens mit den Mitteln (über)scharfer Manneszucht. Vor dem Hintergrund einer Nationalgeschichte, in der gesellschaftliche und politische Selbsttätigkeit sich nur zögernd entfalten konnten, kulminierten Bürokratismus und Militarismus zum Herrschaftssyndrom, das im Untertanen Gegenstand, Produkt und Mythos fand. Dessen Charakter und Verhalten mag als sedimentierte Erfahrung eines jahrhundertealten spezifischen Herr-Knecht-Verhältnisses angesehen werden. Auch in krassen Äußerungsformen der Macht handelt ein "relational verstricktes Subjekt als Zurechnungspunkt des Geschehens" (Dux, 156). Nach der Niederlage der Bauern und der Reichsreform im 16. Jahrhundert sowie infolge der katastrophalen Dezivilisierung durch den

30jährigen Krieg erstarrte die deutsche Gesellschaft in Ständewesen, Klein-staaterei, Ordnungs- und Muckertum, gegen die sich kaum rebellieren ließ. Das eigene Schicksal geläufigerweise als verordnetes vorgesetzt zu bekommen, Abweichungen scharf sanktioniert zu erleben, muß sich in Fügsamkeit und Anpassung niederschlagen. Der Gehorsam dürfte aber die psychische Energie widerständiger Aggression nicht ausgelöscht, sondern sie herrschaftsförmig transformiert haben, indem diese sich in Selbstbezichtigung und Schuldgefühl gegen das mögliche Aufbegehren selbst wendete, sich mit der Unterdrückung identifizierend und an ihr gar gegen andere, Abweichende teilhabend. Die eta-tistisch inszenierte und nach innen schlagende Trieb- und Verhaltensdiszipli-nierung strebte nach der Figur des Untertanen, der das ihm Widerfahrene nicht nur hinnähme, sondern es auch weitergäbe und sich darüber von seinen wider-streitenden Impulsen zu entlasten suchte. Die Auf- und Ausbrüche von dieser Konfiguration vermochten sie nicht abzuschütteln. So konnte sich das große Verbrechen von vielen 'kleinen' aggressiven Gedanken und Akten nähren. Die Zwecke der Herrschaft vermochten als aufgenötigte und internalisierte deren latentes Gewaltpotential doppelt zu steigern. Für die russischen Verhältnisse kann das indes in dieser Form nicht gelten. Hier schien die Herabdrückung zum Untertan weniger über die Hinnahme der Gewalt zur Identifikation mit ihr fortgeschritten gewesen zu sein, was mit der gegenüber Preußen-Deutschland barbarischeren und stumpferen Form der zaristischen Despotie zu tun haben dürfte. In beiden Fällen konnten sich die Regime jedoch als Teil ihrer Herr-schaftsarbeit auf eine verzweigte (Mit-)Täterschaft stützen. Selbst noch die Opfer trugen das soziale Arrangement der Gewalt teilweise und mehr oder minder gezwungen mit, was sich auch in den Lagern zeigte.

Terror und Konsens traten daher in beiden Diktaturen in unterschiedlichen Mi-schungsformen auf. Grundlage bildete die Bereitschaft und Neigung, sich füh-ren zu lassen. Für die sowjetischen Verhältnisse scheint zu gelten, daß man am besten und weithin den ebenso unerforschlichen wie drakonischen Ratschluß der Obrigkeit zu dulden hatte und das Beste aus ihm zu machen suchte, wobei sich Anpassung, Abwehr und Passivität verschwisterten. Welche materiell und ideologisch hergestellten Formen des Konsens gleichwohl bestanden haben (müssen), bedarf weiterer Untersuchung. Für Deutschland hingegen ist von ei-nem komplizierten Wechselverhältnis zwischen Führung und Massen bzw. In-dividuen im Nationalsozialismus auszugehen, das weit mehr Elemente der Zu-stimmung und Projektion enthielt und sich im feindseligen Umgang mit dem Anderen und Fremden auf der Basis eigener Einstellungen als hochgradig be-einflußbar und steuerbar erwies. Wir können dies am Beispiel der Lagerhäft-linge sehen. Während sie im sowjetischen Fall gemeinhin als Unglückliche galten, erschienen sie im Nationalsozialismus auch der Bevölkerung weithin als mindestens potentiell Schuldige.

Der NS-Staat konnte in viel höherem Maße aus der "alltagsreligiös" gespeisten Gewaltbereitschaft Nutzen ziehen, sie massenkulturell befestigen und politisch radikalisieren. Der Antijudaismus und Antisemitismus wurzelt tief in der europäischen und deutschen Volksgeschichte spätestens seit den Kreuzzügen (vgl. die umfangreichen Recherchen Poliakovs hierzu), während er im Zarismus eher als Ausbruch staatlich geförderter Ablenkungsmanöver auftrat und in der Sowjetunion höchstens eine untergeordnete Rolle spielte - z.b. als Motiv des Lagerwesens so gut wie gar nicht in Betracht kam (wohl aber als Bestandteil des Lagerlebens). In Deutschland wurde er zum Vehikel staatlicher Vernichtungspolitik, weil er sich als Medium kollektiven Hasses historisch präpariert hatte. Das entspräche auch der These von der nach innen gedrungenen Gewaltkonfiguration deutscher Geschichte, die neben anderem im Antisemitismus einen Ausgleich ihrer Spannungen anstrebte. Infolge der Kränkung etwa durch die eigene inferiore Position oder das Fehlen, die Hintansetzung oder die Niederlage der eigenen Nation entstand mit der Romantik bei Intellektuellen und in kleinbürgerlichen Schichten eine deutsch-völkische Identität(ssuche), die im Juden als behaupteten Fremden schlechthin immer wieder einen Sündenbock für die eigene Malaise und ein Ventil der introjizierten Aggression fand.

Auf ähnliche Weise konnte der deutsche Nationalismus, dessen Propagierung überzogener Selbstgeltung gerade auf deren Defiziten beruhte, konstitutiv in den NS-Komplex eingehen, der ihn seinerseits bis zur extremen und destruktionsbereiten Entwertung anderer Völker und Nationen trieb. Dem nationalistischen Denken und Projekt, das der Nationalsozialismus zum schlechteren hin tendenziell transnational 'aufhob', hielt man bis zum eigenen Opfergang vieles zugute, eben auch die Ausmerzung alles 'Undeutschen'. Der Stalinismus hingegen kannte den Nationalismus zunächst als gar keine, dann als bloß patriotische Größe, die zur Projektion von Haß und Gewalt daher kaum geeignet war. Die Deportation ganzer Völker geschah nicht unter nationalistischen, sondern unter sicherheitspolizeilichen und herrschaftsterroristischen Vorzeichen. Die Größe der Sowjetunion schließlich mag den meisten eher als messianisch aufgezäumte Zumutung denn als Instanz der Legitimation und Identität erschienen sein, von großrussischen Elementen einmal abgesehen. Für sie war man allenfalls dann sich zu schlagen bereit, wenn die eigene Heimat bedroht war, als ideologisches Schmiermittel inneren Terrors taugte sie nur sehr bedingt. Sehr zugespitzt ließe sich sagen, daß die Deutschen im Nationalsozialismus ihr inneres nationales Schicksal suchten und gefunden zu haben glaubten, während die Bevölkerung der Sowjetunion im Stalinismus ein äußeres Schicksal mehr oder minder bereitwillig hinnahm.

II. Falltor des Fortschritts. Die nationalsozialistischen Konzentrationslager

1. Geschichtlich-gesellschaftliche Voraussetzungen

Was liegt dem Massenmord des Nationalsozialismus an Millionen sozial und politisch mißliebiger Menschen zugrunde? Warum nahm er diese bestimmte Form an? Weshalb wurde er überhaupt möglich, verwirklicht und nicht gestoppt? Es sind Fragen nach schier Unbegreifbarem. Vielleicht ist es das, was den Begriff des 'Holocaust' auf den Plan rief, der in mehrfacher Hinsicht irreführend ist. So unterlegt er wohl oder übel dem Vorgang einen Sinn, indem 'Holocaust' dem Wort nach ein religiöses Brandopfer meint. (vgl. A. Cohen) Er droht mit dem Leiden der einen - größten - Opfergruppe das Leid vieler anderer zuzudecken, die ebenfalls im "Archipel SS" verschwanden. Das Wort dient als vergleichsweise harmlos anmutende Mauer; es kann als Lehn- und Leerwort für einen verdrängten Sachverhalt fungieren, den es auszudrücken vorgibt. Mit diesem Begriff kann sich die Suche nach Begreifen und Begriffen des einmaligen gewaltsamen Massentodes ihrer Aufgabe entledigt sehen, wo wir doch vieles noch nicht angesprochen, geschweige denn gelöst haben. (Zur Kritik des "Holocaust"-Begriffs vgl. auch Liessmann, 82 f.)

Die Fragen legen nahe, die Antwort weitgefächert zu suchen, und in der Tat greift jeder Deutungsversuch daneben, der einzelne Bedingung(en) isolierend herausgreift. In dieser Gefahr steht z. B. der ansonsten verdienstvolle (weil Details 'rationaler' Planung liefernd) Ansatz von G. Aly u.a., der den Judenmord aus einem bevölkerungspolitischen Kalkül der Nationalsozialisten, technokratisch-kühl geplant und umgesetzt, erklären will und damit um einige Dimensionen kürzt. Im Streit zwischen intentionalistischen und funktionalistischen Geschichtsdeutern der Periode (vgl. Kuss, 388f.) schimmert etwas vom Umfang des Gegenstandes NS-Terror auf, dessen Mordagenturen die Spitze des Eisbergs waren. Als solcher erscheint er "in seiner totalen inneren Logik und vermaledeiten Rationalität singulär und irreduktibel." (Améry)

"Riddle

From Belsen a crate of gold teeth,
from Dachau a mountain of shoes,
from Auschwitz a skin lampshade,
Who killed the Jews?

Not I, cries the typist,
not I, cries the engineer,
not I, cries Adolf Eichmann,
not I, cries Albert Speer.

My friend Fritz Nova lost his father -
a petty official had to choose.
My friend Lou Abrahams lost his brother,
Who killed the Jews?

David Nova swallowed gas,
Hyman Abrahms was beaten and starved.
Some men signed their papers
and some stood guard,

and some herded them in,
and some dropped the pellets,
and some spread the ashes,
and some hosed the walls,

and some planted the wheat,
and some poured the steel,
and some cleared the rails,
and some raised the cattle.

Some smelled the smoke,
some just heard the news.
Were they Germans? Were they Nazis?
Were they human? Who killed the Jews?

The stars will remember the gold,
the sun will remember the shoes,
the moon will remember the skin.
But who killed the Jews?"

William Heyen (Brodsky, 49)

Die Agenturen betrieben es auf großer Stufenleiter und systematisch, die als Gegner vorgefundenen oder zu solchen erklärten Bevölkerungsteile in (noch) Brauchbare und (gleich) zu Vertilgende zu sortieren, sie niederzuhalten, auszuplündern, überauszubeuten und schließlich zu vernichten. Die Konzentrationslager dienten als prozessierende Einheiten dieser Ziele, in deren Sinne bürokratisch und technisch effizient, totalitär und perfekt, so sehr weitab und jenseits des tradierten moralisch-kulturellen und politischen Rahmens, daß es schwer glaubhaft war. "Before the year 1933 there existed in German society humanist traditions, for the most part acknowledged everywhere and constituting the common basis of European cultural life: respect for the human person, human life, and justice. There also functioned (to a considerably greater degree than in other societies) instrumental values such als orderliness, obedience, economy, frugality, accuracy, and thoroughness. As a consequence of the situation after 1933, humanist values gradually ceased to operate as the basic frame of reference. Other values were endorsed..." (Pawelczynska, 8f.) Eine schwarze Welt entstand, eingebettet in ein gesamtgesellschaftliches Netz der Komplizität und Passivität, des Aber- und Unglaubens, des Schweigens. Lange herangewachsene moralische Bestände zerschmolzen vor einer kruden Nazi-Ethik vom fundamental ungleichen Lebensrecht des Stärkeren und des Schwächeren, in der Mord in großem Maßstab nicht nur erlaubt, sondern gebilligt wurde. Ohne eine breite einverständige Beteiligung ist das nicht vorstellbar. Das Regime operierte nicht in der Aura ferner, kalter Gewalt, es nistete in Wohn- und Amtsstuben, Ärzte- und Personalchefzimmer, Beamten- und Volksgenossenhirnen, verfügenden und schießenden Händen. In ihrer großen Mehrheit waren sie "neither banal nor evil. They were normally functioning moral beings." (Haas, 388) Sie machten mit und sahen weg. "The Holocaust was sustainable only because a significant critical mass of people did not regard it as evil." (ders., 387) Es war der Kitt der Kollaboration, die den Terror in der Gesellschaft - und im KZ - erst eigentlich ermöglichte.

"Die Vernichtungsmaschine war in der Tat nichts anderes als ein besonderer Aspekt der organisierten Gesellschaft." (Hilberg, 1982, 674) Sie bildete zunächst und vor allem ein bürokratisches Produkt. Der bürokratisch sortierende und verwerfende, transportierende, verwahrende und exekutierende, industriell verwertende Gesamtmörder stellte das Subjekt des Geschehens, an dem die vielen teilhatten. "Sie stehen an verschiedenen Enden der Kette, aber die Kette ist dieselbe". (Simonow, 76) Die Bürokratie führte die 'Aktion' aus. In ihr waren die Hierarchien der Beamtenschaft, der Wehrmacht, der Partei und der Industrie miteinander verschmolzen, was Divergenzen und Spannungen (etwa zwischen pragmatischen und fundamentalistischen, mehr politik- und mehr ökonomieorientierten, exterministischen und herrschaftskalkulierenden usw. Aspekten und Flügeln) keineswegs ausschloß. Eine monolithische Maschinerie war es nicht, aber für den Massenmord hinreichend. Ihre Bestandteile "trugen nicht nur mit administrativen Maßnahmen, sondern auch mit ihren jeweiligen organisatorischen Eigenheiten zum Vernichtungsprozeß bei. Die Beamtenschaft brachte ihre unbestechliche planerische und verwalterische Gründlichkeit ein. Von der Wehrmacht erhielt die Vernichtungsmaschinerie militärische Disziplin, Präzision und Ausdauer. Der Einfluß der Industrie wurde sowohl in der mit großem Nachdruck betriebenen Buchführung, Sparsamkeit und Wiederverwendung als auch in der fabrikmäßigen Effizienz der Vernichtungszentren sichtbar. Die Partei schließlich versah den Apparat mit 'Idealismus', 'Sendungsbewußtsein' und dem Gefühl, 'Geschichte zu machen'. So verschmolzen die vier Bürokratien nicht nur in ihrem Handeln, sondern auch in ihrem Denken." (Hilberg, 1982, 49)

Historisch war die deutsche Bürokratie zu einer totalen und reflektionslosen Maschinerie deformiert, die für jeden Zweck einsetzbar wurde. Bewegt zeigte sie sich nur darin, ihn willfährig und eifrig zu erfüllen. Ihrem Personal mußte das selten unmittelbar abgenötigt werden, im Gegenteil erwies es sich als handlungsbereit, verhandlungsfähig und flexibel. Im Bereich des ausgedehnten Eisenbahntransports der Verurteilten zu ihren Todesstätten etwa "erfüllten gewöhnliche Beamte ungewöhnliche Pflichten" (Hilberg, 1981, 56) - und mehr als das. Einverwickelt waren viele, entscheidend und erfüllend. Die Debatte um das 'Wissen' der deutschen Bevölkerung von den Naziverbrechen verliert damit einiges an Anhaltspunkt und Grund. "Das ist der Automatismus. Ganz kleine Entscheidungen, die aber im Ganzen und im Großen ungeheuer geworden sind." (Hilberg, 1991, 22) In dieser Perspektive überschneiden sich Täter- und Mitläuferschaft; die Trennlinie war dünn und leicht zur Beteiligung hin zu überschreiten, wenn nicht Wegschauen und (Ver)Schweigen selbst zu dieser zu zählen sind (vgl. "Ab heute heißt du Sarah").

Es war wohl dieses Funktionieren, das Améry oben ansprach. Für sich genommen ist das institutionell und sozialpsychologisch durchaus 'normal'. Auf dieser Ebene von kollektivem Wahnsinn oder Paranoia zu sprechen, ist eher entlastend als hilfreich. Der Wahnwitz liegt in der destruktiven Operation insgesamt, in der Prämisse der Vernichtung, koste es was es wolle, und den Mechanismen ihrer Realisierung. "Es gibt keine moralisch bösere Situation als diejenige, in der das Böse bereits so sehr zum integrierten Bestandteil der Situation selbst geworden ist, daß es dem Individuum ersparen kann, selbst böse zu sein" (Günter Anders, Die atomare Drohung, 88). Der Versuch systematischer Beseitigung des 'Gegners', ohne daß Leidenschaft oder Glaube, Profit oder nationales Interesse letztlich ausschlaggebend gewesen wären, stellte zuvörderst eine wahnwitzige - und zum Scheitern verurteilte - Planung dar. Weder politische noch ökonomische oder militärische Erfordernisse 'verlangten' nach der Gaskammer, im Gegenteil. Diese war eher grauenhafte Realität und Chiffre für ein kollektives Zwangshandeln, das sich an den Maßstäben humaner Zwecke und Mittel nicht mehr messen ließ, seine immer ausgedehntere und hoffnungslosere Befriedigung jenseits immanenter Rationalität trieb. Diese erscheinende Bedeutungs- und Sinnlosigkeit läßt viele zur Metapher der Hölle greifen. Ihre Wahrheit erschließt sich aber nicht aus ihr selbst, ihrem unmittelbaren Umfeld oder Vorraum. Die Redeweise, daß 'es einfach passierte' drückt davon mehr aus, als ihr bewußt ist. Liegt vielleicht alles an einem geschichtlichen Es, an den unbewußten Sedimenten oder der verborgenen Architektur der historischen Gewalt(erfahrung), der abendländischen Geschichte im allgemeinen, der deutschen im besonderen, die unter bestimmten Umständen zerstörerisch an die Oberfläche drängten? Schuld, natürlich, die des Mannes mit Füllfederhalter oder Gewehr nicht mindernd, aber doch von anderer Art, Alp der Geschichte, von Millionen Einzeltätern mit je eigenen Motiven durchflochten. Das destruk-

tive System ist jenseits der Exekutoren entstanden und bedurfte ihrer doch; seine Gewalt kann daher auch nicht von persönlicher Verantwortung entbinden. Die Menschen sind - im Guten wie im Bösen - banales Instrument der Verhältnisse und tragen sie. Deren historische 'Entgleisungen' korrespondieren daher nicht zufällig mit der individuellen Psyche und Pathologie (etwa wie Schloß und Schlüssel) der Täter. "Unzählige hätten sich nicht anders verhalten als das Gros der Wachmannschaft von Auschwitz, wenn sie dorthin kommandiert worden wären; so wie die allermeisten, die als Rad im Vernichtungsapparat schuldig geworden sind, sicher nie an Mord und Toschlag gedacht hätten, wären sie nicht in die Atmospäre von Auschwitz hineingestellt worden." (Langbein, 1987, 576) Wie aber entstand jenes destruktive System, so müssen wir fragen, wenn wir nicht bei der Physiognomie des Schreckens stehen bleiben wollen? Hier kommen Konturen eines politisch-gesellschaftlichen und historischen Gewaltverhältnisses ans Licht, von dem die KZs nur ein Teil, ihr schärfster und inhumanster allerdings, waren. Die abendländische Geschichte sticht im Vergleich zu anderen Teilhistorien der Weltgeschichte durch eine außerordentliche Dynamik materieller und ideeller Entwicklung hervor, welche die Potenzen der Evolution und der Involution gleichermaßen enorm steigerte, die letztlich auf der gemeinsamen Grundlage radikaler Unterwerfung der äußeren Natur und des psychisch-sozialen Charakters beruhte. Diese zwieschlächtige Entfaltung des Reichtums und Denkens im Abendland hat Individuen und Gruppen ungeahnte emanzipatorische Chancen geboten, zugleich indes in die Grenzen herrschaftsförmiger Organisation 'vergattert'. Die gesellschaftlichen Widersprüche erreichten stets dann ihren Höhepunkt und entluden sich gewaltsam, wenn die Herrschaften sich bedroht und die Beherrschten zur Aktion aufgerufen und beide ihre Stunde gekommen sahen. Die Geschichte Europas ist reich an solchen blutigen Eklats, in unserem Jahrhundert der Industrie, der Arbeiter- und Soldatenheere erst recht. "Keinem, der dem Wesen der menschlichen Angelegenheiten, das sich in Geschichte und Politik manifestiert, nachdenkt, kann die Rolle, welche die Gewalt seit eh und je in den Beziehungen der Menschen zueinander gespielt hat, entgehen; und es ist auf den ersten Blick überraschend, daß sie so selten zum Gegenstand besonderer Untersuchungen gemacht wurde." (Arendt, 1970, 12) Für die "umfassende Tradition des Hasses in der westlichen Zivilisation" (Plant, 167) gilt das ganz besonders.
Genozide sind nichts Neues, in der Geschichte beinahe alltäglich, wenn wir nur an die Conquista Amerikas durch die Spanier oder an die verschiedenen Formen der Sklaverei denken, denen Abermillionen Menschen zum Opfer gefallen sind. Neu hingegen und eine Schöpfung des 20. Jahrhunderts sind die Lager als institutionalisierte und bürokratisierte Form der Massenvernichtung. In viel-

"Den Andern nach dem Gut der Freiheit trachten,
dies scheint die Leidenschaft der weißen Rassen,
der Kreaturen, die die Freiheit hassen
und aus den Feldern Massengräber schachten.

So läßt man Menschen jammervoll verschmachten
in Lägern, welche die vertierten Massen, sie
gehn in die Millionen, nicht mehr fassen,
es ist die neue, kalte Kunst zu schlachten.

Die hohe Kunst, Geschlechter abzuwürgen,
daß sie nicht zeugen können, nicht mehr bürgen
für Jahre, für Jahrzehnte, lebensweit.

Das Abendland, das hehre, voller Läger
gleich Rattenkäfige, daß seine Träger
versinken im Morast der dumpfen Zeit."

Martin Beheim-Schwarzbach

fältiger Weise hat die Geschichte Europas zu ihnen beigetragen. Hier wären die
Trennung von Rationalität und Kontext, die intolerante Anmaßung der herrschenden Ideologien, die Welt nach ihrem Bilde verstehen und formen zu wollen, oder eine säkularisierte christliche Bereitschaft, Leid zu tragen und anderen anzutun ("Wenn jemand den Herrn nicht liebhat, der sei verflucht." 1. Ko-
rinther, 16, 22) zu erwähnen. Noch im millenarischen und utopischen Denken
(vgl. Campanella) finden wir solche totalitären und paranoiden Züge, denen
Jewgenij Samjatin in "Wir" oder Aldous Huxley in der "Schönen neuen Welt"
Ausdruck verliehen haben. Die Überwältigung der Macht durch die Gewalt hat
sie mit Terror durchtränkt. Das geschichtsnotorische Paar des Verfolgers und
des Verfolgten schließlich hatte seine Dauerbühne im Antijudaismus bzw. Antisemitismus gefunden, der in der patristischen Literatur des 4. Jahrhunderts
begründet wurde, im 11. Jahrhundert die erste Pogrome hervorrief, im 17. Jahrhundert sich zum Antisemitismus fortentwickelte und schließlich im 19. und
20. zu dessen breiter, sozial und ideologisch motivierter Blutspur ausuferte (vgl.
u.a. Feig, Hilberg, Poliakov).
Aber der deutschen Geschichte und Gesellschaft blieb es vorbehalten, diesen
Gewaltkomplex am eklatantesten hervorzubringen. Der Nationalsozialismus
ist "aus der Tiefe der deutschen Reichsgeschichte vorbereitet" worden (Gior-

52

dano, 11), "l'aboutissement de toute une longue évolution doctrinale, l'exploitation par un groupe d'hommes de l'un des aspects les plus profonds et les plus tragiques de l'âme allemande. Mais le crime de Hitler et ses compagnons sera précisément d'exploiter et de déchaîner cette force de barbarie latente existant avant lui dans le peuple allemand, et cela jusqu'aux dernières conséquences." (Poliakov, 151f.; vgl. auch Kogon, 394ff.)

Am nächsten kommt diesem Zusammenhang vielleicht, ihn heuristisch als einzigartiges Zusammenschießen verschiedener historischer und sozialer Kräfte zu einer neuen Explosion zerstörerischer Energie zu kennzeichnen. Denn in der Tat gibt es ein "gewaltiges Ausmaß an latenter Destruktivität in der deutschen Gesellschaft" (Hilberg, 1982, 619) und Geschichte. Man sehe nur auf den kolonialen Völkermord an den Hottentotten, das (noch relativ 'vorbildliche') Schutzhaftgesetz vom 1916, die Gewaltorgien der Freikorps nach 1918 im Baltikum und auf die Niederschlagung der Revolution, wo sich auch Höß seine Sporen verdiente, und man konnte es noch im "barbarischen Gebrüll kommandierender Deutscher, die sich eines jahrhundertelangen Ingrimms zu entledigen scheinen" (Levi, 1988), hören. Das tiefsitzende Ressentiment, zu kurz gekommen zu sein und sich den "Platz an der Sonne" mit brutaler Gewalt erkämpfen zu müssen, ist sicher nicht die geringste Ursache des exzessiven und systematischen NS-Terrors. Demütigung und eigene Gewalterfahrung haben im Untergrund der 'Volksseele' eine kollektive Haß- und Vergeltungsbereitschaft entstehen lassen.

Näherhin (siehe oben, I.3.) hat die deutsche Geschichte eine Reihe von Herrschaftsformen hervorgebracht, die in das terroristische Konvolut der KZs eingegangen sind. Die aus dem Absolutismus hervorgegangene bürokratische Maschine hat sich die sachliche und disziplinierte Exekution vorgegebener Herrschaftszwecke zur Aufgabe gemacht und sich mit dem Militarismus als zentraler zwanghafter Dienstform verbunden. Seine aggressive Bewegungsform fand dieser um die große Industrie ergänzte Machtkomplex schließlich im Nationalismus als Apotheose der eigenen und Destruktion der fremden Existenz. Die Nazi-Ideologie beerbte, verband und modifizierte diese Tendenzen, wie sie auch im Antisemitismus das geschichtlich und sozial produzierte kollektive Haßpotential aufgriff und tödlich steigerte. Immer noch weitgehend ungeklärt ist die Frage, welches Gewicht und Interesse dem deutschen Kapital und Bürgertum zukam. So sehr ihm an einer politischen Regelung seiner Ökonomie im Sinne günstiger Verwertungs- und Absatzbedingungen gelegen war, wofür die ausländischen Rivalen und die inländischen Gegner (mindestens) kleinzuhalten waren, so wenig folgt daraus ohne weiteres die Billigung des Massenmordes, mindestens nicht aus wirtschaftlichem Kalkül. Aber indem es sich der NS-Herrschaftsform unterstellte und in ihrem Rahmen ihr trans- und kontranationales Geschäftsprojekt verwirklichen wollte, verfiel es ihrer fortschreitend zerstörerischen Logik - und fuhr ja auch lange nicht schlecht dabei. Immerhin zog es aus den KZs erhebliche Vorteile. Als es seine aus Rüstungsproduktion und Zwangsarbeit gewonnenen Profite davonschwimmen sah, versuchte es umzusatteln - das Attentat des 20. Juli 1944 und die dahinterstehenden politische Kräfte dürften auch daraus gespeist sein. Das deutsche Kapital hat im Bündnis mit dem Nationalsozialismus eine spezifische Form der Modernisierung und Industrialisierung - der betrieblichen Machtstruktur und Technik, der exploitablen Arbeitermasse und dem Absatz nach - gesucht, gefunden und dann erst einmal verloren. Im NS-Reich "se concentraient les entreprises géantes et modernes d'une Allemagne qui s'était donné des moyens inhumains pour mener à son terme la révolution industrielle interrompue par la défaite de 1918." (Decèze, 23)

Auf noch andere Weise trieb die deutsche Geschichte mit und nach dem ersten Weltkrieg in den NS-Terror mitsamt SS-Archipel. Der Krieg hatte im Erlebnis des Massensterbens an der Front nicht nur einen ungeheuren Schock bewirkt, sondern auch in der Niederlage eine tiefe Kränkung. Damit wurden zivilisatorische Hemmungen untergraben, was sich in aggressiv-kompensatorische Rachebedürfnisse umsetzte und in ihnen entlud. Die Erschütterung der Sozialmoral ging in den Wirtschafts- und Identitätskrisen der Weimarer Republik weiter, die vor allem die mittleren Schichten der deutschen Bevölkerung nach regressiven und gewalttätigen Auswegen suchen ließen. Der "Mythos von der Ordnung durch Terror" (Peukert, 235) griff um sich. Alternativen, wie sie von der (gespaltenen) Arbeiterbewegung propagiert wurden, gerieten demgegenüber ins Hintertreffen. Die Entwurzelung in der industriellen Massengesellschaft machte den 'kleinen Mann' auf der Folie obrigkeitlich-repressiver Tradition zur konzentrationären Lösung (der Macht und der Menschen) bereit. Der Verlust tradierter Bindung und ein aus den Fugen geratener Sozialkodex entmoralisierte die Ethik in der Gesellschaft unten wie oben und ließ sie zur Methode brutaler Existenz- und Herrschaftssicherung verkommen. Die historische, soziale und kulturelle Matrix fand ihre Entsprechung in bestimmten Charaktertypen (vgl. Fromm, Horkheimer, Reich), die ein gemeinsames generationelles Schicksal verband. Der autoritäre sado-masochistische Charakter (vgl. Dicks, 36f.; Theweleit) entstammte in seiner zugespitzten Form dem Milieu partiarchalischer Familien und preußischer Sozialdisziplin. Einem scharfen ödipalen Konflikt ausgesetzt, schwankte er zwischen identifikatorischer Unterwerfung vor der gefürchteten Vaterfigur und dem Ausleben seiner sadistischen Impulse an Untergebenen und Unterlegenen, zwischen konformistischer Abhängigkeit und harter Behauptung. Diese prekäre Triebmischung ließ sich in der

Gewaltinstitution KZ in ihre (selbst-) unterwerfenden und entladenden Anteile aufspalten. Das ambivalente Verhältnis zur dreifachen Vaterfigur des Vaters, Priesters und Lehrers läßt sich sowohl bei Höß wie bei Himmler (vgl. Andersch) bemerken, die insoweit prototypisch waren. Der skizzierte Konflikt trieb zu Omnipotenz- und kollektiven Machtphantasien, welche die verdrängten inneren Ohnmachtsgefühle paranoid nach außen projizieren und gewalttätig zu überspielen trachteten. Gekoppelt mit der Korps-Mentalität der SS entstand hieraus der Stoff, aus dem die Mörder waren - 'normale' Produkte einer pathogenen Sozialisation. Der SS-Wahlspruch "Meine Ehre heißt Treue" zeigte die sozialmoralische Degeneration der Hörigen (und Hörige machenden) aufs schlagendste.

Das kühle Funktionieren und irre Wüten der Mordmaschinerie mag trotz aller (hier nur angedeuteten) Ursachen- und Aktionsanalyse in letzter Instanz "irreduktibel" (Améry) sein. Wenn auch ein buchstäblich roter Faden zwischen der abendländischen und deutschen Geschichte, dem NS-System und den Konzentrationslagern besteht, bindend ist er für sich allein nicht. Der Weg der deutschen Geschichte mündete im "Nationalsozialismus als eine der pathologischen Entwicklungsformen der Moderne (Peukert, 296), in die auch archaische, ja antimoderne Impulse eingelagert waren. Doch reicht der "Versuch, die Verhältnisse in den Lagern aus der Gesellschaftsgeschichte Deutschlands erklären zu wollen", nicht hin. "Über eine Außensicht auf den Funktionswandel des KZ-Systems kommt man dabei schwerlich hinaus. Über die Strukturen absoluter Macht, ihre Auswirkungen im Mikrokosmos sozialer Situationen, über die Enthemmung der Grausamkeit, die Zerstörung des Menschen um der Zerstörung willen, darüber ist bei diesem Zugang nicht zu erfahren. Zwar knüpfte die Sozialstruktur im Lager an Stereotype der Umwelt an. Zwar hing die Widerstandskraft der Gefangenen auch von Erfahrungen aus der Zeit vor der Haft ab. Die Lager waren ein Streit- und Verhandlungsobjekt zahlreicher Behörden und Instanzen, und neben den Wirtschaftsunternehmungen der SS profitierten auch zahllose Privatfirmen von der Arbeit der Häftlinge. Aber inmitten der Gesellschaft war das Konzentrationslager ein geschlossener Kosmos. Hinter dem Stacheldraht begann eine andere Welt." (Sofsky, 1990, 520)

2. Fremder Planet

Das Konzentrationslager stellte eine eigene Welt dar und wurde so erfahren. Anscheinend am Rande des Nationalsozialismus stehend, lag es hingegen in dessen Sturmzentrum und drückte in Verbindung mit Gestapo und SS seine Wahrheit und Wirklichkeit am konsequentesten aus. "Das System der Konzentrationslager als eines der schlimmsten Instrumente des nationalsozialistischen Terrors entstand nicht nur als Kampfmittel gegen den jetzt erkannten und identifizierten Gegner, sondern sollte in der historischen Dimension das nationalsozialistische Deutschland über Jahrhunderte hinweg schützen" (Tuchel, 351), indem es einen Kordon der Repression und des Todes bildete. Wenig geheim war es von einer Aura der Fälschung, der Gerüchte und des Schreckens umgeben. Im Gemeinverstand hatte das KZ mit der herrschenden Sozial- und Normenwelt nichts zu tun, war irgendwo jenseits der Normalität angesiedelt, und stammte doch von ihr, sie verlängernd und pervertierend. Das KZ war eine Institution unumschränkter Macht zur Zerstörung der 'unbrauchbaren' und 'überflüssigen' Person(en). "Alles war dem Ziel der Macht, ihrer Ergreifung, Behauptung und Erweiterung untergeordnet. Diesem Ziel hatte der Schrecken, hatte die Zerbrechung jeglichen physischen und moralischen Widerstands zu dienen. Die Konzentrationslager waren die Mühle, in der der Wille und der Körper der als Gegner oder als überflüssige Glieder des Volksganzen Angesehenen zermahlen werden sollten." (Kautsky, 79) Diese bildeten nichts als den Objektstoff jenes Ziels.

Das enorme und komplexe System der Konzentrations- und Vernichtungslager war Eckstein und Markenzeichen der NS-Herrschaft nach innen und außen. Es sollte ihr freie Bahn verschaffen, indem es störenden Menschen zielbewußt Leid zufügte und sie vernichtete, alle anderen abschreckte (Verschwinden, Mutmaßung, Elendszüge, Gestank und Rauch) und/oder korrumpierte (sei es durch Schweigen, sei es durch Beteiligung an der Beute), wenn sie nicht schon mehr oder minder offen damit einverstanden waren. Sozial, politisch und ideologisch dienten die Konzentrationslager als sanitäre Werkzeuge eines terroristischen Polizeisystems, die den Sozialkörper 'entgiften' und die Keime der Opposition zernieren und ausmerzen wollten. Wirtschaftlich bildeten sie Agenturen, welche die selektierten Objekte zu plündern, auszubeuten und zu verwerten hatten. Schließlich stellten sie Stätten übermäßiger Gewalt dar, in ihrer bloßen Existenz und Ausstattung schon Folter, zur Desintegration und Degeneration der Häftlinge in Arbeit, Freizeit und Kultur. Sie wirkten wie eine Linse, in deren gebündelten Strahlen kollektiv-projektiver Haßbestände die unerwünschte Person verkam.

Das Universum KZ fand im Vernichtungslager seinen konsequentesten und mörderischsten Ausdruck. Im arbeitsteilig-professionellen Fließbandverfahren der Vernichtung (vgl. Hilberg, 1982, 654-662) verknüpften sich Konzentrationslager, Gaskammern und Krematorium zur Todesfabrik. Aber auch jenes für sich genommen war terroristisch und tödlich genug. Die Grenzen verschieben sich und sind höchstens da deutlich, wo funktionell und zeitweise zwischen unmittelbarer Vernichtung und (Vernichtung durch) Arbeit unterschieden wurde, brennpunktartig an der Rampe von Auschwitz als Drehscheibe des Todes. Der Arten des Lagers als "Lebensform des Nationalsozialismus" (Krause-Vilmar, 29) gab es viele; ständig wurden "neue Kategorien eingeführt und eingerichtet, die allesamt in ihrer Struktur Ähnlichkeit mit dem KZ-System aufwiesen." (ders., 30) Schon in der Vorkriegszeit "wurde das Lager - vom Konzentrationslager für Regimegegner und verfolgte Minderheiten bis zu den Lagern des RAD und des Reichsautobahnbaus - nachgerade zum Kennzeichen nationalsozialistischer Herrschaft." (Herbert, 1987, 31). In der ersten Kriegszeit dann zeichnete sich ab, "daß sich schon äußerlich der Gesamtbereich der Konzentrationslager und der in ihnen vereinten verschiedenen Häftlingsgruppen ... zunehmend ausweiteten und auch der begriffliche Unterschied zwischen Konzentrationslager, Ghettos, Polizeihaftlagern, Arbeitslagern verschwamm. Dazu kam eine Vielfalt verschiedener Funktionen und zum Teil fast gegensätzlicher Zwecke, die in die Lager hineinverlegt oder mit ihnen in Zusammenhang gebracht wurden." (Broszat, 124f.) Schwarz arbeitet 16 verschiedene Kategorien heraus (70f.) und kommt auf insgesamt 10.000 Lager im NS-Herrschaftsbereich. Diese Formenvielfalt, die auch in den Lagern selbst ausgebildet wurde, fand im Typ des Konzentrationslagers von Auschwitz bis Natzweiler, von Neuengamme bis Mauthausen/Gusen seinen gewöhnlichsten Ausdruck, der im Mittelpunkt der Untersuchung steht. Es geht um einen historischen, geographischen und funktionalen Querschnitt der Austilgung des Menschen. Der "Archipel SS" (Glucksmann) bildete also auch quantitativ ein riesiges und sich ständig ausdehnendes Gebilde, beileibe keine Randerscheinung. Was die Nazis im Fall eines siegreichen Kriegs u.a. mit einem "Gesetz über Gemeinschaftsfremde" vorhatten, läßt sich nachweisen. Es kann als sicher gelten, daß als nächste Mordetappe nach den Juden die Vernichtung von zig Millionen Polen und Russen vorgesehen war. Im Zeitverlauf weitete sich das KZ-System nach Haftkriterium, Härte und Umfang beständig aus. Vom Schutzhaftlager für Staatsfeinde und "Sozialschädlinge" wurde es zur Stätte massenhafter Zwangsarbeit und Ermordung, vom Ort des Schreckens zur permanenten Sphäre des Grauens mit gewollter Todesfolge für die Insassen. Die (in der Wissenschaft unterschiedlich periodisierte) Lagergeschichte spiegelt das wider. Während die Jahre von 1933 bis 1936 nach der ersten 'wilden' Phase den regulierten Aufbau der KZs nach dem Muster der "Dachauer Schule" erlebten, fand in den darauffolgenden drei Jahren eine Art sich verfestigender Probelauf mit zunehmenden Personenkreisen der Eingelieferten (Kriminelle, Asoziale, Juden) und immer elaborierterem Terrorritual statt. Mit Kriegsbeginn füllten sich die Lager außerdem mit Angehörigen der vom Nationalsozialismus unterworfenen Völker. 1942 bis 1944 erreichte der KZ-Archipel seine größte Ausdehnung, innere Differenzierung und Mordrate mit der doppelten und widersprüchlichen Bestimmung aus Massenvernichtung, insbesondere der Juden wie der sowjetischen Kriegsgefangenen, und Rüstungsproduktion. Die letzten Kriegsmonate bildeten insofern einen herausgehobenen Abschnitt, als das System in seinem "chaotischen Finale" (Broszat) am brüchigsten und am opferreichsten wurde (Hunger, Überfüllung, Epidemien, Todesmärsche); etwa ein Drittel der Häftlingspopulation von Anfang des Jahres 1945 kam bis Kriegsende um.

Wir können also eine immer grellere und breitere Linie ziehen von der institutionellen Gründung der Terrormaschine und der Herausbildung ihrer Verfahren bis zur breiten Entfaltung des Unterjochungs- und Vernichtungsprozesses selbst, der sein Ende noch lange nicht gefunden hatte. Infolgedessen dehnte sich der Radius der Betroffenen von nationalen politischen Gegnern und Verdächtigen über nicht-politische sozial 'Überflüssige' im Inland bis hin zur Wiederholung dieser Abfolge im Ausland. Die beständige Funktions- und Bestandserweiterung schlug sich in den Häftlingszahlen nieder. Während die KZs (nach Broszat) im Winter 1936/37, nach Abschluß der Aufbauphase, etwa 7.500 Gefangene zählten, waren es im Herbst 1939 bereits 25.000, im Frühjahr 1942 etwa 100.000 und schließlich im Januar 1945 über 700.000 Insassen. Und auch das Wach- und Mordpersonal nahm zu: von etwa 5.000 SS-Leuten 1937 auf 45.000 1945 - die Verhältnisverschiebung zu den Häftlingen allein zeigt schon die Ausbildung des KZ-Systems auf großer Stufenleiter an.

Dieses System war individuell und auf Massenebene thanatologisch ausgerichtet. Die Gesamtheit der Lebensbedingungen in ihm ließ in der Regel keinen anderen Ausgang zu. Der Wert des einzelnen Menschenlebens sank gegen Null, Schleuderware im Supermarkt des Todes. Die jährliche Todesrate schwankte je nach Lager, Phase und Gruppe zwischen einem und zwei Drittel. In den Vernichtungslagern war sie am höchsten; von Belzec überlebte eine Person aus 600.000, von Chelmno 10 aus 300.000. Hier war die Todesreise extrem kurz, während sie in den Lagern des KZ-Typs länger, gewundener und qualvoller ausfiel. Die vorderhand Verschonten lebten in einer Landschaft des Abfalls, in der sie früher oder später mit den entwürdigendsten und barbarischsten Mitteln umkamen - krank, verhungert, erschossen, zu Tode gearbeitet oder vergast. Der Tod stand jederzeit gleichberechtigt neben dem Leben und in ihm. Man konnte in Entsetzen über ihn verfallen oder auch die Furcht vor ihm und seinen Opfern verlieren. "Wenn das Leben nicht mehr gilt, schwindet auch die Achtung vor dem Toten." (Adelsberger, 54) Sterben war natürlicher und allfälliger als (Über)Leben. Das Übergangsreich zwischen Leben und Tod verwirklichte das bislang Undenkbare und zwang den Häftling in Entwürdigung, Pein und endlich den blanken Tod. Das KZ löschte seine Insassen bürokratisch *und* sadistisch aus. Die Institution mordete sozial und organisatorisch, aber die Mörder trugen sie. "Morality or immorality may simply be outside the bureaucrats's range of concern" (Katz, 274). Aber: "Der Tod ihrer Opfer war ihnen nicht nur Arbeit, sondern auch Vergnügen." (Simonow, 73) "Nirgends und niemals waren so teuflische, so satanisch-brutale Henker am Werk wie in Hitlers Vernichtungslagern." (Balling, 9) Wie auch immer, Macht und Ohnmacht traten sich antagonistisch gegenüber - mit fatalen Folgen. Sie (die SS) waren die Glut, schrieb Antelme, die Häftlinge Staub. Noch die geringste Macht konnte von tödlicher Signifikanz sein, das leiseste 'Vergehen' den Untergang bedeuten. Das Gewaltverhältnis war bürokratisch und willkürlich zugleich. Seine Regeln begrenzten es nur, um es zu konstituieren.

> "Combien de temps, combien de pas
> devrais-je faire en cet endroit?
> Et qui demain reconnaitra
> mon corps devenu froid?
> Je vais, je viens,
> je deviens incolore.
> Je fonds
> dans ce brand trou profond.
> L'heure devient un siècle
> et me voilà si vieux.
> ...oui, mais demain...
> je serai mieux...
> Demain tout recommencera
> Je referai des pas,
> des pas en cet endroit.
> Qui me reconnaitra
> si je devenais froid?
> Combien de temps encore décomposé?
> Mais qui me le dira?
> ...
> Vis d'abord et tu verras."   André Migdal (Decèze, 28)

Es war eine Gegenwelt aus eigenen Gnaden mit spezifischen Gesetzen, Normen und Beziehungen, wie die Rückseite des Spiegels. Die Bande zum alten Leben wurden gekappt oder zerfasert, separiert war man und vergessen, "vom Tisch des Lebens gestoßen" (Bachl, 3) in Qual und Tod einer "antimenschlichen Welt verdrehter Werte" (Klodzinski, 147). Es war eine Unwelt, in die der Häftling fiel, grausame Wirklichkeit und doch irreal-schemenhaft, ein fremder Mond, der keine Transzendenz und Metaphysik zu kennen schien, mit einer scharf getrennten erdzu- und einer erdabgewandten Seite. Auf ihm galt eine andere Schwerkraft, die vor Gesellschaft, Arbeit, Leben, Sinn und Zeit die kleine und entscheidende Vorsilbe "Un" setzte. "Im KZ war die Welt aus den Fugen geraten, die Dimension von Zeit und Raum galt nicht mehr." (Laqueur, 73) Der Häftling, der minütlich mit dem Leben vabanque zu spielen hatte, war aus Welt und Zeit gefallen (nicht umsonst nahm die SS neben anderem allen Neuankömmlingen die Uhr weg). Zwischen Erinnerung und Zukunft wurde dem Häftling ein grundloses "präsentisches Dahinleben" (Frankl, 1961, 749) abgenötigt, so endlos wie jederzeit beendbar - bestimmt einzig von den Takten des Terrors. Die Zukunft schien schon immer vergangen. Die Menschen wurden animalisiert; unter ihnen nahmen die Würmer und Wölfe überhand. "Im Lager herrschten allgemeine Hoffnungslosigkeit und Monotonie. Unter den Insassen gab es keine gegenseitige Rücksichtnahme, kein Mitleid. Man hatte sie zu niederen Lebewesen degradiert, und sie führten einen verbissenen Kampf um ihr Leben." (Bielawski, 65) Feindschaft und Gleichgültigkeit unter den Opfern ist das Fluidum der Gewalt. Ihm zu entgehen und ein Minimum an Sozialität aufrechtzuerhalten, verlangte ungeheure Kraft und Mühe.

3. Metamorphose der Person

Der zwangsweise Eintritt ins KZ-Universum begann bereits in seinem Vorfeld mit der verstörenden Prozedur der Stigmatisierung, Sammlung, Wegführung und ersten Haft. Das Gewebe des Gestern und Gewohnten zersetzte sich von den Rändern her, dehnte sich in der Deportation und zerriß schließlich. Die Vorbereitungen zur Zwangsverschickung, obwohl vielfach von täuschenden Reden (Arbeiten im Osten u. dgl.) begleitet, verhießen nichts Gutes. Viele Gruppen wußten oder ahnten allerdings von vornherein, weshalb man sie ergriff, und was sie erwartete. Die Dislozierung bildete den zweiten Akt im Drama der Zerstörung der Person. Vom Aufmarsch auf dem "Umschlagplatz" (wie der Sammelpunkt in den Ghettos hieß) bis zum Eintreffen im Lager waren die Deportierten bewußt kalkulierter und systematischer Demütigung ausgesetzt (Vgl. Sereny, 104) Der Viehwaggon ist zu Recht zur Chiffre des unmenschlichen Transports in den Tod geworden. Bis ins Innerste erschrocken und verängstigt, wurden die Menschen zu hundert und mehr in einen licht- und luftarmen Wagen gepreßt, wo sie sich kaum rühren konnten, meist weder Nahrung noch Wasser erhielten und mit primitivsten sanitären Hilfen auskommen mußten. Die Reise der zusammengepreßten und verdreckten Menschen dauerte oft ta-

60

gelang, ohne daß Ankunftsort und Bestimmung bekannt gewesen wären. Die Behandlung war schlimmer als die von Vieh, um das man sich einigermaßen kümmerte, schon weil man sich noch etwas von ihm versprach. Sie bedeutete den Deportierten unübergehbar, daß sie als menschliche Wesen und politische Rechtssubjekte abgeschrieben waren. Es lag folgerichtig in dieser Absicht und Erfahrung, daß viele unterwegs starben oder verstört wurden. Diesen ist die weitere Sequenz des Transports erspart bzw. verdeckt geblieben.

Fast alle Schilderungen, die wir haben, beben wider vom Schock der gewalttätigen Umformung des Ankömmlings in einen Häftling. Es war ein archetypisches Initiationsritual des Terrors, welches in den Berichten beharrlich den Punkt des Abstiegs in das Todesreich markiert (vgl. Rousset, 13ff.; Semprun, 219ff.; Tauzin, in: Arnould, 122 ff. u.v.a.m.). Der Anprall des letztlich doch (so) nicht erwarteten Schreckens rief ein "apokalyptisches Entsetzen" (Radil-Weiss) hervor. Nach dem zermürbenden Transport wurden die Deportierten in grellem Licht unter Hundegebell, Gebrüll und Schlägen aus den Waggons gejagt, ihres Gepäcks beraubt, getrennt, sortiert (in Auschwitz selektiert) und ins Lager geführt. Gestank und Dreck und der Anblick von Elendsgestalten in Lumpen überfielen sie. Sie mußten sich nackt ausziehen und den Rest ihrer Habe abliefern, in allen Körperöffnungen wurde nach etwas Verstecktem gesucht - vor aller (männlicher) Augen und demütigend besonders für die Frauen. Die Lagermacht definierte ihre Objekte zu bloßen Körpern. Die Enteignung ging bis zum groben Scheren aller Körperhaare fort und stellte den tiefsten Punkt des Austritts aus dem alten Leben dar. Es folgten (Wechsel)Bad, Desinfektion, Registratur und Wiedereinkleidung mit schmierigen, unpassenden und übernutzten Sachen, schließlich die Einweisung in den neuen 'Wohnraum' der Blocks - der Antritt als KZ-Häftlinge, "des hommes transformés en un composé miforçat, mi-clochard". (Tauzin, 123)

Die Einzelheiten und Gesamtheit dieser Metamorphose bildeten eine psychophysische Einheit der Erniedrigung, je nach den Umständen modifiziert durchgeführt und erlebt, grotesk und unentzifferbar. Die neuen Häftlinge sahen sich einer mechanischen und wetteifernden Brutalität durch SS und Lagerfunktionäre ausgesetzt und besaßen keine Hinweise auf Zusammenhang und Bedeutung des ihnen Angetanen. Die Wirklichkeit hatte sich so verzerrt, daß sie nicht mehr zu begreifen war. Dieses neuralgische Stadium der KZ-Haft bedeutete die erste soziale und psychische Weiche für die weitere Laufbahn des Häftlings und die Chancen seines Überlebens. "Es begann der Prozeß, in dem wir zu Automaten gemacht wurden, der das Denken tilgte und den Willen vollkommen zerstörte. Wir fingen an, nur noch Nummern zu sein." (Barbieri, in: Bilder...,18) Die überwältigende Entkleidung der Person in mehrfachem Sinn griff ihre Grundlage an; sie war beleidigt und degradiert. "Einbrennstempel. Wie beim Vieh." (Mannheimer, 103) Umfang und Geschwindigkeit dieser Ereignisse ließen ihr keine Zeit und Gelegenheit, sich darauf einzustellen oder gar Gegenwehr zu leisten. Jeder einzelne war ohnmächtig, und die vielen getrennten einzelnen waren es auch, in eine bodenlose Einsamkeit gefallen. Das zivile Individuum wurde fragmentiert und dissoziiert in die "anonymen und seriellen Massenformationen" (Sofsky 1993, 86) des Lagers gestoßen, die Individuation lief rückwärts. Die Seele konnte auf die hastige Begegnung mit einem vollkommen aus der bisherigen Erfahrung fallenden Gewaltphänomen kaum 'rational' reagieren. "Wer alles verloren hat, verliert auch leicht sich selbst." (Levi, 1988, 49) Gelähmt und gespalten, hilflos und unverteidigt, rutschte die Person in den Prozeß ihrer Desintegration. Materiell und psychisch beraubt und auf den niedrigsten Nenner nivelliert, erlebte sie eine unermeßliche Kränkung ihres Welt- und Selbstgefühls, die für sich schon hinreichen mochte, das Leben zu beenden oder mindestens schwer zu verletzen. "Es gab nicht viele Personen, die diesen Prozeß der Willensbrechung und menschlichen Entwürdigung ohne inneren Schaden überstanden." (Kogon, 78)

Zwischen draußen und drinnen, früher und jetzt spannte sich der Abgrund einer traumatischen Separation, deren letzte Abwehr die Bekannten und Verwandten gewesen waren. Von jetzt an regierte der Lagerzufall die Person, ihre Bindungen und Perspektiven. "Die Vergangenheit war abgeschlossen, ausgemerzt... Wir waren ausgeschieden aus der Welt dort draußen, entwurzelt aus unserem Land, losgerissen von unserer Familie, eine bloße Nummer." (Adelsberger, 39f.) Der "Zugang" begann, sich wie in einem Film zu sehen, sein verschrecktes und zurückgezogenes Inneres wie durch ein umgekehrtes Fernrohr betrachtend. Eine Art geistiges Notregime setzte ein, welches das Herz versteinerte und die Außenwelt zu Schatten schrumpfen ließ. Es war ein gefühlsmäßiger Teiltod. Diese Schreckensapathie wirkte ambivalent: sie schützte die Person, indem sie Gedanken und Gefühle blockierte, die Lebensenergie verteidigend aus der Welt der Objekte zurückzog, um das Selbst versammelte und so die Basis der Ichfunktionen stärkte; die Affektstarre gefährdete, indem sie unachtsam gegenüber der Umwelt werden ließ. Es war eine qualvolle Wahl und ein schmaler Grat zwischen Auslöschung der Umwelt oder des Selbst. Auch andere Abwehrformen gab es, die Unschulds- oder Rettungsüberzeugung etwa, den "Begnadigungswahn" (Frankl, 1977, 29), Galgenhumor oder gar Neugier auf das, was da noch kommen sollte. Das Trauma der totalen Zwangsverwandlung setzte nicht immer unmittelbar ein, sondern konnte erst allmählich in den Kern der Person sinken.

Im Grunde bildete das terroristische Zugangsritual der in serielle Zwangsmassen gefügten Gefangenen eine ganze traumatische Serie. Das Geschehen war (zunächst) unassimilierbar und überreizte den Häftling bis zum Umschlag in Fühllosigkeit, Detachiertheit und Kälte. Die bestürzende Begegnung mit dem grausamen Lagerspektakel verletzte die Person irreparabel und leitete ihre Demontage ein. Die ersten Tage und Wochen verlangten ihr das meiste Durchstehvermögen ab, obwohl die eigentliche Prüfung mit dem Tod als Tiefpunkt erst noch kommen sollte. Die Eingangsrede des Lagerfunktionärs verhieß in brutaler Offenheit ein kurzes Leben voller Pein bis zur schließlichen Ermordung. In einer mehrwöchigen 'Quarantäne', "einer Art Tauglichkeitsprüfung" (Mannheimer, 107) für das Lagerleben, wurden die 'Zugänge' zu Bau- oder besser Abbausteinen desselben geschliffen, indem die SS sie einem pervertierten Drill und grenzenloser Willkür in Lebensbedingungen noch unter Lagerniveau unterwarf. Sie waren desorientiert und entwürdigt, voller Angst und allenthalben fremd-feindlichen Aktionen ausgesetzt. Schon beim Aussteigen waren sie den Lagerveteranen begegnet, die als Büttel der SS fungierten, Fragen auswichen oder sie höhnisch beantworteten, drohten, stahlen und am Schicksal der 'Neuen' wenig Interesse zeigten, von spontanen oder politisch, landsmannschaftlich, familiär motivierten (und für die Betreffenden sehr gefährlichen) Ausnahmen abgesehen. "Da wir die Grundlagen und Gesetze dieser Gesellschaft nicht kannten, war unser erster Eindruck der einer Welt, die sich wild und grausam gegen die Lebenden richtete und den Toten ruhig und gleichgültig gegenüberstand. In Wirklichkeit handelte es sich oft nur um Selbstbeherrschung im Grauen." (Antelme, 18) Die Veteranen demonstrierten die erste grobe Lektion des Lagerlebens, daß es in ihm vorderhand keine Verbündeten, sondern nur kämpfende Monaden gab. Die selbst erfahrene terroristische Sozialisation wendeten sie nach außen und behandelten die 'Neuen' oft nicht anders oder gar schlimmer als die SS, bestrebt, die Unbrauchbaren möglichst schnell loszuwerden. Die Unheimlichkeit dieser Lagerfunktionäre, mit denen sie ja zunächst und vor allem in Berührung kamen, beeindruckte und verunsicherte die neuen Häftlinge.

Wenn ihnen nicht der Vorzug einer orientierenden Einführung in die Lagerwelt durch Veteranen oder Wächter zuteil wurde, blieb ihnen nichts anderes als ein kostspieliges Lernen im trial-and-error-Verfahren - nur daß der Irrtum meist den Tod bedeutete. Für die Mehrzahl kam er schneller als Umstellung und Überlebenschance. Denn um sich zu reorientieren und zu regenerieren, braucht es Zeit, die es in der Regel nicht gab. Das anfängliche Entsetzen zog sie in Kummer und Verzweiflung. Alsbald in eine psychisch, physisch und sozial inhumane Arbeit geworfen, dem Elend und Terror in den Blocks ausgesetzt, unzureichend gekleidet und genährt, Krankheiten ausgesetzt, kaum oder irreführend informiert, konnten sie sich nicht schnell genug in die neue, bittere Realität einpassen. Im betäubenden Nebel der Zugangserfahrung verlangte das Wahrnehmen, kognitive 'Lesen' und situationsspezifische Umsetzen der Lagerchiffren die lebenswichtige Entscheidung, mit gewaltig mehr als üblicher Anstrengungen zu (über)leben. Das Gelingen eines solchen hastigen Ab- und Umbaus der Ansprüche war ausschlaggebend und mußte nach den meisten Berichten in wenigen Tagen oder Wochen abgeschlossen sein. Wer nicht (schnell genug) ein neues lagerkonformes Gravitationszentrum der Person entwickeln konnte, verlor Ichgefühl und Lebenskraft. Wer von der lastenden Depression des Zugangsschocks nicht zur Trauer fand, die ihm sich auseinanderzusetzen, zu bewahren und zu hoffen half, über dem schlug sie zusammen. Manche schafften es (in kurzer Zeit), sich zu integrieren und neu zu justieren - aus ihren Reihen stammen die meisten Überlebenden. Die Breite der Reaktionen auf den Zugang zum KZ-Kosmos und die jeweilige Wahl hingen von vielen Faktoren ab: Persönlichkeitsstruktur, frühere Erfahrungen und Kenntnisse, geistige Kraft, soziale Beweglichkeit und Kontakte; Grund, Zeitpunkt und Ort der Einlieferung sowie Zusammensetzung des Wachpersonals und 'Geist' des Lagers und nicht zuletzt - Glück. Denn das oberste Gesetz des KZs war die Willkür, deren Steuerungsform der Zufall als Variante in den Zwängen des Terrors.

4. Brechung des Menschen

Die Essenz und Praxis des Konzentrationslagers liegt darin, daß der Mensch unberechenbarer und beliebiger Gewalt ausgeliefert und in allen (un)denkbaren Formen zunichte gemacht werden kann. Im Mahlstrom absoluter Negativität wurde Monströsität zur Routine. Der Terror galt zu vernichtenswerten Feinden erklärten Menschen. Indem er den ununterscheidbar abstrakten einzelnen und vielen galt, sollte er die Häftlinge als je unverwechselbare Individuen brechen und willkürlich in kategoriale Serien eingliedern. Die Herstellung einer gefügigen Masse galt nicht nur dieser selbst, sondern auch den "Volksgenossen" außerhalb des Lagers. In dem Maß, wie das reale Gerücht des Terrors sich in diese einfraß, konnten sie leichter zu gehorsamen Objekten gemacht werden.
Nicht die Rede ist hier von der aufs äußerste zeitlich und sequentiell zusammengepreßten Qual der Opfer der Todeslager. Von ihnen überlebte kaum einer den ersten Tag. Der Fließbandmord (veranstaltet z. B. in Treblinka von etwa 800 SS-Leuten und 1.000 Sonderkommandierten über anderthalb Jahre an fast einer Million Menschen) ließ keine Zeit zu weitergehender Tortur oder Gelegenheit, diese zu verarbeiten, zu bezeugen oder zu bekämpfen (von verschwindend geringen Ausnahmen abgesehen). Noch ehe sie es, betäubt, richtig spüren konnten, waren die Opfer spurlos verschwunden. Diesem finalen Terror stand die

zeitlich gestreckte und qualitativ differenzierte Exekution auf Zeit gegenüber, die den Gegenstand des Konzentrationslagers ausmachte. Den Zwischenraum vor dem Tod füllte die demonstrative und nachhaltige Entwertung der Opfer, ehe sie umgebracht wurden. "Es gibt Schlimmeres als den Tod, und die SS hat zu allen Zeiten dafür gesorgt, daß ihre Opfer diese Tatsache niemals vergaßen." (Arendt, Eichmann, 36) Diese terroristische Gewalt vollzog sich unzurechenbar und jeder Zeit, allüberall und gewöhnlich, subtil/schleichend und abrupt/offen vor aller Augen - Bestandteile einer ausgeklügelten Strategie, die Person zu erniedrigen und ihren Willen zu brechen. Die bewußt erzeugte dauernde "Angst ist der Vorraum zur Hölle." (Adelsberger) Unter dem Diktat der Peitsche, des Knüppels und der Stiefel, im Zwangssystem der doppelten Lagerhierarchie, wurden die Häftlinge in vielen Formen herabgesetzt.

"*Du sollst nicht sein*: eine ungeheure Maschinerie ist auf diesem lächerlichen Idiotenwillen aufgebaut" (Antelme, 104), den als solchen zu durchschauen allerdings nur wenigen vergönnt war; für viele wirkte er um so schlimmer, je idiotischer er anmutete. Die Manipulationen, um den Häftling nach Herrschaftslaune zu lähmen und zu modeln, lassen sich in wenigen Worten, die jeweils eine ganze Palette an Pein enthalten, zusammenfassen: Schikane, Schinderei, Schläge und Hetze, Schmutz, Lumpen und Ungeziefer, Fraß, Siechtum und Krepieren - bis die Körper und Seelen unaufhebbar mißgestaltet, entstellt, auseinandergebrochen und schließlich vernichtet waren. Der systematisch erzeugte Mangel an allen kreatürlichen Lebensbedingungen beraubte die Person ihrer Basis. Das Lager beherbergte nicht einfach Gewalt, es stellte sie vielmehr her, architektonisch, sozial und organisatorisch. Es übernahm die Regie über die Körper und die Gefühle. Die Grundsätze der Unversehrtheit und der Existenz überhaupt wurden beständig und tiefgreifend verletzt. Wie lange konnte das Gefühl menschlichen Selbstwerts und individueller Identität der ständigen Zumutung, wertlos und überflüssig zu sein, standhalten?

Die Stufen und Formen dieser schmerzlichen Metamorphose zum Nicht-Menschen begannen schon mit der juristischen, sozialen und politischen Demontage der Person, die ohne nennens- oder bestreitbare Begründung desintegriert, mißhandelt und entehrt wurde. (vgl. Van de Poel, 72f.) Ihr einziges Vergehen bestand darin, den Partei- und Staatszwecken im Wege zu stehen. Verhaftet, beraubt und ins Nirgendwo transportiert, wurde die Person bereits beim Übergang in eine andere Welt deklassiert und entmutigt. Diese Vorgänge und der ihnen folgende Zugangsschock schnitten sie vom vorherigen Dasein ab und demoralisierten sie in jäher und unaufhörlicher Demütigung durch Überherren, Schergen und auch Leidensgefährten. Im Alltag des Lagerlebens wurde die Moral weiter abgestumpft, ihren Platz nahmen Kalkül und Instinkt ein. Die

Dehumanisierung, d.h. Reduktion des Menschen auf ein fragmentiertes Reaktionsbündel, zielte auf den geistig-seelischen Kern, gekoppelt an die Mordab-
sicht und jenseits ihrer. Die Anomie des Lagers - vollkommene Unsicherheit
und Schutzlosigkeit gegenüber dem Dauerangriff des Terrors (vgl. Hoefer, 342)
- gipfelte in der Depersonalisierung (vgl. ders., 337ff.; Bluhm) als negativer
Substanz der zuzurichtenden Spezies. Sie machte die Individuen zu Nicht-
Wesen, als unverbundene Segmente in nicht- und überwirkliche zerrissene
menschliche Beziehungen gestürzt. Diese Lebewesen, die ihre krasseste Gestalt im "Muselmann" erreichten, hatten keinen oder nur einen schwer gestör-
ten Bezug zu Realität und Selbst, fremd ihren Trieben, Tabus und Lebenszie-
len. Dies bedeutete nicht weniger als die Auflösung des leiblich-seelischen Ichs.
Nur in wenigen Fällen dürfte der erschütterte innere Zusammenhalt dazu geführt haben, wie oben beschrieben, mit der Objektwelt (einschließlich Selbst)
auf neue, nämlich distanzierend beobachtende Weise Kontakt aufzunehmen
und damit die Restaurierung der Person zu beginnen. Für die übergroße Mehrzahl führte der KZ-Terror früher oder später zu dem, was er bezweckte: dem
erloschenen Menschen mit leeren Augen.
Die "Herstellung von Konzentrationslagerpuppen" (Van de Poel) untergrub
mögliche Ansätze in den Wächtern, in ihren Gegenübern menschliche Subjekte zu sehen, deren Mißhandlung und Ermordung identifikatorische Konflikte,
Mitleid, Schuldgefühl und vor allem eine Handlungshemmung auslösen konnte. Die Grenze der Person wurde einseitig überschritten, um sie desto fester
ziehen zu können. Der 'Unwert', den es zu vernichten galt, mußte erst eigentlich produziert und ausgestellt werden. Äußerlich und innerlich herunterge-
brachte Wesen, tragische, abscheuliche und lächerliche Figuren, die Schön-
heit, Stolz und Ausstrahlung verloren hatten, erlaubten den Mördern, sich zu
erhöhen und selbst zu rechtfertigen. "Wer könnte mir erklären, / weshalb sie
morden müssen? / Wohl um den Wert des eig'nen Lebens / zu ermessen an
diesem falschen Maß - / dem ungestraften Töten?" (Lia Frank)
Die Arten und Formen des Terrors waren vielfältig und doch einheitlich, flexibel und doch stur. Sie liefen auf Anweisung von oben und/oder wurden lokal
und situativ generiert und modifiziert. Sie konnten 'sanft', stumm und indirekt
oder hart und direkt sein, geistig und/oder körperlich wirken. Der 'kleine' und
besondere Terror wurde keineswegs immer als das geringere Übel empfunden,
nicht selten als bösartiger denn der große und allgemeine. Die absolute Gewalt
konnte bürokratisch-gezielt oder planlos-willkürlich daherkommen, als 'sinn-
voll' sich aufführen und begriffen werden oder als von vornherein unsinnig.
Breit lastender Druck konnte weniger niederwerfen als gezielter. Alles konnte
der unumschränkte Terror sein und werden, gebieten und verbieten, da er aus

Absicht und Einrichtung des Lagers selbst quoll. Er enthüllte sich schamlos und verhüllte sich bis zur Leugnung und perfekten Kamouflage, besondern anläßlich der Deportation und in den Todeslagern (vgl. Glazar). Vom "Transport" bis zum "Gas" sollte die Sprache selbst die Spuren des Verbrechens verwischen. Sie drückte die abstrakte Gleichgültigkeit des Prozesses und mögliche Reste schlechten Gewissens aus. Der SS-Mann Hössler in Auschwitz-Birkenau redete mit Engelszungen auf die vor den Gaskammern Zaudernden ein (vgl. F. Müller). Wer aber Unruhe oder gar Aufbegehren zeigte, wurde beiseitegeführt und erschossen.

Die "Bürokratie des Todes" wollte ihr eigenes Tun übertünchen und doch registrierte sie ihre Untaten bis zum Exzeß. Das verletzte Tötungstabu rief entlastende und doch immer nur bestätigende Zwangshandlungen hervor. Daher die ausgedehnten Schreibabteilungen, die fast sakrale Bedeutung (für beide Seiten) der 'Liste', das Tätowieren selbst Neugeborener oder das Mitführen und Zählen der Toten. Es wird geschätzt, daß für die datenmäßige Erfassung und Führung der Häftlinge 3 Meter Papier pro Person verwandt wurden. (Dunin-Wasowicz, 31) Die im organisierenden Auge der Gewalt Arbeitenden lebten in einer Schonfrist, die nicht selten bis zur Befreiung währte. (vgl. Shelley)

Im Zentrum der Gewaltrituale und -techniken stand die unaufhörliche Furcht vor Tortur und Tod. Sie durchdrang die Lageratmosphäre bis in den letzten Winkel. Durch sie als Hilfsmittel des Terrors produzierten die Herren "Formen von Gehorsam, die vor oder jenseits aller Rechtfertigung wirken: zum einen das schweigende Hinnehmen, bei dem Unterordnung als 'Naturgesetz' erscheint; zum anderen jener Gehorsam, der den 'Schrecken' der Todes- oder Verletzungsdrohung, wie er zu jeder Herren-Gewalt gehört, ausdrücklich bewahrt." (Lüdtke, 12) Der bleibende "Stachel" der Befehlsausführung wirkte mindestens so peinigend wie der Zwang in acta, und vor allem im Speicher der geheimen Disziplin nachhaltiger. (Vgl. Elias Canetti, 350ff.) Nach der geschilderten Zugangssequenz wurden die Häftlinge dem Bodensatz des preußischen Militarismus unterworfen, d.h. einer peinlich genauen Gruß- und Kleidungsordnung, einem demütigenden Melderitual, solchen Dressurakten wie dem gemeinsamen Mützenknallen. "Dreißigtausend standen wir da, in Reih und Glied ausgerichtet, die SS-Männer sind sehr auf Ordnung und Symmetrie bedacht. Der Lautsprecher brüllte: 'Das Ganze, stillgestanden!' und man hörte dreißigtausend Paar Absätze zackig zusammenklappen. Die SS-Männer sind sehr auf zackiges Stillgestanden bedacht. Der Lautsprecher brüllte: 'Mützen ab!' und dreißigtausend Häftlingskappen wurden von dreißigtausend rechten Händen gefaßt und gegen dreißigtausend strammstehende rechte Beine geknallt, das ging ruckzuck, wie *ein* Mann. Die SS-Männer haben es für ihr Leben gern, wenn alles ruckzuck geht wie *ein* Mann." (Semprun, 52; daß der Autor zugleich aus-

führt, die SS-Leute seien "arme Tröpfe" und ihre Autorität hohl, steht auf einem anderen Blatt). Den äußeren Höhepunkt der Lagerabrichtung bildeten die Appelle, meist mit dem Anlaß und Vorwand des Zählens, eine "lächerliche und abscheuliche Zeremonie" (Rovan, 170), endlos, quälend und oft tödlich. Den inneren das Bettenbauen, das ebenso unnötig und unmöglich wie unnachsichtig verlangt und geahndet wurde. Einen weiteren Eckstein des Lagerterrors stellte die vollkommen unzureichende, zusammengestoppelte, unbrauchbare und komische Lagerkleidung dar, etwa die schmierige tellerförmige Mütze oder die qualvollen Holzpantinen, welche die Häftlinge beim Gehen behinderten. In noch höherem Maß degradierend und entwaffnend wirkte die eingangs und immer wieder erzwungene Nacktheit, in einem Fall in Birkenau B III das monatelange unbekleidete Vegetieren von zehntausend Jüdinnen in einem "Depotlager". Der ständige Hunger verheerte die Leiber und Gemüter. "Brot, Suppe - das war mein Leben, nicht mehr. Ich war nur noch ein Körper. Vielleicht noch weniger: ein hungriger Magen. Nur der Magen fühlte die Zeit verstreichen." (Wiesel, 78) Er war die quantitativ und qualitativ wirksamste Waffe der SS und des Todes, indem er die Gesundheit und Widerstandskraft untergrub und die Häftlinge zur leichten Beute von Schlägen und Krankheit machte. "A hungry man is a disgrace to the dignity of the human species." (Donat, 182) Systematischer Nahrungsmangel zerstörte den Körper und zerrüttete den Geist, warf gebieterisch die Moral über den Haufen und machte die Menschen teilnahms-und rücksichtslos, diebisch und ließ sie schließlich krepieren. Zum physischen Elend gesellte sich die knechtende und ungerechte Distribution des knappen Fraßes als alltägliche demütigende Inszenierung. So "schlägt das Herz immer langsamer. / Das Gehirn umnebelt sich, / kalt werden die Füße und Hände." (Belgiojoso, in: Bilder...)
Mit der gezielten Steigerung der Notdurft erreichte die Destruktion menschlicher Würde ihren Nadir. Der Schock der Beschmutzung durch eigene und fremde Exkremente (infolge Durchfalls und nicht vorhandene oder schwer erreichbare sanitäre Anlagen) erschütterte die Psyche bis in ihre Tiefen, weil sie das Fäkaltabu verletzten. Die erzwungene schandhafte Prozession zum Eimer oder die Benutzung des Eßgeschirrs riefen Ekel und Selbsthaß hervor, Aggression und Kampf um das Selbstverständlichste. Die Häftlinge erstickten schier im Abfall, waren von Ungeziefer überlaufen, dem faden und süßlichen Geruch von Verfaulendem und verbrannter menschlicher Körper ausgesetzt.
Die Lagerorganisation dirigierte ihre Objekte in den Untergang. Ihre Brechungsrituale standen im Zusammenhang eines Ordnungs- und Strafsystems, das eigentlich gar keines und doch alles war. Denn eine offizielle Lagerordnung gab es nicht, oder sie wurde nicht beachtet. Es herrschte das Gesetz des Dschungels. "Le popre de l'univers totalitaire est précisement que les règles du jeu social

n'excluent jamais le risque et l'arbitraire." (Botz/Pollak, 19) Dieser Schwebezustand zwischen totalem Reglement, der Willkür, der Kleinlichkeiten und des Zufalls und allfälligem Verstoß dagegen zerstörte jegliche Berechenbarkeit, wie sie menschlicher Sozialität eignet. Die Unmöglichkeit, die Gebote zu befolgen (z. B. sich beim herrschenden Dreck und mangelnden Waschgelegenheiten sauber zu halten), war für das terroristische System mindestens ebenso wichtig wie diese selbst. Wo alles verboten war, mußten die Verbote unausweichlich übertreten werden. Jede Minute und Handlung stand vabanque. Denn auch Anlaß und Strafmaß waren entkoppelt. Ein schiefer Blick konnte zum Tode führen, Auflehnung hingegen manchmal straffrei ausgehen. Alles war möglich und wenig zu- und berechenbar, der Häftling Spielball undurchschaubarer Regeln und Launen.

Die Tortur dieser Lebensbedingungen und Ordnung durchstieß die Körper- und Schamgrenzen der Person. Wie konnte einer noch Mensch bleiben in der "finsteren, schreienden Höllengrube des Blocks" (Levi, 1988, 175), wo in Birkenau pro Kopf 0,28 qm Raum und 0,75 cm Luft vorhanden waren - weniger gab es nur noch in der Gaskammer, nämlich 0,07 qm Luft für jedes Opfer, ehe sie ihm ausging. (Sehn, 52) Erstickende Enge, Raum- und Geistmord der Person gingen ihrer Tötung voraus. Die ständigen Schläge und Repressalien oder die unmittelbare 'klassische' Folter selbst, wie sie die Politische Abteilung (der Gestapo-Filiale im Lager) als Spinne im tödlichen Netz übte, war dann nur noch Schlußstein im Marterbau. Sie wollte Informationen herausholen, Widerstand präventiv oder selektiv ersticken und Qualen erproben. Dazu gehörten u.a. die "Boger-Schaukel" (in Auschwitz), Prügelrituale und -orgien, Strafexerzieren, Bunker, Ertränken, Scheinerschießungen, Beschmutzen (in/mit Kot), Zerquetschen der Glieder, Erfrieren, Baumhängen, Torstehen, was besonders gegen Flüchtlinge, ausgewählte Personen und Gruppen angewandt wurde. Strafkompanie und Sonderkommando rundeten die Palette ab, die strukturell, spezifisch und sadistisch war. Terrorstrafe (z.B. Strafappell), Exzeß, Selektion und Massaker bedeuteten den Schergen und Opfern mehr als die Einzelfolter. Aber diese war die unmittelbarste "Grenzverletzung meines Ichs durch den anderen, die weder durch Hilfeserwartung neutralisiert noch durch Gegenwehr begradigt werden kann" (Améry, 50), unbegreifbar, unvergleichbar und unverlierbar. Gerade deswegen diente sie der SS als Übungsfeld.

Sie hielt sich mit der individuellen Folter, die offiziell gar nicht erlaubt war, und mit dem allgemeinen Terror bei Laune (wozu noch Zulagen verschiedener Art kamen). In unkontrollierbarer Raserei brachen sie willkürlich und 'phantasievoll' alle (auch immanenten) Regeln und bestätigten die eigene Selbstversperrung. Aus Anfällen von Macht- und Tötungsrausch droschen sie aus schierem Vergnügen, sadistischer Neugier und professionellem Ehrgeiz auf die Schattengestalten der heruntergekommenen Häftlinge ein, die jede Gefühlsregung zu unterdrücken hatten. Die lizensierte und ermunterte gewalttätige Konfliktentladung im grenzenlosen Raum des systematischen Terrors verschob die Gewichte im mehr oder minder 'normalen' psychischen Gefüge der Wächter zum Pathologischen hin, das sie hier ungestraft austoben konnten. Eine bösartige Organisation bedurfte nicht unbedingt triebenthemmter, wohl aber entgrenzungsbereiter Naturen. Neben Marter- und Tötungsexzessen wirkte sich das vor allem in Form offener und verdeckter sexueller Sadismen aus. Die totale Verfügung über den Körper verleitete zu ungebremsten Übergriffen auf ihn, beginnend mit der entwürdigenden Leibesuntersuchung beim Zugang und endend etwa mit dem Herumfummeln an weiblichen Genitalen noch vor dem Eintritt in die Gaskammer. (vgl. Adler, 95) Vor allem die Frauen waren Objekt dieser Gewalt (vgl. Feig, 171f. und 176; Schwarberg, 92 f.; Kogon, 167, 179, 183, 263; Rousset, 34; Hilberg, 611), übrigens auch von Frauen ausgeübt (vgl. Simonow, 75), die darin nach Meinung mancher (vgl. Kautsky) ärger waren als Männer. Doch waren allein schon die Bedingungen in Frauenlagern, wie z. B. Birkenau, am unerträglichsten; Frauen litten besonders unter dem Scheren, der Nacktheit und dem Schmutz; schließlich wurden sie bevorzugt für medizinische Experimente mißbraucht - zugespitzt patriarchalisch und exemplarisch für die Tortur an allen Häftlingen.

So schlimm der persönlich-pathologische Terror auch war, er blieb doch eher akzidentiell und bildete nicht das Wesen der Lagergewalt. Deren Maschinalität wurde von barbarischen Horden betrieben und äußerte sich vermittels ihrer. Sie bestand in der bewußt, planmäßig und bürokratisch entfesselten Kettenreaktion der Dezivilisierung bis zum irreparablen Ruin des Persönlichkeitskerns. Schon mit dem ersten Schlag begann er Weltvertrauen, Ichbefinden und Ichgrenzen im Sozialkontrakt einzubüßen. Das Lageruniversum zerstörte rasch oder allmählich jede Selbstgewißheit und Hoffnung. Der persönliche Sinnhorizont zersetzte sich im Zeit- und Perspektivverlust, in der perversen Verhöhnung der sozial üblichen und 'guten' Werte (vgl. Balling, 50), im double bind verwüsteter und zugleich gesteigerter Schamgrenzen, in der Animalisierung des Körpers und nicht zuletzt in der Arbeit. Wie die Strafe in keinem Verhältnis zum Vergehen stand, mangelte der Arbeit weithin ein solches zum Produkt und zum Produzenten. Die "Arbeit war für die SS ein Instrument des Terrors, diente zum Quälen und Töten der Häftlinge; der eigentliche, der normale Zweck der Arbeit, dem Menschen die Mittel zur Befriedigung seiner Ziele und seiner Lebensbedürfnisse zu geben, war hier lediglich noch eine Reminiszenz aus der Freiheit." (Klodzinski u.a., Arbeit, 1987, 135) Sie stellte kein räumlich-zeitliches Kontinuum der unmittelbaren Lebenserhaltung dar, sondern durchkreuzte diese körperlich und geistig. Man erhielt sich nicht kraft, sondern trotz ihrer. Sie war überschwer, in den physischen und sozialen Bedingungen oft so absurd wie mörderisch. Sie trug ihr Ziel nicht in sich oder im Lebensmittel, sie wollte die Würde des Häftlings zerbrechen und ihn zum bloßen Werkzeug degradieren. Im Medium der Lagergewalt schlug die Entfremdung in und von der Arbeit in die Vernichtung durch sie um. "Es ist schwer zu sagen, was schlimmer wirkte: der Prügel der Kommandoführer, die Methoden so vieler Kapos und Vorarbeiter oder die Art der Sklavenarbeit selber." (Kogon, 94) In der Tat machte die Arbeit im KZ frei - zum Tod.

"The machine was much stronger than we were. We were atomized, blown to bits, scattered to the winds, helpless beyond hope..." (Donat, 73) Das alte Sozialnetz war zerrissen, das neue unübersichtlich, schütter und prekär. Mehr als je im Verhältnis des Arbeiters zum Kapital vergegenständlichten sich seine Wesenskräfte im feindlich entgegengesetzten Apparat. Das Gewaltverhältnis polarisierte sich in absolute Macht und Ohnmacht, die sich wechselseitig definierten. Die soziale Destruktion und Denormierung lieferte die gebrochene Person gänzlicher Anomie aus. Sich in ihr zu verlieren und umzukommen, war nur eine Frage der Zeit. Das Verlöschen der Nummern beendete einen Prozeß, der den Menschen bereits vorher ausgelöscht hatte. Denn "das Töten ist die Nahrung der Macht" (Sofsky, 1990, 533), wie die Willkür die des Terrors. Sie waren für einen auf Mord gestellten Apparat unverzichtbar. Wie ein Alp ging die ständige Drohung des "Fertigmachens" (nicht zufällig ein Wort aus der industriellen Produktion) um. Wen das Urteil traf, der wurde mit allen Mitteln zermürbt und schließlich erledigt. (vgl. Van de Poel, 30) Die andauernde Drohung der Extermination und die wie eine Seuche wütende Selektion schufen ein Zwischenreich der Angst, des Elends und Siechtums. Die psychotische Macht drängte auch die Häftlinge in ein psychotisches Verhalten und erhöhte die Letalität. Jede Beständigkeit und Sicherheit - Grundvoraussetzung oder -hoffnung menschlicher Existenz - zerrann. Es gab tausend Wege zum Tod, lange und kurze, 'leichte' und schwere, durch Verhungern, Krankheit, Arbeit, Gas, Zusammenschlagen, Erschießen, Abspritzen und - gelegentlich - lebendige Verbrennung oder Beerdigung. Die blutdurchtränkte Erde vor der "schwarzen Wand" des Exekutionsblocks 11 in Auschwitz reichte zwei Meter tief. Die Mörder erhielten Prämien, die Opfer eine verhöhnende bürokratische Meldung oder einen Vermerk auf der Liste. So sehr die Vernichtungsmaschine das Töten brauchte, es ging ihr nicht nur darum, sie mußte vorher und dabei jegliche Identität und Sozialität zertrümmern. Der Hohn auf die Opfer und die Verwertung ihrer Überreste bildeten den (in sich konsequenten) Schlußstein im entmenschlichenden KZ-Unternehmen. Nichts sollte von ihnen bleiben.

5. Politische Ökonomie des Elends

Die Insassen des Konzentrationslagers waren gefangen in ihrer Rolle als Objekte der negativen Macht. Zu den treibenden Kräften des Systems werden je nach behandeltem Aspekt und Blickwinkel des Autors auch und vor allem (z. B. in der DDR-Literatur) die wirtschaftlichen gezählt. Zweifellos spielten sie in der *politischen* Ökonomie des Nationalsozialismus eine Rolle, insofern sie die Bevölkerung sieben und einschüchtern sollten. Ihnen lag am Laboratorium und Modell der absoluten Unterwerfung. Ob die Lager allerdings nicht nur politisch gesetzt, sondern auch betriebs- oder volkswirtschaftlich rentabel waren, ist umstritten. Sicher ist, daß sie primär aus diesem Grund nicht ins Leben gerufen wurden, verdankte sich doch ihr Dasein in erster Linie und durchweg der (politischen) Gegnerbekämpfung. Ökonomische Überlegungen waren bei Errichtung und Betrieb der Konzentrationslager nur ausnahms- und periodenweise von Gewicht, etwa bei den mit der Steingewinnung befaßten wie Buchenwald, Flossenbürg, Groß-Rosen, Mauthausen, Neuengamme oder den in die Rüstungsproduktion einbezogenen wie Monowitz (Auschwitz III), Melk oder Dora-Mittelbau. Als Institutionen wurden die KZs in der Regel nicht auf Arbeitseinsatz und dessen Voraussetzungen hin geplant. Aber wirtschaftliche Motive waren stets mehr oder minder beteiligt.

Die Konzentrationslager standen unter dem "double impératif de l'exploitation et de l'extermination". (Decèze, 166; vgl. dies. 12, 163) Institutionell drückte sich das im Widerspruch und den Rangeleien zwischen WVHA und RSHA, also SS-Wirtschaftsverwaltung und Gestapo, funktionell im Lager zwischen Arbeitseinsatz- und Tötungsinteressen aus. Die Häftlinge schuften zu lassen und sie umzubringen, schlossen sich weitgehend gegenseitig aus bzw. waren nur kurzzuschließen. Tötungs- und Profitgier ließen sich nicht gleichermaßen befriedigen, ja sie verdrängten sich: wenn der Gegenstand der Ausbeutung erlischt, hört sie auch selbst auf. Selbst einem aufmerksamen Beobachter aus den Reihen der SS ist "die Unlogik" aufgefallen, "daß man auf der einen Seite die Arbeitskraft und die Produktion auf Höchsttouren bringen will, und andererseits die Lebensbedingungen der Häftlinge in jeder Beziehung unerträglich gestaltete und massenhaft gesunde Menschenleben vernichtete", was "bezeichnend für die Zustände in Konzentrationslagern" gewesen wäre. (Broad, 79) Auch als die SS einen Ausweg aus diesem Dilemma suchte und fand: Ausbeutung bis zum Tod bzw. dessen Beschleunigung durch Ausbeutung, war der "Zwiespalt" (Pingel) nur verschoben und der Primat der Vernichtung letztlich unangetastet geblieben. Selbst von immanenter ökonomischer Rationalität kann in diesem Zusammenhang nur sehr eingeschränkt die Rede sein. Im Sinne dieser doppelten - und in der skizzierten Art gewichteten - Zielsetzung herrschte in den KZs eine chaotische Effizienz (am Maßstab rationaler Planung gemessen) oder ein effizientes Chaos (an der Tötungsabsicht gemessen). Dieses Resultat lag in der Widersprüchlichkeit des KZ und seiner Bewegungsform selbst. Eine Zerstörung, die sich lohnen und eine Folter, die auch produktiv ausfallen sollte, kennzeichneten die KZ-Produktionsweise, die nur mit einer politischen Ökonomie des Elends und der Plackerei zu erfassen sein dürfte. Selbst von Ausbeutung läßt sich nur bedingt sprechen, da diese ja die Reproduktion des Arbeiters bzw. der Arbeitskraft voraussetzt, eher von unbedingter Vernutzung. Die Arbeit, meist miserabel organisiert und ausgestattet, war weithin eine Pseudo-Veranstaltung serieller Massenschinderei. Nicht das Produkt, sondern der Produzent sollte 'fertiggemacht' werden. Nicht der Einsatz bestimmte den Prozeß, sondern der Ausfall. Die Arbeitsaufgabe war sehr schwer, das Arbeitsmittel unzureichend, die Arbeitszeit überlang und beständig von Schlägen, Gebrüll und Hetze begleitet. Im Grunde stand jene nicht im Vordergrund der Lagerfunktion, auch wenn das so aussah und erlebt werden konnte. Denn die zentrale Arbeit war die des Tötens - dafür wurden Personal, Werkzeuge und Bauten ausgelegt. Auch wenn man mehr oder minder im Auge hatte, daß etwas dabei herausspringen sollte, Hauptziel war die Steigerung der mortalen Produktivität. Das Mordpersonal war unablässig bemüht, die Tötungsmethoden zu verfeinern, um die Schlächternerven zu schonen, die Opfer zu täuschen und den Ausstoß zu erhöhen. Es experimentierte und entwickelte stetig weiter, von den Euthanasieaktionen über die Massenerschießungen bis hin zur perfekten fließbandartigen Tötungsmaschinerie von Deportation, Gaskammer und Krematorium. Die Technologie des Todes arbeitete mit industriellem Problembewußtsein, organisationsbezogen und apparativ. Sie prüfte, billigte und verwarf Mordarten, Tötungsstätten und Resteverwertung. So wurde nach optimalen Leichenensembles für die Verbrennung im Ofen gesucht oder nach Wegen, den Verbrennungsvorgang in den Gruben mit dem Leichenfett zu einem selbstnährenden zu machen. Zwischen Gruben- und Gaskammeranhängern wogte Streit, im allgemeinen zugunsten letzterer entschieden, da ihre Methode als sauberer und effizienter galt. Aber zufrieden waren die Herren des Todeskombinats nie. Sie zerbrachen sich den Kopf über eine maßgerechte und flexible Aufteilung der Gaskammern, wollten zu ihrer Erwärmung (auch der des Badewassers) die Abwärme der Krematorien nutzen, entwarfen spezielle Gaskristallzerstäuber mit maximaler Verdampfungsoberfläche und stellten ständig Zeitmessungen an. Ihre Erfolge erfüllten sie mit Genugtuung oder gar Stolz. Die verkehrten Vorzeichen verlängerten sich in einen makabren quasi professionellen Eifer.

Die auf Tötung abgestellte Lagermanufaktur war zunächst an der Ausplünderung der Opfer - des Rohmaterials ihrer Produktion - und der Verwertung ihrer Überreste interessiert. Es handelte sich nicht um das Hervorbringen von Reichtum, sondern höchstens um seine Umverteilung - eine parasitäre Ökonomie des Raubes. Das begann bereits mit Vermögen und Habe der zu Deportierenden, ging weiter mit der Wegnahme des Gepäcks bei der Ankunft im Lager, der Beschlagnahme der letzten Wertsachen bei der Aufnahme, vor und nach der Vergasung. Die barbarisch-armselige Tötungswirtschaft fraß ihre Opfer buchstäblich mit Haut und Haaren: aus Skeletten, Haut und Kopf wurden Schauobjekte angefertigt, aus den Knochen Düngemittel, aus den Haaren Isolierfilze. Weil sie nichts hervorbrachte und die Menschen verschwenderisch wegwarf, war sie auf immer neuen Nachschub angewiesen. Tage ohne "Transporte" waren trübe für die Raubmörderbande von Treblinka, aber auch unheilschwanger für das nun doppelt überflüssige Sonderkommando. Am gierigsten war man hinter Gold, Geld und Schmuck hinterher, den bevorzugten Gegenständen wuchernder inoffizieller Bereicherung und offizieller Aneignung. So wurden in Auschwitz täglich Dutzende Kilo Zahngold für die Tresore der SS bzw. der Reichsbank gewonnen, in den Jahren 1941 bis 1944 belief sich das auf 7 Tonnen. (Halivni, 138) Von der Art des Zustandekommens her war dies eine gewaltige Menge, volkswirtschaftlich von geringer Bedeutung. Der Raubzug der "Aktion Reinhard" (der Vernichtungslager) brachte gerade 180 Millionen Reichsmark ein. (Sereny, 104) Von sagenhaften Reichtümern wurde geraunt und geflunkert - und deswegen nach dem Krieg von Goldgräbern neuer Art in Maidanek und Auschwitz der Boden durchsucht; den Opfern war nur abzunehmen, was sie auf dem Leib trugen. Zu welchen Massen sich das immerhin noch auftürmen konnte, zeig(t)en die überquellenden Schuh-, Kleider-, Brillenmagazine in Birkenau und anderswo; sie kamen durch die Anzahl der Getöteten zustande und nicht durch die Fülle ihrer Mitbringsel, obwohl man auch die durch falsche Versprechen zu steigern wußte. Der Name "Kanada" (Zone für die Sortierung und Aufbewahrung bzw. Weiterverwendung der geraubten Kleidung, Wertgegenstände und Lebensmittel in Birkenau) wurde zum Mythos dieses Aspekts der Lagerwelt, der die Verwertung ihrer Objekte abschloß. An den erträumten Reichtum des fernen nordamerikanischen Landes oder an das biblische Kanaan, wo Milch und Honig fließen, erinnernd, verhüllte er, daß der Reichtum aus der persönlichen Habe vieler Ermordeter bestand: die Abstraktion des KZ-mäßigen Mordes und die Abstraktion des Wertes trafen hier zusammen.

"Across landscapes here now forever beyond innocence, the Jews in their sealed torahtrains. Hiding in luggage among cookingware and clothes, these words of their lost languages: this little lucky hearth's cricket 'beauty' (how beautiful the crimson sunset), this mouse 'hope' curled in a cello among spools of wool (a bluesweater for Sarah by next winter), 'tradition' tied in blackstringed phylactery cubes among prayershawls & shrouds, this cockroach 'dignity', this vein of coal gemlight 'star', these ringsworms 'love' & 'will', these trained vermin 'courage' & 'human', 'honor' & 'blame', god's burnished reichsmark 'fate' (ashes to ashes), grapes from the vineyard 'time', cheese stenchwedges of 'spirit' & 'faith', these dentures 'choice' & 'justice', these lead crystal compotes 'story' & 'poetry' (Aharon dreamed his mother woke in her grave below the river) - all these to the warehouse, 'Canada', that power to steal/stain/dispense/divide/weld/wed each word, each aesthetic to it's opposite, trancefragments, cargos of incoherence, rabbinical monocles of 'vision' & 'transcendence', these free & wild & incandescent history, human cattlefreightcar sounds vowelling across Europe with all belonging, the Jew's exodus

up the chimneys." William Heyen, in: Brodsky, 68

Gleichwohl ging es nicht nur darum, die Insassen zu berauben, zu brechen und zu töten, sondern sie auch zur Arbeit zu zwingen. "In der von völkisch-weltanschaulichen Gesichtspunkten bestimmten Skala zwischen relativer Freiheit und absolutem Zwang in der Behandlung und Stellung der rekrutierten sogenannten Fremdarbeiter rangierten die KL am äußersten Ende. Sie stellten jene Form der Zwangsarbeit dar, die für die als minderwertig, unerwünscht oder politisch gefährlich geltenden Bevölkerungsgruppen angemessen schien." (Broszat, 133) KZ-Häftlinge waren billig, schier unbegrenzt ersetz- und einsetzbar. Sie erbauten ihre eigenen Lager und schufteten für SS-Betriebe und interministerielle Rüstungsvorhaben. Auch die Industrie wußte diese Eigenschaften zu schätzen und verlangte nach ihnen. Der Häftlingsverleih entwickelte sich für die SS zum großen Geschäft. Die Sätze lagen zwischen 4 und 6 RM pro Tag. 1944 soll die SS daraus ingesamt 50 Mio. RM/Monat erlöst haben, von allein den männlichen Häftlingen Buchenwalds 6 Mio./monatlich. (Kühnrich, 126) KZ-Gefangene wurden aber in steigendem Ausmaß auch für die SS-eigenen Wirtschaftsunternehmen (z. B. Deutsche Erd- und Steinwerke = DEST, oder Deutsche Ausrüstungswerke = DAW) verwendet, wofür der Anwender (bis 1943) nur RM 0,30/Tag an den Staat abzuführen hatte; sowjetische Kriegsgefangene waren noch billiger. Außerdem hatte die Häftlingspopulation für die umfangreiche Selbstversorgung der Lager aufzukommen, von der Bäckerei und Lagerküche über Effektenverwaltung und Schreibstuben bis hin zur Produktion und Beseitigung der Leichen.

Es wird in diesem Zusammenhang viel von Sklavenarbeit geredet. "The Mauthausen-system provided one of the largest organized slave reservoirs of modern times." (Feig, 128) Im strikten sozialökonomischen Sinn ist das nicht richtig (eher schon im sozialmoralischen), denn weder die antike noch die nordamerikanische Sklaverei waren auf systematische Folter und Vernichtung aufgebaut (vgl. Kirstein, Sofsky 1993). Ihren Hauptzweck bildete die Arbeit der Sklaven, alles andere war Nebensache. Die KZs waren primär keine Arbeitslager. In ihnen finden wir eine pervertierte Form der Arbeit vor, die letztlich nichts anderes bezweckte, als ihre Träger abzustumpfen oder aus der Liste der Lebenden zu tilgen. In ihrem sozialen Verhältnis hatte das Leiden einen höheren Rang als das Ergebnis der Arbeit, durchherrscht vom terroristischen Zweck. Ein Häftling mußte weder gekauft noch entlohnt werden. Seine Lebenshaltung war extrem niedrig und mit 0,3 bis 1,5 RM pro Tag veranschlagt. (vgl. Decèze, 281) Nach SS-Kalkül betrug der Erlös aus einem Leihhäftling bei sechsmontiger Lebensdauer 1630 RM. (dies., 286) Die Billigkeit des Arbeitsvermögens begünstigte den verschwenderischen Umgang mit ihm. "Die SS-Leute kaufen uns unsere Arbeitskraft nicht ab, sie entwinden sie uns kurzerhand, und zwar mit den ungerechtesten Zwangsmethoden, der brutalsten Gewalt. Das Entscheidende ist, daß wir Arbeitssklaven sind. Und weil unsere Arbeitskraft nicht für Geld erhandelt zu werden braucht, ist es wirtschaftspolitisch auch nicht nötig, für ihre Erhaltung zu sorgen. Wenn unsere Arbeitskraft verbraucht ist, holen sich die SS-Leute neue Sklaven" (Semprun, 164) - eine Arbeitsökonomie des Verlusts. In Auschwitz bekamen Schwerarbeiter wie normale Häftlinge höchstens die Hälfte der notwendigen Kalorien pro Tag (Garlinski, 23); nach anderen Angaben (Sehn, 64f; Dunin-Wasowicz, 38) betrug die Unterdeckung 65 bis 75%. Bei einer solchen Nahrung verlor der Häftling ca. 200 g Fett am Tag, in 50 Tagen büßte er 10 kg Fettreserven ein. (Decèze, 287).

"Tel du bétail
Nous dormons dans des trous.
Pour nous, le soleil ne brille pas
Pour nous, aucune étoile ne s'allume
Pour nous, il n'y a que des roches abruptes,
Des murs froids et morts.
Les machines à forer la montagne grondent sans répit
C'est infernal.
L'air est lourd.
Et dans les ténèbres des galeries
La poussière empoisonnée
Colle comme un meurtrier à nos talons
Comme un couteau tranchant.
Elle entaille nos poumons
Enlève les couleurs de nos joues
Brouille nos yeux
Et couvre nos vêtements et nos cheveux

D'un gris uniforme.
Nous n'avons pas le temps de nous plaindre
Encore moins d'enlever de nos yeux
Cette poussière collante.
Nous ne sommes que des ombres
Des silhouettes aux joues creuses
Qui vont au-devant de la mort dans les catacombes.
Le désespoir, l'angoisse
Rongent sans cesse nos coeurs comme des loups affamés.
Des prières expirent
Et se brisent sur les rochers insensibles.
Et, au-dessus de tout, la voûte de la galerie
Pas de soleil, pas d'étoile.
La foi s'éteint.
Il ne vient pas d'apôtre
Qui pourrait relever ceux qui tombent
Seule la mort s'attache aux pas
De ceux dont les yeux brûlent si ardemment.
Nous nous terrons dans des trous comme des animaux à détruire
Sans soleil, sans étoile,
Rien que des rochers morts.
Sur la couche de pierre meurent nos frères
Et ceux qui restent
Déposent à leur chevet
Une pierre et non pas un cierge.
Ils t'ont donné un nom de femme, 'Dora'.
Tu aurais du dérider les fronts fatigués.
Ils t'ont donné un nom de femme, 'Dora'
Pour nous tromper une fois encore.
Tu étais, 'Dora', une femme de pierre
Des milliers et des milliers sont morts dans tes bras
Des milliers t'ont maudit
Ton souffle était gelé
Ton sourire de glace
Et ton baiser de poison."
Stanislas Radimecky, in: Decèze, 255f.

In dieser extremen Form extensiver Ausbeutung, wie im unterirdischen
Rüstungsstollen von Dora-Nordhausen, war die Rentabilität nicht mehr an den
Ertrag des einzelnen Arbeitsvermögens gebunden, sondern bediente sich eines
rasch durchlaufenden und vernutzten Volumens einfacher Arbeit. Für die unter
mörderischen Bedingungen schuftenden und krepierenden Häftlinge konstitu-

ierte dies eine neue Form der Sklaverei, welche die alte weit in den Schatten stellte, insofern ihr der Leib des Arbeiters nichts galt, und sie noch zusätzlich in seiner Seele wütete. Diese KZ-Sklaverei war als Mittel der Macht sehr wirksam, als Arbeitsweise nicht. Der reduzierte Selbstantrieb ihrer Arbeitskräfte, die geringe Intensität der Arbeit, ihre schlechte maschinelle Ausstattung, das kontraproduktive System der 'Menschenführung', das sich im Grunde auf Antreiberei beschränkte, der überlange Arbeitstag (reine Arbeitszeit 11 Stunden) - kurz eine die Methoden der absoluten Mehrwertproduktion noch übergipfelnde Betriebsweise - machten den Häftlingen in kurzer Zeit den Garaus und ihren Anwendern nicht geringe Probleme.

Die Repression minderte erheblich die Effizenz zumal komplizierter Arbeit. Zum einen waren die Häftlinge unterernährt, oft fehlqualifiziert und wenig motiviert (da half auch ein halbherziges Prämiensystem nichts); sie zeigten sich wenig anstellig und nutzten jede Gelegenheit zur Bummelei und Sabotage, um mit ihren Kräften hauszuhalten und die Produktion zu unterlaufen; der soziale Kontroll- und Überwachungsapparat verursachte hohe Kosten und machte den Produktionsapparat schwer- und störanfällig. (vgl. Kaienburg, 222) Die Produktivität der Eingesetzten war daher sehr gering, sie betrug 20 bis 30 % von derjenigen eines freien Lohnarbeiters. (vgl. Dieckmann, 107) Terrorarbeit verträgt sich nicht mit industrieförmiger Produktion. Das zweite immanente Problem dieser KZ-Wirtschaft bestand analog dem der alten Sklaverei im beständigen Ersatz der verschlissenen Arbeitskräfte. Obwohl ab 1942 im Zuge vermehrter Rüstungsanstrengungen sowohl von der Nachfrage- wie von der Zufuhrseite her Arbeitskräfte knapp wurden, sank die Todesrate nie dauerhaft. Die Senkung des Vernichtungsdrucks brachte den Häftlingen gleichwohl verbesserte Möglichkeiten, sich zu erhalten (so fielen die mörderischsten Appelle fort, war Paketbezug möglich usw.), wenn auch die SS vor Ort infolge Gewöhnung und Neigung nicht selten die Weisungen ihrer Führung unterlief.

Dem Nutzen für die Anwender (Industrie, SS, Staat) stand der volkswirtschaftliche Verlust durch die KZ-Produktionsweise gegenüber. Die Liste der in den KZs vertretenen Unternehmen ist lang (Decèze, 74 f.), und auch die der SS-Betriebe war beachtlich (Kühnrich, 128f.). Hier verquickten sich vielfach NS-Führung, Privatindustrie und KZ-System in Gestalt der den Lagern angegliederten Werke bzw. den diesen beigefügten Außenlagern, die sich kaum von den Hauptlagern unterschieden; insbesondere in der zweiten Kriegshälfte wucherte dieses System mit zahlreichen Unter- und Nebenstätten. Obwohl die Bezugskosten für die Unternehmen schließlich so gestiegen waren, daß sich der Häftlingseinsatz nicht mehr besonders lohnte, gab es indes kaum andere Arbeitskräfte, und disziplinierbar wie beliebig einsetzbar für geheime und drin-

gende Rüstungsprojekte waren sie allemal. Wenn die Konzentrationslagerwirt-
schaft auch unsinnig war und mit riesigem Aufwand einen relativ geringen
Ertrag erwirtschaftete, so stellte sie absolut einen unverzichtbaren Beitrag für
die NS-Ökonomie dar. Immerhin werkte 1943 knapp die Hälfte der Häftlinge
für die (Rüstungs)Industrie, im Januar 1945 waren es 650.000 von 750.000
insgesamt (Decèze, 279), nicht alle indes in der unmittelbaren Produktion, sondern vielfach in Bau- und Räumarbeiten usw. Die 40.000 Häftlingsarbeiter von
Sachsenhausen lieferten das Arbeitsvolumen einer deutschen Großstadt von
500.000 Einwohnern. (dies. 284) Mochte auch das von den KZs bereitgestellte
Arbeitskräftereservoir nur wenige Prozent des gesamt-gesellschaftlichen be-
tragen haben, ohne seinen Beitrag zum industriellen Gesamtprodukt hätte das
NS-Regime den Krieg nicht so lange durchhalten können. Die Häftlinge waren
so gezwungen, an der Fortdauer ihrer eigenen Unterdrückung mitzuwirken,
wie auch an der sozialen Organisation des Lagers selbst. Beziffern läßt sich die
gesamtwirtschaftliche Bilanz der KZs nicht. (vgl. Hilberg, 1982, 681); dafür
sind die Dunkelziffern zu hoch und die Schätzungen zu schwierig. Auf der
Habenseite standen Vermögenskonfiskationen, Beraubung, Arbeitsleistungen
für persönliche Dienste, Lagerbetrieb und Produktionsarbeit sowie fast entfal-
lende Konsum- und Sozialkosten. Auf der Sollseite schlugen die Auslagen für
die Lebenshaltung der Häftlinge, für das Wach- und Verwaltungspersonal, für Material und Bauten sowie entgangene Produktivität, Schuldentilgung und Auslands-
märkte zu Buche.

Während sich also insgesamt der Gewinn auf den Kadavern der Häftlinge in
Grenzen hielt, konnte er für einzelne Bereiche beträchtlich sein. Die Kosten
der politischen Ökonomie des Raubes und der ('schlechten') Überausbeutung
lagen indes noch auf einer anderen Ebene, der sozialmoralischen nämlich. Nicht
nur partizipierten viele Agenturen und weite Teile der deutschen Bevölkerung
an der Beute (vgl. Hilberg, 650) und den Arbeitskräften, um die es nicht wenig
Streit gab, sowohl unter den großen wie unter den kleinen Nutznießern. Die
vielfach eingesetzten KZ-Knechte führten den "Volksgenossen" Elend und
Gehorsam vor, kraft derer diese sich umsomehr als Herren fühlen konnten. Der
gewaltsam angeeignete Reichtum rief auch eine vielfältige und weitverbreitete
Korruption hervor, an der SS wie Häftlinge auf allen Ebenen beteiligt waren.
Seine Distribution war von Diebstahl, Kollaboration und Käuflichkeit durchsetzt. Wo es weder Markt noch Planung gab, regierten Zugangsprivilegien und
Unterschlagung. Während die SS sich damit zu bereichern trachtete, bot der
(im Doppelsinn) schwarze Markt den Häftlingen eine Möglichkeit für Besitz
und Macht und damit des Überlebens. Es gab eine regelrechte Börse für man-
nigfaltige Artikel und mit schwankenden Notierungen, deren zentrale Zirkula-

tions- und Zahlungsmittel Brot und Zigaretten darstellten. Sich an dieser banalen Schattenwirtschaft zu beteiligen, war lebenswichtig und daher unerläßlich. Es verhieß Rettung und Reichtum in der Lagerwelt. So kehrte das von Höß verfluchte "Judengold" (169), nicht der geringste Anlaß der Ermordung seiner angeblich üppig damit versehenen Besitzer, auf der Ebene von Bereicherungs- und Überlebensstrategie wieder und trug nicht wenig zur Zersetzung der Lagerdisziplin bei. Auch Höß selbst stand nicht an, sich daran zu beteiligen. Nicht nur bedienten er wie viele der SS-Chargen sich unbezahlter Häftlingsarbeit für seine persönlichen Bedürfnisse (einschließlich sexueller), versahen sie sich mit abgezweigten Wertgegenständen und Lebensmitteln. Als der Kommandant von Auschwitz versetzt wurde, schleppte er mehrere Güterwaggons Beute mit sich fort. Die Kraft des Goldes und des Brotes griff auch und gerade im Konzentrationslager.

6. Die Knechte des Todes. Konturen der Lagergesellschaft

Die Lagerwelt, in die der Häftling fiel, war absurd und imponierend real zugleich; sie lag außerhalb des Vorstellbaren und besaß ihre eigenen Regeln. Dieser ebenso nebelhafte wie überwirkliche Zustand mutete die Insassen gespenstisch an. Aus ihm gab es kein Erwachen zu einer besseren Wirklichkeit, im Gegenteil. Sie waren Mitglieder einer extremen Notgemeinschaft, in der es die Tiere besser hatten als die Menschen, wo die Kinder Macht- und Vergasungsspiele trieben, denen sie selbst so leicht erlagen. Sie traten alle als Objekte und Agenten der Lagermaschinerie auf, welche die außerhalb und vorher gegebene soziale Ungleichheit nicht wiederholte, sondern in der eigenen Machtstaffel 'aufhob'. Sie funktionierte zwischen Instrumentalität und Animalität und nur darin standen sich Peiniger und Gepeinigte gleich. Im Apparat des Schuftens, Siechens und Sterbens diffundierten Macht und Brutalität von oben nach unten, vom Übermenschen zum Menschenauswurf. Die kleinste Parzelle konnte im Kontinuum von absoluter Macht zu absoluter Ohnmacht über Leben und Tod entscheiden. Die Grenze war fließend.

Das Lagerregime konstituierte einen Sozialtypus terroristischer Vergesellschaftung, nicht den ersten in der Geschichte, aber den vollkommensten. Sie zerlegte die Person und setzte sie nach ihrem Zweck wieder zusammen. Man kann von einer Reinstallation des Feudalismus sprechen, einem streng hierarchisch-autoritären Personenverbandssystem, in dem persönlich vermittelte ständische Priviligien und Pfründe über Einfluß- und Lebenschancen entschieden. Das Aufgebot menschlicher Dienste und Arbeitsleistungen für Werk, Vergnügen und Tod, Gefolgschaftswesen, Hofhaltung, Aufmachung und Titelsucht sprechen dafür. Danach war das feudalistische Prinzip von wechselseitiger Loyalität und Felonie (Treulosigkeit) mindestens im KZ-Machtkern sehr ausgeprägt. Die SS schwor darauf. Doch im Gegensatz zur Feudalgesellschaft war die Lagergefolgschaft starker innerer Fluktuation ausgesetzt. Nicht Tradition, Legitimation und Besitz zählten, sondern die organisatorische Matrix absoluter Macht, gepaart mit Laune, Opportunität und Raub. Dies erinnert an absolutistische Machtformen, in denen der Untertan in Wohl und vor allem in Wehe vom Willen des Herrschers und seiner Schranzen abhing. Insofern die Lagergesellschaft allerdings nicht einmal die im Absolutismus doch vorhandenen moralischen und herkömmlichen Grenzen der Gewalt kannte, Aufstieg zur, Ausübung der und Fall von der Macht auf undurchschautes Geheiß der Herrschaft hin erfolgten, drängt sich eher der Begriff der Despotie auf. "Das Konzentrationslager war einerseits eine bis in alle Einzelheiten durchorganisierte Gesellschaft, wie man sie sich nicht schlimmer vorstellen konnte, mit ihren geschriebenen und ungeschriebenen Gesetzen, ihren Machtstrukturen, ihren Hierarchien, ihrem Verhaltenskodex und ihrer Geheimsprache; andererseits war es eine Welt der ständigen Furcht, in der nichts ewig währte, in der die stärkste Machtposition von einem Tag zum anderen zusammenbrechen konnte und der Sturz in die Ohnmacht und schmachvollste Erniedrigung durch die Entscheidung eines SS-Führers blitzschnell der dreistesten Machtfülle folgen konnte. Das Konzentrationslager ist der Prototyp der diktatorischen Gesellschaft und zugleich ihre extremste Form: Die absolute Unsicherheit hat zur Folge, daß dem mächtigsten Sklaven an der Spitze einer Hierarchie von Sklaven stets der absolute Sturz droht. Daraus ergibt sich sogar ein wichtiger Grundsatz für die Herrschenden: die Macht eines Sklaven niemals zu lange währen zu lassen." (Rovan, 257) Der Prozeß der Herrschaft trat personell ebenso flüchtig auf, wie er sich beständig in Positionen schier unbegrenzter Macht der SS und des Häftlingspersonals kristallisierte. "In der Miniaturwelt des Bösen war er (der Prominente, G.A.) ein kleiner Herrscher." (F. Müller, 9) Gerade weil die Macht nur auf Gewalt gebaut war und auf Konsens nicht rechnete, trieb sie ihre SS- und Lageragenten zur Borniertheit und Grausamkeit des kleinbürgerlichen Spießers, der über den Horizont von kleinlichster Ordnung, Aneignung, Suff und Mord als Handwerk nicht hinaussah.

So wenig wie sich das Konzentrationslager in der Kumulation historisch vorhergehender Lager- und Terrorformen erschöpfte, sondern eine eigene destruktive Qualität hervorbrachte, so wenig dürften sich seine sozialen und politischen Herrschaftskonturen mit Begriffen herkömmlicher Klassengesellschaften fassen lassen. Sie sind weder mit Sklaverei, Feudalismus, Absolutismus oder Despotie, noch mit Tyrannei, Straf- und Zwangsarbeitskolonie und dergleichen deckungsgleich, obwohl sie von allen einiges haben. Die disziplinären Technologien und Ideologien der (vor)bürgerlichen Gesellschaft mit Anstaltszucht und Zeitdiktat, Knechtung und Peinigung lieferten Vorstufen. Das KZ stellte indes eine singuläre und noch nicht dagewesene Form unbeschränkter Macht dar, deren raison d'être der Terror und deren Dynamik die Steigerung ihrer selbst war. (vgl. Sofsky) Die besondere Erscheinung erfordert eine eigene Betrachtung. "Mit einer solchen Gesellschaft, in der menschliche Wesen schrittweise dazu gebracht werden, bloß noch verläßliche Reaktionsbündel zu sein, müssen sich die Sozialwissenschaften auseinandersetzen, wenn sie die sozialen Verhältnisse der Lager untersuchen wollen. In dieser Atmosphäre verschmelzen Kriminelle, politische Gegner und 'unschuldige' Menschen, herrschende Klassen steigen auf und gehen unter, interne Hierarchien entstehen und verschwinden, Feindschaften gegen die SS-Bewacher und die Lagerverwaltung machen der Mittäterschaft Platz, die Insassen assimilieren sich den Lebensauffassungen ihrer Verfolger, obgleich letztere kaum den Versuch machten, sie zu indoktrinieren. Die von den Häftlingen so heftig empfundene Unwirklichkeit, die das höllische Experiment umgibt und Bewacher, aber auch Häftlinge, vergessen läßt, daß ein Mord begangen wird, wenn einer oder viele getötet werden, erschwert eine wissenschaftliche Untersuchung dieser Einrichtung." (Arendt, 1989, 25)

Wenn also das Konzentrationslager einen ganz anders- und eigenartigen physischen und sozialen Stoffwechsel mit der umgebenden Gesellschaft und den Insassen betrieb, aus der Welt gefallen war es nicht. Vielmehr beruhte es auf geschichtlichen und gesellschaftlichen Kräften, deren Abbild und Gegenstück es bildete. Man kann noch einen Schritt weiter gehen und finden, daß das KZ eine Art Schatten- und Parastruktur der offiziellen Gesellschaft, einen Ausfluß von deren immanenter Gewalt darstellt. Das Ausgegrenzte ist auch immer Bestandteil des Ausgrenzenden, Spaltprodukt der Abwehr. Ohne Billigung und Beteiligung der umgebenden Bevölkerung sind die Konzentrationslager nicht denkbar. Die Gruselstätte bildete die sadistisch verdichtete (Alp)Traumwelt des 'normalen' Bürgers und Täters, das grelle Wahn- und Wahrbild seiner Lebenswelt. Die SS brauchte nur die gesellschaftlich üblichen Sekundärtugenden von Arbeit, Fleiß, Ordnung und Sauberkeit systematisch zu überdrehen und ihr produktives Potential zu verkehren, um die mörderische Seite voll herauszutreiben. Aus den pervertieren Normen kam der Tod. Schließlich wurde das KZ-Universum von sozial und moralisch durchaus durchschnittlichen Individuen bevölkert, die den gewöhnlichen Wertekanon teilten. Privilegien, Korruption, Tausch, Macht, Reichtum und Übervorteilung charakterisieren auch die normale Gesellschaft - unter dem Diktat des Mangels und der Gewalt verschärften und verzerrten sie sich im KZ; alles kreiste um Leben und Brot, dafür und für Geld war alles zu kriegen, die ständige Enteignung und Umverteilung säte Zwietracht und Untergang. "Treblinkas Mammon machte aus allen noch größere, wenn auch unterschiedliche Schweine... Es gab größere und kleinere Herren in Treblinka, Halbherren, Kommandanten der Henker, Meisterhenker und ihre Gehilfen, mehr oder weniger lebendige Sklaven, Totengräber, groß und klein. Alle belauerten und bewachten die Anderen und sich gegenseitig... Alle waren durch die Hinterlassenschaft betört... Alle plünderten in ihr und spekulierten mit ihr." (Glazar, 259) In der Todesfabrik florierte neben der Goldgier eine Konkurrenz makabrer Art: "Since cremation (of exhumed bodies, G.A.) was hard work, rivalry set in between work gangs as to which of them would burn a greater number of bodies. Bulletin boards were rigged up and the daily score was marked down." (Wiernik, 28) Die vom Zweck, die Gattung Mensch zu erhalten, abgelöste Leistung erwies sich als Instrument, sie zu vernichten.

Die Häftlingsgesellschaft mit ihrer eigenen Moral setzte sich aus unterschiedlichsten Individuen und Kulturen zusammen. Sie bildete ein Zwangskonglomerat divergierender Existenzen, das sich im erheblichen Maß unter dem Verfolgungsdruck selbst lähmte und mit relativ geringem Wachpersonal für die Zwecke der Herrschaft einspannen ließ. Von demographischen und nationalen Differenzen abgesehen, unterschieden sich z. B. "Transport"- von "Schutzhaftjuden", Ost- und Westjuden (vgl. Sereny, 220ff.), politische von unpolitischen, fromme von nichtreligiösen Juden. Hinzu kamen die verschiedenen Lagerzwecke und -bedingungen und die Vielfalt der von den Häftlingen zu übernehmenden Rollen. Die SS schürte diese Variationen nach Möglichkeit zu Widersprüchen, indem sie die Menschen zusammenwürfelte, immer wieder neu mischte und gegeneinander ausspielte. Die Faktoren vorkonzentrationärer Herkunft verblaßten vor der Lagersozialisation, welche die abstrakten Personen zum gewünschten Funktionskorpus zusammenpreßte (vgl. Rousset, 12f.), was ohne Zutun keine Gemeinsamkeit im Denken oder gar im Handeln hervorrief. "Ein fester Notzustand, der lange Zeit anhält, bindet nicht, sondern reißt auseinander. Er stärkt die Gemeinschaft nicht, sondern er schwächt sie." (Barthel, 91) Die Ordnung der Lagergesellschaft brauchte sich nicht ideologisch zu legitimieren, sie war quasi vorausgesetzt und reproduzierte sich selbst. Die Regulierung der Insassen und ihrer Konflikte konnte sich weder auf Konvention noch auf Konsens stützen; sie bedurfte vielmehr einer extrem inegalitären Machtdistribution und eines ausgeprägten Modus des Gehorsams. Eine bereits destrukturierte Sozietät "unterstand dem Einfluß eines Lagerregimes, das die Anormalität des Lagergebildes in entscheidendem Maße potenzierte." (Gawalewicz, bei Brzezicki, 232) Auf der Grundlage einer disparaten KZ-Belegschft und innerhalb des Radius der absoluten Macht (vgl. Sofsky, 1990, 522) war jegliche Sozialität unmöglich oder drastisch erschwert. Eine ständige Fluktuation der Personen und Auswechslung der Funktionäre tat ein übriges. Aus Arbeits-, Vorbeuge- und Routinegründen fanden pausenlos Überstellungen statt; sie entsprangen den Maßgaben der KZ-Wirtschaft, dem herrschenden Mißtrauen und bürokratischem Brauch. Die Häftlinge konnten dem nur den Versuch, Reste persönlicher Basisbeziehungen zu retten, entgegensetzen. Auch die Häftlingsfunktionäre, die "Herrenhäftlinge" (Barthel), und bis zu einem gewissen Grad die SS selbst saßen in einem Personalkarrussell, das durch Karrieren, Kämpfe und Launen der Macht bewegt wurde. In diesem Sinn war das Lager eine mehrbödige totale Institution. Eine autonome Normierung und Verhaltenssteuerung der Häftlingspopulation war unter diesen Umständen - von jenen des alltäglichen Überlebenskampfs ganz zu schweigen - ein Sisyphuswerk. Aber auch vom offiziellen Organisations- und Ordnungsapparat ließ sich eine Renormierung nur bedingt erwarten, nicht einmal lagerimmanent. Denn er war bürokratisch und personalistisch überformt, daher keineswegs einheitlich. Von den obersten Instanzen über die Lagerführung und die unteren SS-Chargen bis zu den verschiedenen Häftlingsfunktionären zogen sich inhaltliche und formale Widersprüche und Inkonsequenzen. Der KZ-Archipel war nicht streng hierarchisch aufgebaut, sondern eher nach dem Prinzip der Machtdelegation, des Ermessensspielraums und der geforderten Eigeninitiative im konkreten Kontext. Aus dem Kräftefeld konkurrierender Interessen bildeten sich mannigfache Eigeninteressen, Rivalitäten und Schuldzuweisungen, wie sich das etwa im typischen Parallelogramm Kommandantur - Schutzhaftlagerführung - Politische Abteilung - Krankenbau feststellen ließ. Das führte zu Koalitionen und blockierten oder gewundenen Handlungen verschiedenster Art, die den Häftlingen einerseits die Orientierung erschwerten, andererseits wertvolle Freiräume schufen. Solche Zonen, in denen sich unterschiedliche Einflüsse überschnitten und modifizierbar waren, stellten etwa Schreib- und Arbeitsdienst, die Arbeits- und Blockhierarchie, das Kranken- und Effektenwesen dar. Diese Schaltstellen der Macht wurden mehr oder minder offen erbittert umkämpft.

Ein solches System produzierte einen Dschungel von Ge- und Verboten, in dem Ordnungswut und Willkür nebeneinander standen und ineinander gingen. Ein auf die Spitze getriebener militaroider Alltag verlangte, beliebige und grausame Regeln zu befolgen, die kaum glaubhaft, aber streng einzuhalten waren. Sie begrenzten die Terroraktionen nicht, sondern bewirkten sie. Ein künstlich hervorgerufener Mangel an allem provozierte ein Regime gewaltsamer Disposition. So waren Vergehen und Strafe entkoppelt, die Disziplin vor allem Mittel der Qual. Die Mehrdeutigkeit der Befehls- und Handlungsstränge, der verschiedentlich wirkende Sand im Getriebe, die Unbeständigkeit des Personals schufen situative Schwankungen und Ungewißheiten und damit einen erhöhten Reglementierungs- und Sanktionsbedarf (vgl. Herbert, 1987, 33f.), der wiederum die Ungewißheit steigerte. Eine heterogene Herrschaft bedurfte dichter gewaltförmiger Strukturen, um überhaupt operieren zu können. Sie verließ sich auf deren abschreckende Wirkung, gestützt auf ein krasses Machtdispositiv und den breiten Einsatz der "Häftlingsbestien" (Barthel), und baute auf die lagerspezifische Zurichtung der Person(en). Das soziale Gewaltverhältnis verknöcherte zur starren Massenformation. Was das Lager an Desozialisierung und Desorientierung geleistet hatte, holte es mit einer eigenen terroristischen Vergesellschaftung wieder ein, in der es nur Herren, Knechte und Opfer geben sollte. Die Realität aber war komplizierter.

Das Lagerregime dissoziierte und vergesellschaftete so die Häftlinge nach seinen eigenen Prämissen und deformierte damit Person und Sozialstruktur. Im Verlauf der Lagerlaufbahn konnten die Insassen allenfalls vom Noviziat zur Statur des Konzentrationärs gelangen. Der Übergang von der formellen zur reellen Subsumtion veränderte das sachliche, moralische und persönliche Ensemble, in dem der Sträfling leben mußte. Alle Dinge und Werte erfuhren eine Umpolung, besonders vorangetrieben durch den Hunger, den "wichtigsten Generator neuer, konzentrationärer Verhaltensweisen." (Pingel, 157) Die Suppe wurde zum Lebenselixier, das Brot zum zentralen Mittel und Symbol der Selbsterhaltung. Der Leib und alltägliche Gegenstände liefen zu großer Bedeutung auf. Das zweite generative Element der Lagerwelt war die absolute Macht und die an sie geknüpfte neue soziale Arbeitsteilung. Unter diesem doppelten Druck wurde der Häftlingscharakter an- und umgebaut bis zur osmotischen Anpassung an die Lagergesetze, welche ihn automatengleich funktionieren ließ. Die paradoxe Verbrüderung aller wurde bezahlt mit gemeinsamer Verödung. Aber auch in dieser sozialen Wüste entstand ein neues Ordnungs- und Normsystem der Häftlinge.

Äußerlich geschah die Einordnung in die Lagergesellschaft mithilfe einer elaborierten politischen Semiotik der Farben, Nummern und Armbinden. Sie war aufgezwungener Bestandteil der sozialen Realität und für die Träger und 'Leser' höchstwichtig. In ihr spiegelte sich die Abstraktion und Instrumentalisierung der Person nach repressiven, produktiven und destruktiven Gesichtspunkten. Für die SS reduzierte es die Vielzahl der Häftlinge auf wenige überschaubare Kategorien; sie sollten ihr eine einfachere und schnellere Erkenn- und Zurechenbarkeit ermöglichen. Ihr oblag die für das (Über)Leben im Lager entscheidende Definition. Obwohl die Einteilung oft wenig triftig, eher askriptiv als kausal war und damit ihren Herrschaftszweck auch verfehlen konnte, stellte sie für die Träger die einzig feststehende und gültige Identität im Strudel des Lagerlebens dar. Bis in die Erlebnisberichte hinein zieht sich der eingewachsene Umgang mit den "Farben, Markierungen und Sonderbezeichnungen - in dieser Hinsicht war das ganze Konzentrationslager ein Narrenhaus. Gelegentlich entstanden wahre Regenbogen-Ausstattungen" (Kogon, 51), etwa bei einem "rückfälligen" politischen Juden. Narretei war freilich die Lebensart des Lagers nicht, und so bedeutete das Farben, Nummern- und Winkelspiel in der grimmigen Realität die Separation und Spaltung der Häftlinge in einem stigmatisierenden System abgestufter Klassifikationen und Lebenschancen.

Innerlich orientierte sich der Häftling an einer ungeschriebenen Lagerethik, die eine Mischung aus KZ-Bedingungen, Moralresten und Zweckmäßigkeit darstellte:

- Sieh ab! - von Vergangenheit, Ungerechtigkeit und Bedrohung.
- Ich komme zuerst.
- Unterdrücke (zeige nie) deinen Schmerz!
- Die Schwachen (das Schwache) gehen (geht) unter.
- Wer hat, dem wird gegeben.
- Allein bist du nichts!
- Der Häftling ist des Häftlings schlimmster Feind.
- Es gibt nichts für nichts.
- Versprechen sind billig.
- Stiehl nie Brot!
- Mache nie gemeinsame Sache mit der Wache!
- Sei so unauffällig wie möglich!
- Laß dich nie erwischen!
- Wer alles befolgt, stirbt.
- Tue nie mehr als unbedingt nötig!
- Sei auf Draht!
- Kenne deine Aufseher!
- Je mehr man sich beugt, um so mehr wird man geschlagen.
- Behaupte nie volle Unschuld, gib immer etwas zu!
- Da jede Entscheidung falsch sein kann, meide sie!

Diese zwanzig Gebote des Lagerlebens waren in vielen Varianten verbreitet. Sie stellten eine Art restringierten Code dar, der Verschonung und Überleben garantieren sollte. Insofern dies gelang, war er positiv sanktioniert. Wer sich wenig oder gar nicht daran hielt, mußte entweder zur Lagerelite gehören oder untergehen. Wir können darin die sedimentierte Erfahrung in einem zerstörerischen Kosmos erkennen, der die Person auf lapidare Funktionsanweisungen für das äußere und innere Leben reduzierte. Darüber hinaus enthält er Anklänge an eine tradiert übliche Sozialmoral, die damit in normalen Herrschaftsverhältnissen zu bestehen sucht. Dies gilt etwa für den Vorrang der eigenen Sache, den auf Gegenseitigkeit beruhenden modus vivendi mit dem anderen (im Lager unter dem Begriff Kameradschaft) und die listigen Regeln davonzukommen, nicht durch die Löcher des Siebs zu fallen. Die Lagerordnung hatte ihre eigenen Fetische wie Reihe, Zahl und Liste, die immer stimmen mußten, und ihre spezifische Sprache voller "Schlamm und Schlaffheit". (Antelme) Dazu gehörten neben den Kommandoworten "los, los!", "schnell, schnell!", "raus", "runter", "rauf", "rein", die in vielen Berichten überliefert sind, und Schimpfwörtern analer, genitaler oder pubertärer Art vor allem Wendungen eines "Neusprech", einer Sprachkreuzung, in denen sich die Sicht von oben und von unten ausdrückte. Das konnten höhnische sein wie "Schmuckstück" (Ravensbrück) oder "Muselmann" (Auschwitz) - beide die lebenden Leichen kurz vor dem Tod meinend. Häufiger waren quasi neutrale technokratische Wortschöpfungen wie Überstellung, Blocksperre, Zugang, Stück, Umschlagplatz, Aussiedlung, Arbeitseinsatz, Aktion, Quarantäne, Liquidation, Selektion, Kaninchen (für Opfer medizinischer Experimente), Depothäftling (vgl. Czech, 698), Durchgangsjuden, Erziehungshäftling, Sonderbehandlung, Sonderkommando, Sport, Rampendienst, Fallschirmspringer (für Häftlinge, die von der Steinbruchwand in den Tod stürzten), in den Draht gehen, durch den Kamin gehen u.v.m. - sie alle ließen für die Häftlinge nichts zu deuten, wie sie den Zynismus und Tarnungswunsch der SS belegen. Von unten bezeichnete man z. B. den Schurstreifen längs über den Kopf, um das Entweichen zu verhindern, als Russenstraße oder Reichsautobahn. In manchen Lagern war vor allem unter "Grünen" und "Schwarzen" eine Art um Lagerelemente bereichertes Rotwelsch zu hören. Schließlich gab es in Auschwitz ein polnisches "sprachpathologisches Phänomen" (Jagoda, 241), eine Lagersprache mit 30.000 Wörtern speziell für die KZ-Existenz, zu der die Blockova oder Stubova ebenso gehörten wie goldszupa (weil manchmal Goldreste der Ermordeten in der Suppe zu finden waren) oder himmelautostrada (für den Weg zur Gaskammer). Hinter der Exotik lauerte das Entsetzen, aber auch das subkulturelle Bemühen, sich in der Lagerwelt zurechtzufinden - die Ergebnisse konnten nur sarkastisch ausfallen. In der Sprache schlug sich das Gewaltverhältnis nieder.

Wer sich in sie eingelebt hatte, zählte schon zu den Konzentrationären, die sich aufs KZ-Leben konzentriert hatten (und sich nicht selten eine Rückkehr ins Leben 'draußen' gar nicht mehr vorstellen konnten). Sie hatten bei dem andauernden Wettlauf ums Leben ihre eigene Gang- und Sprechart gefunden. Das Außergewöhnliche wurde zur Routine: Dreck, Gestank, Leichen, Prügel, Hunger, Krankheit und Enge, der Schrecken des Tages, der Nacht und des Erwachens (vgl. Haulot, 184) "Das Leben geht weiter. Leben? Weiter?" (Mannheimer, 122) Jede(r) war mit ihrer (seiner) Angst und Verzweiflung allein. Abgesehen von der peer group (im Block, bei der Arbeit, persönlich oder politisch motiviert) war sie/er in eine zerrissene atomisierte Häftlingsgemeinschaft geworfen. In ihr wurde für reale oder eingebildete Vorteile ein erbarmungsloser Kampf geführt, streitsüchtig und überreizt, Kehrseite der Apathie und Rettung vor ihr. Der Kampf ums Dasein wurde von den Bedingungen hervorgerufen und von der SS geschürt. Er wütete umso stärker gegen die Mithäftlinge, als die Wut gegen die Lagerautoritäten bei Strafe des Untergangs unterdrückt werden mußte. Diese, SS und Häftlingshierarchie, blieben umso leichter außen vor. Sie konnten sich entladen, ihre Opfer mußten parieren.

Die soziale und politische Konfiguration der Lagermacht, welche die Häftlingskategorien bestimmte, bildete das Gerüst der Klassenstruktur im KZ. Ihr Gegenstand war weniger die Produktion einer relativ geringen Gütermenge, wohl aber deren inegalitäre Distribution und vor allem die der Lebenschancen. Es war gewissermaßen eine Klassenmacht ex negativo, die ihre Maßstäbe wohl aus der sozialen Arbeitsteilung, sodann aber in erster Linie aus konsumtiven Privilegien bezog. "Die Rollen sind verteilt: damit sie (die Mittelsmänner, G.A.) leben und dick werden, müssen die anderen arbeiten, vor Hunger krepieren und werden dazu noch geschlagen." (Antelme, 68) Insofern die Güter- und Chancenverteilung extrem ungerecht war, handelte es sich um eine krasse Klassengesellschaft, insofern mehr verbraucht als hergestellt wurde, um eine parasitäre; beides übrigens auch in Bezug auf die umgebende Stammgesellschaft. Der KZ-Terror kam sie teuer zu stehen.

Die Aufbauorganisation des Konzentrationslagers (vgl. Sofsky 1993, 125ff.) war fünfsäulig gegliedert. An der Spitze stand der Kommandant, der das gesamte Lager und die Garnison befehligte. Allerdings bestanden gemäß dem Prinzip der doppelten Unterstellung auch direkte Verbindungen zwischen seinen Untergebenen und den Zentralbehörden RSHA bzw. WVHA. Unter ihm arbeiteten Verwaltungsführer (Abteilung IV) und Schutzhaftlagerführer (Abteilung III), dessen Stellvertreter, der Rapportführer sowie die Arbeitseinsatz- und Blockführer unmittelbar für die Häftlinge zuständig und daher für sie am wichtigsten waren. Die zweite Schiene war von der Politischen Abteilung (der Lagergestapo) besetzt. Der Lagerarzt als Leiter des HKB (Häftlingskrankenbaus) stand der fünften Abteilung für die Krankenbehandlung vor (vgl. Schaubild bei Cohen, 21). Auf Häftlingsseite entsprach diesem Aufbau das Ältestensystem (vom Lager-, über den Block- bis zum Stubenältesten), das Schreibwesen (von der zentralen Schreibstube bis zum Blockschreiber), die Einrichtung der Kapos und Vorarbeiter, die Häftlingsärzte und -pfleger sowie die in Lager-werkstätten und -einrichtungen Tätigen. Von den Widersprüchen zwischen den verschiedenen Führungsebenen war schon die Rede; ihre konkrete personelle und institutionelle Gestalt war für die Lagerinsassen lebenswichtig und wurde von ihnen nach Kräften beeinflußt bzw. ausgenutzt. Der hierarchische und funktionale Kommandorahmen war straff genug, um - vor allem mit Hilfe der Funktionshäftlinge - das Lager bis in den letzten Winkel im Griff zu haben, andererseits so weit, daß er der Auslegung und Willkür der einzelnen Posten und Personen großen Spielraum ließ. Diese Mehrpoligkeit wirkte ebenso desorientierend wie die Diskrepanz von Registriereifer und spontanem Wüten, von Lagerordnung und -realität, die nicht miteinander in Einklang zu bringen waren.

Unterhalb der SS und von ihr abhängig stand die Häftlingshierarchie mit der Lagerprominenz oder -elite an der Spitze. "Die Macht, die man ausübte, war ungeheuer groß und der soziale Unterschied zwischen dieser Oberschicht der Prominenz und der Hefe der Häftlinge krasser als der zwischen Bourgeois und Proletarier in einem demokratischen Staat." (Kautsky, 161) Diese Afteraristokratie umfaßte verschiedene Schichten. "Le Lagerältester, le Küchenkapo, le Kapo du Revier, une poignée de hauts fonctionnaires de la Schreibstube, de la Politische Abteilung, de l'Arbeitseinsatz et le Kapo de l'Arbeitsstatistik, composent les hauts sommets de la bureaucratie concentrationnaire. Les chefs de Block, le haut personnel du Revier, les Kapos des magasins, les grands fonctionnaires du bureaus de la police et les Kapos forment les cadres essentiels, les assises de cette aristocratie des camps. Les chefs de chambrée, les Vorarbeiter, les poliviers, tout les petits fonctionnaires, les Stubendienst, constituent la très large base de cette bureaucratie" (Rousset, 134f.), ergänzt um einflußreiche Friseure, Schneider u. dgl. Meist waren das deutsche "Grüne" (Kriminelle) oder (seltener) "Rote" (Politische). Insgesamt wird diese Schergenschicht der Lagermacht, aus der sich mancher zu einem regelrechten Satrapen auswachsen konnte, auf 10 bis 20 % der Häftlingspopulation geschätzt, von denen wiederum etwa der zehnte Teil die Lagerprominenz im engeren Sinn bildete. Sie führte ein privilegiertes Leben, war von der Arbeit befreit, besser untergebracht und ernährt, durfte sich die Haare wachsen lassen und sich mit maßgeschneiderten Uniformen, Reitstiefeln und Peitsche als Insignien der Macht ausstatten. Die Notabeln unter ihnen pflegten zum Teil üppig Hof zu halten, bereicherten sich und gingen mit ihresgleichen wie auf diplomatischer Bühne um. Nach unten aber befahlen, traten oder töteten diese Häftlingsfunktionäre, was ihnen ihre eigene abhängige Stellung kompensierte. Sie befriedigten sich an der Macht, die ihnen das Lager bot, und die sie (vorläufig) vor dem Schicksal des gemeinen Häftlings bewahrte.

Für das KZ-Universum war diese Kolonie atmosphärisch, moralisch und funktionell unverzichtbar. Denn sie repräsentierten und exekutierten die Lagermacht in einem Ausmaß rund um die Uhr und allgegenwärtig, wozu die SS schon allein personell gar nicht in der Lager gewesen wäre. Außerdem zogen die Funktionäre den Haß der Unterdrückten auf sich, was wiederum ihre Herren entlastete, sie aber gleichzeitig als Beschützer der Funktionäre verpflichtete. Unter diesen Häftlingsunteroffizieren des Terrors wogte ein beständiger Machtkampf gegeneinander und um die Gunst ihrer Oberen, der mit allen Mitteln ausgetragen wurde und manchen jähen Aufstieg oder Sturz sah. (vgl. Rousset, 95 f.) Er bestätigte die Prämissen der Lagermacht. Die SS ließ fallen, wer ihr zu unbequem oder kompromittierend geworden war, und auch die Häftlinge machten bisweilen kurzen Prozeß, wenn sie konnten. Umgekehrt hob sie manchen Politischen in eine verantwortliche Stellung, weil sie sich davon eine bessere Lagerverwaltung versprach, andererseits "Grüne" oder "Schwarze" (sog. Asoziale), wenn sie den Terror verschärfen wollte.

Ohne den Lagerzwang und die von ihm gestellte tödliche Alternative ist die Tätigkeit der Häftlingsfunktionäre nicht zu beurteilen. Viele rationalisierten ihre Entscheidung und ihre Handlungen zunächst mit den Behauptungen vom "kleineren Übel" oder den Möglichkeiten zur (Selbst)Rettung und verfielen doch häufig allmählich der Autorität und Gewalt, die sie bisweilen rigoroser und brutaler ausübten als ihre Herren, oder als funktional nötig. Andere konnten persönlich oder politisch ein taktisches Verhältnis zu ihrer Stellung bewahren. Es gelang ihnen bisweilen, (noch größeren) Schaden von ihren Mithäftlingen abzuwenden. Aus ihren Reihen stammen viele der Überlebenden und noch mehr der Berichtenden. Galt doch im Lager die Faustregel, daß man nach einem halben Jahr entweder tot war oder zumindest eine kleine Funktion, die einigermaßen schützte, bekleidete. Konzentrationäre, die außerhalb dieses Verhältnis überlebten, waren selten. Wenn auch die Prominenz des Lagers sich dessen anormalen Grundsätzen verdankte und im Einzelfall differenziert zu beurteilen ist, absurd, eingeklemmt und prekär blieb ihre Existenz gleichwohl, wie das Levi (1988, 139) in einem besonders eklatanten Fall ausführt: "Die jüdischen Prominenten stellen ein trauriges und bemerkenswertes menschliches Phänomen dar. In ihnen vereinigt sich das gegenwärtige und das vergangene, altüberkommene Leid, der überlieferte und der anerzogene Fremdenhaß, und das alles macht sie zu asozialen, gefühlsrohen Ungeheuern. Sie sind das typische Ergebnis des deutschen Lagers: man biete einigen Individuen, die ein Sklavendasein führen, eine privilegierte Stellung, gewisse Annehmlichkeiten und die Aussicht zu überleben, man fordere dafür den Verrat an der natürlichen Solidarität mit ihren Kameraden, und einer von ihnen wird sich gewiß dazu bereitfinden..." Er agierte den Haß aus, den er selbst erfahren hat und nicht abführen konnte. (Zu System und Personen der Mittelsmänner vgl. insbesondere Antelme, 218-223) Die absolute Macht korrumpierte oder tötete. Existenz und Aktivität der Funktionäre war nur eine besondere sichtbare Variante einer tiefer liegenden Kollusion, des Einvernehmens zum Schaden Dritter zwischen Tätern und Opfern. Die geteilte Täterschaft drang mit ihren Komplizen in die Reihen der Häftlinge, die so das Gewaltensemble mittrugen, das sie unterwarf. Im Lagerdschungel mußte das Opfer Henker sein. Dieses "Bündnis der Mittäterschaft" konstituierte eine "Grauzone" (Levi), Knochengerüst der Lagerstruktur, eine Zugbrücke zwischen Herr und Knecht. Umgekehrt verlangte die Delegation der Macht seitens der SS ein gewisses Vertrauen zu bestimmten Häftlingen. Ihrem Anspruch auf Unterwerfung mußte sie ein Mindestmaß an Mittun eingliedern. Die Grenzverschiebungen gingen aber über solche politisch-funktionellen hinaus. Der Widerspruch etwa von formeller und informeller Lagerordnung wurde von allen Seiten erkannt und gelebt, "die Doppelstruktur von Reglement und Verstoß dagegen umfaßt beide Gruppen - Lagerleitung und Lagerbewohner." (Herbert, 1987, 34) Ohne Willfährigkeit und Kollaboration, aus welchen Gründen auch immer, der umgebenden Bevölkerung und Teilen der Häftlinge, wären weder die Einrichtung noch der Betrieb der Lager möglich gewesen. Ein symbiotischer Mechanismus der Macht und fatale reziproke Stereotypen banden Verfolgte und Verfolger aneinander, was der Tötungsabsicht übrigens nicht zu widersprechen braucht. Was in früheren Verfolgungen etwa der Hexen und Ketzer noch stärker ideologisch-religiös ausgeprägt war, trat im Reich der absoluten Macht des KZ als stabilisierende wechselseitige Anerkennung der Opfer- und der Zerstörerrolle auf, ohne daß sie der Ideologie noch bedurft hätte. Im anomischen Lagerkontext knüpfte sie ein gemeinsames Band. Das Schicksal der Vernichtung kettete beide aneinander, auch und gerade weil sie an entgegengesetzten Enden standen, - vielleicht konnten sie sich u.a. aus solchem Grund im Chaos des Kriegsendes, der verwahrlosten Lager und der Todesmärsche nicht 'loslassen'. Das mag fatalistisch, sado-masochistisch oder einfach unvermeidlich gewesen sein; es problematisiert die reinliche moralische Polarisierung der Lagerpopulation. "Es gibt zwischen ihnen und uns eine Bindung, eine Beziehung, die nichts zerstören kann. Sie wissen, was sie tun, sie wissen, was man mit uns tut. Sie wissen es, als ob sie wir wären. Sie sind es. Und ihr seid wir!" (Antelme, 332) Erst im gewußten und gewollten Tod löste sich die zwang(s)hafte Aneinanderkettung von Tätern und Opfern - oder im Widerstand.

In der Machtstaffel der Lagergesellschaft (vgl. Sofsky 1993, 149ff.) stand die SS obenan, gefolgt von Zivilarbeitern (freien und gezwungenen). Die Häftlinge darunter bildeten ein sozialdistributives System des Elends und der relativen Macht, eine Hackordnung und ein Tableau unterschiedlicher Handlungs- und Lebensradien, grundsätzlich geschieden in Gemeine und Privilegierte. Sie setzten sich aus den verschiedensten Gruppen zusammen, allein in Buchenwald waren z. B. aus dem okkupierten "deutschen Halbkreis" Europas 32 Nationen vertreten. Die schärfste Trennungslinie war die nach Kriminellen und Politischen, obwohl sie nicht immer eindeutig zu ziehen war. Die Spitze besetzten deutsche Kriminelle ("excréments de la race des seigneurs", Rousset, 62) und Politische, die obere Mittelklasse deutsche "Asoziale", Bibelforscher, Tschechen, Nordeuropäer und republikanische Spanier, die untere Italiener, Franzosen und Polen. Den todgeweihten Bodensatz bildeten Juden, Homosexuelle, Russen, Zigeuner, Schwangere, Kinder, Intellektuelle und Muselmänner. Darin spiegelte sich das Leitungs- und Wertesystem der Konzentrationslager. Die einzelnen Gruppen werden in den Erlebnisberichten und wissenschaftlichen Untersuchungen vielfältig geschildert, so daß hier auf ihre nähere Charakterisierung verzichtet wird. Außerdem muß der Ertrag einer solchen Feinddifferenzierung fraglich bleiben. Denn zu politischen (Einweisungsgrund), nationalen und sozialen (Schicht und Beruf) Kriterien treten solche der Einweisungszeit und -dauer, des jeweiligen Lagers, der Gruppenbildung und Stellung im Lager sowie soziodemographische Daten wie Alter und Geschlecht. Schließlich hing es vom Personal und der Kräftezusammensetzung des jeweiligen KZs und in ihm des jeweiligen Platzes ab, an dem der Häftling lebte. Alle diese Faktoren banden und überkreuzten sich im bestimmten Individuum, das sie durch Gunst und Geschick für sich zu beeinflussen vermochte oder darin scheiterte. (Einen Überblick des Koordinatensystems der Lagergesellschaft ermöglicht das Schaubild am Ende des Kapitels).

Je nach Anlaß und Umständen erlitten die einzelnen und Gruppenmitglieder der Häftlingsgesellschaft ihre Qualen und ihren Tod. Obwohl ein starkes Gefälle unter den Häftlingen nach Block, Arbeit und Funktion herrschte, die unterschiedliche Einstufung und Todesraten zur Folge hatte, wurden doch etwa drei Viertel von ihnen früher oder später zu Muselmännern nivelliert. Die Pluralität der Menschen wurde eingeebnet zur gebrochenen und todgeweihten Un-Person. Der Muselmann war Ende des Weges durch die Konzentrationslager. In diesem unmenschlichen, unbrüderlichen und unschuldigen "Endprodukt des Lagers" (Ryn) fanden sich die meisten wieder - und gleich.

Die Muselmänner entsprossen notwendig der Lagergesellschaft und waren ihr ureigenes Werk. In Auflösung begriffen, waren sie das absolute Antibild des Menschen, Endstufe des inhumanen Terrors und insofern "Kern des Lagers". (Levi) Sie bildeten "eine besondere Klasse in der Lagergesellschaft. Sie standen auf der untersten Stufe der Häftlingshierarchie. Obwohl sie noch lebten, wurden sie doch wie Tote behandelt." (Ryn) Übrigens auch in der Literatur, in der sie möglicherweise etwas von der Ächtung trifft, die ihnen damals von den noch Lebenden entgegengebracht wurde. "They were known by their lifeless eyes, aimless wandering and total lack of interest in what was going on around them. Other prisoners considered them beyond help and tended to avoid them" (Schmolling, 115), ihr eigenes Schicksal vor Augen. Der Anblick von so viel Menschenunwürdigkeit löste Unbehagen und Entsetzen aus. Niemand wollte und konnte verstehen und helfen. Die Muselmänner fielen in gnadenlose Vereinsamung und starben jederzeit an allen Ecken und Enden des Lagers.

Das Werden zum Muselmann (polnisch: muselmaniec) war ein monatelanger Prozeß, stellte mehr einen Ablauf als einen Endpunkt dar. Aus Hunger, Überanstrengung, Übermüdung, Siechtum und psychischem Zusammenbruch erlosch der Lebenswille und folgte ein meist langsames Sterben. (vgl. Langbein, 1987, 113; Wiesel, 106) In der ersten Periode dieser lebenden Entmenschung verloren die Betroffenen Gewicht, Muskeln und Energie, sie wurden langsamer und reizbar. Hatte ihr Körper etwa ein Drittel seines Gewichts verloren, traten sie in die zweite, in der Regel irreversible Phase ein. Ihr Blick und Gesichtsausdruck wurde trübe, gleichgültig und griesgrämig, ihre Haut grau, hart, dünn, runzlig und anfällig. Sie waren von Schmutz, Ungeziefer und schwärenden Ödemen bedeckt und stanken. Kopf und Gerippe traten wie Totenschädel und Knochengerüst hervor. Während sie sich anfangs noch über Tabuthemen wie Essen unterhalten hatten, verfielen sie zusehends in Reaktions-, Teilnahme- und Bewegungsverlust. Nur hospitalistische Bewegungen perseverierender und automatisierender Art und der "Tanz der Muselmänner" (Ryn), um sich zu wärmen, blieben übrig. Sie froren und waren kontaktlos, reagierten nur noch auf Nahrung und Temperatur. Schließlich "klebte auf den Elendsgesichtern jener halb entgeisterte, halb tierische Ausdruck, den das Menschenantlitz nur dann annimmt, wenn der Körper bereits auf dem bestem Weg ist, sich von seiner lebendigen Seele zu trennen." (Van de Poel, 58) Die Augen waren die "Todesboten" (Ryn), aufgerissen und ununterbrochen in Bewegung, glänzend vor Hunger, ging ihr Blick nach innen und in die Ferne.

Besonders anfällig für diesen Verfall waren junge und alte KZ-Insassen, Mediterrane, Ungebundene, ehedem Satte und Gesunde, Bauern, weniger hingegen Magere, Kleingewachsene, Intellektuelle und Russen - eine groteske Zusammenstellung im tödlichen Lagerroulett. Wahrscheinlich hing das mit der mehr oder minder möglichen persönlichen und sozialen Distanz gegenüber dem Anprall der Verfallsfaktoren zusammen. Die geschilderte Pathologie der muselmaniec resultierte in extremer pathologischer Aggression gegen den hinfälligen Mitmenschen, der von den anderen Häftlingen mißachtet, am ehesten selektiert und von den Funktionären mit Vorliebe gequält wurde, die verlangsamten Reaktionen für Aufsässigkeit nehmend. Leib, Seele und Geist wurden gebrochen, die Person damit 'überflüssig'. Die Ätiologie der "Lagerauszehrung" betraf (viele) Menschen, die ihr erlagen; sie gilt aber auch für die Institution KZ, die das betrieb, und für die Gesellschaft, die das zuließ. Im Muselmann erreichte die Lagergesellschaft ihren beabsichtigten Endzweck und damit ihre bitterste Wahrheit.

7. Die Herren des Todes. Ein Sozio- und Psychogramm

Das Wach- und Lagerpersonal der KZs, dem die Häftlinge unterstanden, kann nicht, wie es vielfach üblich ist, als entarteter und zügelloser Mörderhaufen angesprochen werden, der zu anderen Zeiten und an anderen Orten für Massenmorde typisch war. Sie gehörte zu einem polizeisoldatischen Verband mit den Insignien preußischer Manneszucht, allerdings infolge seiner besonderen Aufgabe überzogen oder unterlaufen. Drakonische willkürliche oder unbotmäßige Züge seines Verhaltens entstammten eher dem Repertoire von Terrorgangstern, die mit Uniform und staatlichem Auftrag ausgestattet waren. Sie gestalteten das Lagerleben auf eine für die Häftlinge ebenso wirkungsmächtige wie schwer durchschaubare Weise. Das Sozialklima der Konzentrationslager kann in dieser Hinsicht nicht mit dem anderer Lagerformen, etwa für Kriegsgefangene der Wehrmacht, verglichen werden. Die SS-Leute versahen nicht einfach ihren Dienst, sie waren vielmehr "Fachleute der Brutalität". (Kogon) Die SS war von einer nur wenige hundert Mann umfassenden NS-Sondertruppe bis zu einer 1945 ca. 1 Million zählenden Armee (Schmolling, 109), angeschwollen, die über eigene Frontverbände, Verfügungseinheiten, Wirtschaftsunternehmen und Bürokratie verfügte, durchaus ein Staat im Staate. Nach dem Sturz der SA 1934 rückte sie, die nun rasch anwuchs, in den Lagerdienst ein, für den sie bereits seit Frühjahr 1933 im KZ Dachau einen Prototyp ihres terroristischen Regimes herausgeformt hatte. (vgl. Tuchel) Ab 1936 waren die SS-Totenkopfverbände - namentlich, emblematisch und allegorisch eine treffende Bezeichnung - für die KZ-Bewachung zuständig. Unter dem verfassungsorganisatorischen Firmenschild des Reichsführers SS und Chefs der Polizei (Himmler) stellten sie gemäß einer Weisung Hitlers "weder einen Teil der Wehrmacht noch der Polizei" dar, vielmehr "eine stehende bewaffnete Truppe der SS zur Lösung von Sonderaufgaben polizeilicher Art." (nach Buchheim, 170) Die Angehörigen dieser "vom Staat ausgehaltenen Bürgerkriegstruppe" (Kühnrich,

52) versahen ihren politisch motivierten und bestimmten Dienst auf fehlender bzw. fragwürdiger gesetzlicher Basis, nämlich der Notverordnung vom Februar 1933. Mit Kriegsbeginn wurden für die KZs aus teilweise nicht kriegsdienstfähigen Angehörigen der Allgemeinen SS die "Totenkopfsturmbanne", die an die Front gegangen waren, neu aufgestellt. Organisation und Personal gehörten zur Waffen-SS. Mit fortschreitendem Krieg wurden die Wachverbände, 1945 auf ca. 40.000 Mann angewachsen, vielfach aus Volksdeutschen und Angehörigen von "Hilfsvölkern" (z. B. Ukrainern) rekrutiert, was ihren Bandencharakter noch verstärkte, sowie von Wehrmachteinheiten bzw. -angehörigen ergänzt. Die Totenkopfverbände waren organisatorisch weitgehend autonom, intern aber funktionell und personell uneinheitlich. Spezialisiert und standardisiert versahen sie ihren Dienst und vereinten geheimpolizeiliche Züge mit denen formaler Bürokratie und eines paramilitärischen Kampfverbandes.

Die Funktion der SS im KZ zerfiel in allgemeine garnisonierte und spezifische Kommandobewachung sowie in Lager- und Henkersdienste entlang des Wegs der Opfer von der Ankunft bis zum Krematorium. In der Regel erfüllte sie ihre Aufgaben zur eigenen und vorgesetzten Zufriedenheit. Der Dienst wurde in vieler Hinsicht dem an der Front vorgezogen und war jedenfalls subjektiv leichter als der in den Einsatzkommandos, dem selbst die SS nicht immer gewachsen war. Typologisch gab es unterschiedliche Wächterrollen: von Automaten, Bürokraten, Kreaturen des Apparats sowie unbesorgten Mördern, Hygienikern und Gnadentötern über Aktivisten, Rohlinge, Hyänen und Sadisten bis hin zu Gezogenen, Widerwilligen und gequälten Peinigern - eine Differenzierung, die für die Häftlinge lebensentscheidend sein konnte und überdies die blanke Rede von 'den' SS-Leuten auflöst. Am todbringenden Charakter ihrer Funktion und ihres Auftretens änderte dies freilich nichts. Das Lagersetting war in sich selbst extrem gewaltförmig - das Personal brauchte es nur zu exekutieren. Allein die Ausstattung und Choreographie der Macht, dem Kasernenhof entlehnt und weiter brutalisiert (Spießrutengasse, Todeskomitee, wucherndes Verbots- und Sanktionswesen, strenge Hierarchisierung von Raum und Recht usw.) jagten einen tiefen Schrecken ein. Das gebrüllte Kommandodeutsch, die dunklen Uniformen mit Totenkopf und gekreuzten Knochen, Peitsche und Pistole taten ein übriges. Makellos bis fesch werden vielfach die Mörder beschrieben (vgl. Frankl, 29), die Häftlinge steckten in Dreck und Lumpen - ihnen erschienen die SS-Leute ungreifbar fern, wie diese ihnen zugleich tödlich nah traten.

Über die soziale Zusammensetzung der SS liegen nur wenige Angaben vor. Die Befunde gehen auseinander. Einige (wie Kogon und Kautsky) betonten den anormalen und deklassierten Charakter der SS und leiteten daraus ihren Haß und übersteigertes Geltungsbewußtsein ab. Hingegen betonten polnische

Autoren das mindestens Unspektakuläre der Lager-SS. Pawelczynska (20) sieht in ihr eine "cross-section of society" und Rawicz (10f.) unterstreicht, daß sie aus allen Alters- und Sozialgruppen kam. Unter der SS von Auschwitz konnte man finden: "Einen Finanzbeamten, einen Buchhalter, Ärzte, Bäcker, einen Zimmermann, Laboranten, Mechaniker, Schlosser, einen Spezialisten für den Bau von Musikinstrumenten, Landwirte, einen Stubenmaler, einen Hüttenbarbeiter, einen Expeditor, eine Kellnerin, eine Restaurationsbesitzerin, Kaufleute, eine Postbeamtin, einen Fuhrmann, Landarbeiter, Privatbeamte, eine Pflegerin, einen Uhrmacher, einen Fahrlehrer, einen Besitzer einer Transportfirma, einen Sparkassenbeamten, Kellner, einen Feuerwehrmann, Strumpffabrikanten, einen Maschinenbauspezialisten, Maurer, Zahnärzte, einen Apotheker, Tischler, einen Zollbeamten, Textilarbeiter, einen Rechtsanwalt..." (Rawicz, 10f., in: Höss u.a.) Zu dieser breiten sozialen Herkunfspalette braucht nicht in Widerspruch zu stehen, daß das Lagerpersonal innerhalb der SS den Bodensatz darstellte. (Hilberg, 1982, 610)

Die SS war aus dem gleichen Stoff wie die deutsche Bevölkerung, aus der sie kam: eher mittelmäßige "Bürokraten der Tortur" (Améry), Funktionäre und Mitläufer, mehr indifferent und karrieristisch als fanatisch und gehorsam. In den bisher nicht gründlich zusammengestellten und ausgewerteten Biographien der SS-Leute (vgl. Czech, 1000-1014; Kautsky; Kraus/Kulka; Langbein, 1987; Shelley) bestätigt sich das. Eine Untersuchung des Lebenslaufs von etwa 50 KZ-Kommandanten ergab: "They are born to lower-middle class families, half of them before the turn of the century, half after. Hardly any of them completed high school. They had little prospect of advancing beyond the class into which they had been born. Few of them could say that they led happy lives; the great majority had a long experience of misery and failure. At some stage, nearly all of them were attracted to army service." (Segev, 93) Viele hatten eine NS-Kampfkarriere hinter sich, die sie in Zeiten persönlicher und politischer Krise begonnen und vertieft hatten.

Es war nicht der Sozial- und auch nicht der Psychocharakter der Täter, der sie zum Terror trieb, sondern die terroristische Gelegenheit ließ entsprechende Neigungen bis zu "Automaten der Unmenschlichkeit" (Löwenthal) sich ausbilden und hervortreten. Heraus kam ein Korps mit eigenem Code der Bereicherung, der Macht und des Wohllebens, von Mißtrauen, Rivalität und Cliquenwesen. Seine Mitglieder konnten faul, feige und roh sein, gleichgültig, drückebergerisch und (selten) idealistisch. Es vereinte Sozialtypen, welche die deutsche Geschichte und Gesellschaft hervorgebracht hatte - Lands- und Folterknecht, Büro- und Technokrat, Gesetzestreuer und Gesetzloser - zu einem Auswurf der Gemeinheit. Von selbst aber fanden sie weder zusammen, noch hätten sie ihr

Wirkungsfeld und Format aus eigenen Stücken bestimmen können. Die Gewaltsphäre zog sie an, siebte sie in einem "unique negative selection process" (Pawelczynska, 20), der mit der Inkorporation in einen sozio- und psychopathischen Verband endete. Von Elite konnte nicht die Rede sein, vielmehr grassierten emotionale und kognitive Störungen: Alkoholismus, sexuelle Abartigkeit und im breitesten Sinn moralische Degeneration. Die zurechtgeschmiedete SS beherrschte einen Planeten der Gewalt mit eigenen Gesetzen und Werten. Sie war ein Gemisch aus Orden, Männeraristokratie, Geheimgesellschaft, Gang, Familie, wütig-verlorenem Haufen. Eine besondere Sozialisation und Mentalität stellte ihre Kohärenz her und befestigte sie.

Die SS-Leute hatten, von Dachau aus, selbst einen drakonischen Drill erfahren. Sie wußten zwar nicht ohne weiteres warum, wohl aber was sie den Häftlingen in übersteigertem Maße weiterzahlten, nachdem sie an der Macht waren. Buchheim bemerkt zu den "Erinnerungen eines ehemaligen Angehörigen der Waffen-SS..., daß die Demütigung des SS-Rekruten sich qualitativ nicht mehr von der eines KZ-Häftlings unterschied. Mutatis mutandis hätte sich der gleiche Vorgang in einem Konzentrationslager abspielen können. In *beiden* Fällen handelte es sich um Sumpfblüten einer zur Inhumanität pervertierten soldatischen Tradition." (255f.) Sie lernten, die Lippen zusammenzubeißen, den 'inneren Schweinehund' zu besiegen, hart und intolerant zu werden. Der Häftling wurde ihnen als Feind per se vorgeführt. Die Macht galt mehr als die Ideologie, sowohl rezeptiv wie aktiv. Etliche NS-Phrasen und verschiedene abgesunkene Versatzstücke bürgerlichen Denkens reichten als geistiges Kostüm und lieferten das normative Programm. Elemente des Soldaten und des politischen Funktionärs verschmolzen zu einer brutal-pragmatisch-sentimentalen Mentalität. Aufstiegs- und Beuteorientierung, materielle und psychische Privilegien sowie Gruppenkontrolle und -rivalität ergänzten das Bild. Solche Erwägungen verbanden sich mit mehr 'kämpferischen' als dienstorientierten soldatischen Motiven zu einer schier beliebigen Einsatzbereitschaft, die um das Scharnier der "Treue" Gefolgschaft und Delegation vereinte. Innerhalb des Wolfsrudels agierte der Einzelkämpfer. Wirkung und Leistung standen obenan; hier trug die SS 'moderne' Züge. Der habituelle Rigorismus, mit der sie ihren Dienst versah, schloß das Töten stillschweigend und selbstverständlich mit ein, ohne daß es noch besonders befohlen zu werden brauchte. Im Gegenteil traten SS-Leute initiativ hervor und wurden dafür belohnt. Verweigerungen waren selten und wurden vergleichsweise milde geahndet. Die inneren und äußeren Dienstvorteile und eine Kameraderie fing Härten und etwaige Skrupel auf. Die arbeitsteilige Distanz zu den Terroropfern und Komplizenschaft, die bis in deren Reihen selbst reichte, diffundierten die persönliche Verantwortung. (vgl. Kirstein, Bauman) Brutal gegen die Häftlinge und einer Art Ganovenmoral verschworen, war der SS-Mann "eingeschlossen in die Maschinerie seines eigenen Mythos." (Antelme, 64) Die SS-Aufseherinnen spielten quantitativ vor allem in Birkenau und Ravensbrück eine Rolle. Qualitativ standen sie im Männerbund SS am Rand. Meist eiferten sie ihren männlichen Vorbildern nach, mitunter übertrafen sie sie auch; ob sie sich den Häftlingen gegenüber öfter zurückhielten, läßt sich insgesamt schwer sagen. Dafür spräche, daß nur ein Teil von ihnen freiwillig zur SS ging. Die anderen wurden arbeitsverpflichtet oder aus Kriegsbetrieben mehr oder minder gezwungen überstellt. Nach kurzer Ausbildungszeit in Ravensbrück entwickelten sie bald eine "besondere Aufseherinnenmoral und -mentalität" (Arndt, 135; vgl. Feig, 139), deren Konturen aber unscharf bleiben.

Für den 'normalen' Lagerterror reichte der Kodex der SS aus. Es hat offenbar wenig Durchhänger oder Verweigerer gegeben. Die Klagen von KZ-Kommandanten über zu geringes und zu schlechtes Personal bezogen sich auf Laxheit und Disziplinlosigkeit, die ihrerseits aber gerade Elemente des beabsichtigten Spielraums der Willkür bildeten. Welche Bespitzelung, Ranküne und Mißgunst neben und trotz aller Kameraderie unter ihnen herrschte, veranschaulicht Apitz' "Nackt unter Wölfen". Gelegentlich zeigten einzelne SS-Leute kleine menschliche Züge, oder sie drückten sich. Ausscheren war selten, aktives Zuwiderhandeln, z. B. Fluchthilfe, die große Ausnahme. Langbein schätzt, daß etwa jeder hundertste SS-Mann in sehr relativem Sinn 'gut' war. Garlinski (206 ff.) bringt etliche Beispiele dafür. Die Gründe dafür waren nicht immer moralische Vorbehalte. Manches geschah infolge von Machtspielen innerhalb der SS, von Kollaboration oder Kollusion mit Häftlingen (besonders Funktionären) oder aus Opportunität. Die Herabsetzung der Moral beschleunigte sich bis zur Desintegration in den letzten Kriegsmonaten und -wochen, wo mancher noch seine Haut retten wollte. Von seiner Mordkapazität insgesamt her gesehen, blieb der Apparat jedoch bis in die letzten Tage oder gar Stunden intakt. Es war mehr als Selektion, Sozialisation, Vorteil und Kameraderie, was ihn zusammenhielt.

Sich durch Erniedrigung der Häftlinge selbst zu erhöhen, der Selbstexpansion und dem Machtwahn verfallen zu sein, das machte zwar viele SS-Leute zu pathologisch deformierten Personen. Aber sie waren deswegen als Individuen weder verrückt noch notwendigerweise nationalistisch oder rassistisch. Der Begriff des Fanatikers trifft weniger auf sie zu als der des Funktionärs. "Diese Mörder waren keine Verbrecher, sie waren auch nicht geborene Sadisten oder sonst pervertiert." (Arendt, 140) Das Verbrechen lag in der Teilnahme an einem rechtswidrigen, mörderischen Unternehmen, dem sie sich bereitwillig unterwarfen. Der Haß auf Abweichendes und Nichtkonformes, der das SS-Korps prägte, äußerte sich bei seinen Mitgliedern in destruktiven, philiströsen und sentimentalen Zügen. Aber die subjektive Psyche, zu welch grauenhaften Ausschlägen sie auch fähig war (vgl. Satan Moll, F. Müller, 199, 226-229), darf doch nicht mit der Intention und dem Charakter des Apparats verwechselt werden, wie das etwa in der Formel vom "wildgewordenen Kleinbürger" (Kaminski, 229) anklingt. Die Bestien waren Menschen, so wenig dies den Häftlingen so erscheinen mochte, gewöhnliche und bestürzend normale (wozu ja auch latent pathologische Elemente gehören). Ob man deswegen von der "Banalität des Bösen, vor der das Wort versagt und an der das Denken scheitert" (Arendt, Eichmann, 300) sprechen kann, ist indes mindestens fragwürdig. (vgl. Haas, 386) Das flach-gewöhnliche Böse zeichnete die Aktionen der Gewaltmaschine aus, und viele seiner Agenten handelten und gaben sich entsprechend. Aber das ist nicht alles. Ihre vorderhand durchaus nicht besonders auffällige mörderische Potenz, wie sie allenthalben im Menschen vorkommt, wurde durch die extraordinären Bedingungen des permanenten Ausnahmezustands aktualisiert. Jene hielt in der Persönlichkeitsstruktur eine Affinität zur Aggression bereit, die schließlich in eine "fatale Fusion zwischen eigenem Charakter und den äußeren Ereignissen" (Sereny, 31) überging. In "the commanders' attraction to frameworks that imposed upon them total subordination, while simultaneously granting them immense personal power" wirkte ein "sado-masochistic mechanism." (Segev) Täter und Apparat paßten zusammen wie Schlüssel und Schloß; sie bedurften einander für die "Aktion".

Die Individuen standen in sozialkulturellen Zusammenhängen des Obrigkeitsstaats und der autoritär-patriarchalischen Familie, die zu Gewalttätigkeiten prädisponierten. Die Interaktion zwischen dem Innenleben und den kollektiven Verhaltensmustern, die sich in den Stimmen von Eltern, Lehrern und anderen gesellschaftlichen Instanzen artikulierten, verschob die Gewichte. Ein strukturell schwaches und sozial überformtes Ich konnte unter dem Eindruck des lizenzierten Gewaltappells des Nationalsozialismus und näherhin der SS ein "kriminelles Über-Ich" (Cohen) adaptieren. Pendelnd zwischen Aggressionsabfuhr und Gehorsam (der sich in erster Linie auf das Töten, nicht auf Sexual- oder Eigentumsdelikte erstreckte), wurde die Charakterfolie in Auswahl und Training gestempelt, sodann der Routine und den Exzessen überlassen. Nennenswerte Gegenkräfte hierzu gab es nicht, außer abgesunkenen moralischen Relikten und rebellischen Zeichen unter den Häftlingen.

Es wird von den Tätern als von "gespaltenen Persönlichkeiten" gesprochen. Durch ein verbrecherisches System wurden sie zu Massenmördern - gehorsam, anstellig, lustvoll und erfindungsreich -, produzierende Produkte der Destruktion. Wieviel sie davon aber wahrnahmen, ist nicht leicht festzustellen. Viele wußten, was sie taten. Sie waren abgestumpft und verhärtet, wenngleich sich auch bei ihnen immer wieder das schlechte Gewissen regte. Hierfür spricht nicht nur das großangelegte Gebäude der Kamouflage und Lügen, in dem sich die Gewalt verbarg, das 'Frisieren' der Todesursachen und Totenzahlen, die Persiflage eigener 'Standesämter" und das Verwischen der Spuren. Gelegentlich flackerten humane Erinnerungen auf, etwa bei der Liquidierung der Theresienstädter Kinder oder der Vergasung der Zigeuner in Birkenau. (vgl. F. Müller, 242f.) Auch die nahende Niederlage beförderte die Nachdenklichkeit - freilich noch mehr Opportunität oder eine Art verbissenen Umsichschlagens.

Eine Psychotechnik der Verdrängung, welcher sich die Täter unbewußt bedienten, war die der Aufspaltung der Person, wie sie uns immer wieder in den (Auto)Biographien begegnet. Eine emotionale und kognitive Barriere zerlegte sie in getrennte Bereiche des Bewußtseins und Handelns und zerrüttete die apperzeptive und moralische Instanz. Was die Täter den Opfern antaten, rechneten sie sich nicht selbst zu, sondern betrachteten es wie auf fremder Bühne. In den Berichten umgehen sie die eigene Person, begreifen sich und stellen sich dar als Unbeteiligte, einer keineswegs gespielten Amnesie verfallen. Sie sehen das von ihnen angerichtete oder mindestens mitverantwortete Grauen und verleihen ihm oft bewegende Worte - aber sie selbst blieben von der Aktion ungerührt und wie erloschen. Nebeneinander konnten sie die scheußlichsten Erlebnisse, die Speisekarte, Ehe- und Gartenidyllen, wissenschaftliche Erwägungen stellen, ohne eine Vermengung der Bereiche zuzulassen. In diesem abgekammerten psychischen System zerbrach die Verbindung von Tun und Folgen, Selbst und Objekt und wurde durch eine innere psychopathische Formierung ersetzt. Weder Moral noch Ästhetik waren verschwunden, vielmehr in eine private Schonzone abgedrängt. Persönlich liebten die Handlanger der Todesmaschine oft die Natur, Tiere, Kunst, ihre Familie und gelegentlich auch Gott. Eine derartige selektive Versteinerung und Verzerrung des Menschlichen beruhte auf einem bestimmten Charaktertyp.

Grundlage desselben war eine Psychodynamik von Allmacht und Ohnmacht. Sie führte zu einer Abspaltung von Person- und Rollenanteilen und weiter zu einer sado-masochistischen Objektbeziehung. In ihr verschmolzen die Opfer mit aggressiv projizierten und zu destruierenden Selbstanteilen eigener Schwäche und abgedrängter Triebe. Tödliches Verlangen nach Omnipotenz überlagerte die Unterwürfigkeit gegenüber einem internalisierten Vater (vgl. Dicks, 70f.), die mit einem Mangel an positiver Mutterbeziehung korrelierte. Rücksicht und Weichheit erschienen in der Konstellation als bedrohlich und verächtlich, Kult und Zucht des Mannes sowie Kameraderie als Schutz. Des "Führers" auserlesene Garde, wie sie ihr Handwerk entlastend und überhöhend auch ausgab, konnte ihre Abwehr in sozial zugewiesenen und honorierten sadistischen Bahnen ausleben. Das feindlich erfahrene Innere trat als äußerer Feind auf, den zu bekämpfen sogar noch Meriten erwarb. Das so Besiegte konnte aber auch immer wiederkehren und zurückschlagen. Die 'Tricks' und der Haß der Häftlinge konnten derart als geradezu gemein und überraschend aufgefaßt und dementsprechend geahndet werden. Das Abgespaltene blieb bedrohlich und nährte eine neurotische Angst vor den Opfern, d.h. vor sich selbst. Die psychische Adaptation an den Tötungs(aus)weg (vgl. Dicks, 86-90) verlangte nach weiteren Konstrukten, um Schuldgefühle abzuwehren und die inneren Spannungen zu mindern. Dies passierte, indem man sich dem Vorgesetzten gegenüber gehorsam, furchtsam und loberwartend verhielt, sich andererseits mit seiner Aggression identifizierte und deren Härte und Rache übernahm - kurz im Introjekt des 'guten, strengen' Vaters, dessen Wohlwollen zu wünschen und dessen Haß zu fürchten war. Die Projektion der Häftlinge zur Gefahr (für die "Gesundheit des Volkskörpers") half ebenfalls, die paranoid-depressiven Züge dieser Charakterstruktur abwehrend auszuleben. Das Substitut des inneren und äußeren Haßobjekts gestattete die Leugnung der abgespaltenen Selbstanteile. Schließlich wurden deren zerstörerische Aktionen weiter verhüllt: man rationalisierte, beruhigte sich mit Phrasen, verschob die Verantwortung, faßte den Terror präventiv auf, an dem die Opfer letztlich selbst schuld wären; eine distanziert bürokratische Arbeitsteilung, die Routine des Horrors und die Tilgung der Spuren ließen die Reichweite der eigenen Taten verblassen.

Der geschilderte Charaktertyp des SS-konformen Mannes trat in vielen Modifikationen auf, die aber alle mehr oder minder an ihm teilhaben. Ausprägung und Aktionsradius waren verschieden. Über die Lebensgeschichte, Motivik und Bewegungsform der unteren SS-Chargen wissen wir wenig. Interesse und analytische Bemühungen haben sich mehr einzelnen hochrangigen Vertretern zugewandt, und in diesem Sinn - als Stellvertreter - sagen sie auch einiges über das SS-Korps im ganzen aus. Für dieses insgesamt gilt, daß die Täter vom Aktionstyp her entweder Schreibtischtäter oder Mörder 'im Feld' sein konnten, ge- oder enthemmt, pflichteifrig, besessen oder stumpf und träge. Das betrifft die Form ihres Tuns, nicht dessen Dynamik und Inhalt. Zur Gruppe der 'kalten Täter' gehörten etwa Himmler, Stangl oder Eichmann. Jener, persönlich eher eine mickrig-breiige Gestalt, hatte Unterlegenheit und Protest gegenüber seinem humanistischen und autoritäten Vater (vgl. Andersch) sowie die Verletzung durch ihn zurückweisende Freunde, Pagen, Sportmaßstäbe in einer innerlich und äußerlich überkompensierende Submission unter eine quadrierte Vaterfigur (vgl. Plant) umgesetzt. Die geradezu frenetische Abwehr von (ersehnten und verweigerten) empathischen und sympathischen Regungen zog sich durch seine Reden und Handlungen.

Franz Stangl, der Kommandant von Treblinka, wurde wegen Mordes an mindestens 400.000 Menschen angeklagt, zu dem er nach Auffassung des Gerichts sein "bereitwilliges Einverständnis" gegeben hatte. "Stangl war kein eiskalter Mordknecht. Doch er war unfähig zu Mitleid und voller Angst vor Autoritäten." (Hartmann, 42) Wie Sereny in ihrer hervorragenden Studie feststellte, verhielt er sich unauffällig und 'normal', keineswegs als ein fanatischer Nationalsozialist oder Rassist. Er hatte eine tiefe Bindung an seine Kinder und vor allem an die idealisierte Frau. Aus ärmlichem kleinstädtischen Milieu stammend, wurde er vom Vater abgelehnt, vom Stiefvater mißachtet. Als Mitglied der Polizei und dann der Gestapo war er mit dem Töten von Kriminellen und Kranken befaßt (Gehilfe des Euthanasie-Experten Wirth) und entschied sich (!) zum Todeslagerleiter - pflichteifrig, ehrgeizig und ordentlich wie immer. Er handelte mehr aus Konfliktunfähigkeit und Autoritätsangst, als daß er apathisch oder gefühllos gewesen wäre. 'Nur' war aus ihm das Mitgefühl eliminiert, es wurde weder erfahren noch weitergegeben. Seine extrem verdrängende psychische Hierarchie wies "Symptome einer gespaltenen Persönlichkeit" auf und formte ein Leben "auf zwei Bewußtseins- und Gewissensebenen." (Sereny, 11, 123) Als er, der niemals die Wahrheit voll erkannt und sie niemand mitgeteilt hatte, sie in einem langen therapeutischen Prozeß erfuhr und kommunizierte, starb er an Herzversagen.

Himmler at Auschwitz, 1942

A dim image of Heinrich Himmler
Simmers on Imaginations's back burner:
He stands at a safe distance
Just in front of Auschwitz's newly finished
Desinfection facility;

Standing at histrionic attention
In his spit-shined jackboots,
SS uniform, cap with patinous brim,
Engraved dress revolver decorating his hip
Like icing on a wedding cake;

Standing statuesquely
With an inscrutable expression,
Waiting for the first thousand victims
To emerge from the very first "Special Aktion",
Waiting with the patience of Job;

Stand, as low moaning
Slowly metamorphoses into shrill bellowing
That sifts through hastily nailed boards
And lifts in a sick-sweet mixture
Of hysterical syllables and cataleptic gas;

Standing rigidly, gold-rimmed glasses
Focusing to a higher power his myopic eyes
On the montage of choked, naked humans
Being rolled away in coal cars,
Heaved into open pits along the track,

Covered with lime, and left festering
While less fortunate deportees
Sporting Star-of-David patches
Continue backtracking to load the rest,
Freshly sprayed with insecticide;

Standing in astonished admiration
Even after the last corpse has been dispatched,
As though his boots were glued to the earth,
No member of his staff
Daring to make the slightest move to disperse

Despite nausea each can almost hear
Gnawing his gurgling bowels,
Or willing to inform this man of vision,
This mastermind of the Third Reich,
Who promises to purge Germany

Of Jew-vermin, Gypsies, and sexual perverts,
That this initial supply has run dry,
The next freight-train load
Not scheduled to arrive
From the Russian front for two days yet;

Standing like Christ being shown
The glorius Kingdoms of the world
As if from God's throne;
Standing in dazed amazement, reverential,
Contemplating the colossal possibilities of his revelation.

Louis Daniel Brodsky (63f.)

Auch bei Adolf Eichmann, dem "Judenreferenten" (Amt IV B 4) des Reichssicherheitshauptamtes (RSHA), waren "Realitätsferne und Gedankenlosigkeit" (Arendt, Eichmann, 16) schlimmer und folgenreicher als böse Triebe. Auch er darf als 'normal' bis zur Banalität gelten. Er hegte keinen persönlichen Haß gegen die Opfer, verfügte über wenig konkretes Wissen oder unmittelbare Erfahrung im Mordprozeß. Vorstellungsarm und flach stand er ihm einfach gleichgültig gegenüber. Er war "ein exakter, gewissenschafter, pflichtbewußter Chefbuchhalter des Todes". Auch wenn er offensichtliche Selbstgefühlsmängel mit Herrenmenschenattitüden zu überspielen trachtete und sich in kleinbürgerlichschwülstigen Machtphantasien erging, war er weder brutaler Henker noch roher Nutznießer. Ihn als Bestie in Menschengestalt voller zynischer Blutlust zu bezeichnen (vgl. Einstein, u.a.), geht daher fehl; eher war er ein beflissener Automat, der präzise und ungerührt funktionierte. "Er selbst hat sich bis zum Schluß jeder menschlichen Regung gegenüber den Opfern seines unmenschlichen Tuns versperrt. Kein Wort des Mitgefühls drang über seine schmalen Lippen, kein Anzeichen der Reue wurde in ihm erkennbar. Er schied, wie er gelebt hatte, kalt und gefühllos." (Schmorak, VII) Einzig ein "pervertierter dämonischer Ehrgeiz" (ders., XVI) scheint ihn getrieben zu haben, nur da war er empfindlich (z. B. gekränkt über eine lange verweigerte Beförderung), und mit den Hekatomben der Opfer brüstete er sich gerne als Ausweis seiner Bedeutung. Auch für Eichmann ist eine extreme Aufspaltung der Persönlichkeit kennzeichnend, die insgesamt farblos war. Ein außergewöhnlicher Ordnungs- und Sauberkeitssinn bis hin zur zwanghaften Pedanterie befähigten ihn zur Organisation der Extermination. Er war aber auch tierlieb, musikalisch und ein 'guter' Familienvater. "Karl Adolf Eichmann war Zyniker und Geigenspieler, Judenvertilger und Pferdefreund, 'Ehrenmann' im Sinne des Nationalsozialismus und Zuhälter des Todes, die personifizierte 'Treue' im Sinne Hitlers und Himmlers und die personifizierte Grausamkeit..." (Einstein, 169) qua Funktion, die er anstrebte und ausfüllte.

Einen ganz anderen Typus des fanatischen, 'heißen' Täters stellte Rudolf Höß vor, in dem in entstellter Form immer wieder Leben und Einsichten aufflackerten. Er ist "bei all seiner individuellen Zuspitzung Ausdruck sehr viel weiter reichender Verfehlung, Blindheit und Sinnververkehrung während der Hitlerzeit." (Broszat, in: Rudolf Höß...,22). Im Ausagieren seiner ungelösten inneren Konflikte ging er einen vielleicht nicht untypischen Weg, psychotische Erfahrungen in sozial akzeptierte Kriminalität umzusetzen. Auch bei ihm herrschte "das erschreckende Nebeneinander von Verbrechen und scheinbarer Normalität im Seelenleben eines Nazitäters." (Zeiler, 335) Höß stammte aus katholischem Mittelklassemilieu, in dem es fromm zuging. Er liebte Tiere und mied seinen Vater. Er war ein empfindsames und nach innen gekehrtes Kind, das durch Selbstgerechtigkeit und Waschzwänge auffiel. Sich zum Kriegs- und Freikorpsdienst drängend, hatte er dort seine ersten schockierenden (und faszinierenden) Erfahrungen, zu töten und Grausamkeiten zu verüben. Die Autoritätsfiguren des Vaters und des Priesters verloren ihre Bedeutung für ihn, der sich auf die Suche nach neuen begab. Infolge seiner Beteiligung an einem Fememord kam er in der Weimarer Republik ins Gefängnis, wo er sich (wie später nach dem Krieg in politischem Gewahrsam) mustergültig führte und eine psychotische Krise manisch-depressiver Art überwand. Fortan wollte er nie mehr zu den Unterlegenen gehören. In der brutalisierend-dehumanisierenden Schule Eickes (des ersten Inspekteurs der Konzentrationslager) in Dachau erfuhr er die entsprechende Abrichtung. Als Kommandant von Auschwitz kam er dem Massenmordauftrag gewissenhaft und schonungslos nach. In ehrgeiziger und pervertierter Pflichtbesessenheit beklagte er sich lediglich über die unzureichende Ausstattung mit Material und Personal. Heim und Garten galten ihm (und den Häftlingen) als Paradies. Sein zur Schau getragenes Selbstmitleid, gepaart mit Perfektionismus, ließ ihn noch im späteren Geständnis eilfertigeifrig aussagen, ohne daß freilich wirkliche Einkehr und Trauer spürbar geworden wären.

Höß agierte in einem Geflecht ungelöster Spannungen aus seiner ambivalenten Beziehung zum (Über)Vater. Im "schizoid-paranoiden Komplex" (Tenenbaum, 232; Begriff übersetzt) war er Instrument eines unnachsichtigen und überwältigenden Über-Ichs; ohne Freunde und Vertraute und voller Mißtrauen bewährte er sich in der Eiseskälte des Führers. Es waren seine "sadistic-masochistic, aggressive-repressive traits which made him a fiendishly cruel and at the same time a self-pitying, sometimes even a conscience-stricken camp commander" (ders., a.a.O.). Die Vergasung der Zigeunerkinder konnte ihn berühren und die Präsenz des Todes unter blühenden Bäumen. Der Horror bestürzte ihn und zog ihn zugleich an. Seit seiner Jugend hatte er sich einer "aggressiv-externalisierenden Konfliktlösung statt zwanghaft-autopunitiver Abwehr" (Zeiler, 350) verschrieben. In der Häftlings(gegen)welt lokalisierte und bekämpfte er identifikatorisch die abgespaltenen Vorstellungsgehalte. Nur im Töten war er (noch) dem Leben nah, "als Mörder fand er seine Form der erkennenden Beziehung zum Menschen." (Zeiler, 338; vom Verfasser hervorgehoben) Das Schreckenszenario von Auschwitz war für ihn ein ausgelebtes Symptom. Unter dem Zwang eines drakonisch-destruktiven Über-Ichs tat er anderen an, was er selbst erlitt(en hatte). Nur im Vollzug der selbsterfahrenen Strafe am fremden Objekt vermochte er die eigene Überwältigungsfurcht scheinhaft zu bannen, gebunden an die Beherrschung des Leidens und Sterbens Unterworfener. Die innere

Destruktivität wurde nach außen verlagert. Im Schauder der Tötungswelt schimmerte Leben auf; nur diese Bewegung ermöglichte noch eine entstellte menschliche Beziehung zu sich selbst und anderen. Indem er sie vollzog, vernichtete er sie und ihre Träger zugleich. Diese zerstörerische Beziehung aktualisierte er und andere im KZ-"Zwischenreich, in welchem die Täter, perversen Inszenierungen analog, tötend sich das Lebendige anzueignen suchen." (ders., 347) Nur darin und insoweit war der Täter souverän, als er die ihm selbst fehlende Autonomie am fremden Anderen auslöschte. Die nekrophile Erkundigung des Lebens zerstörte den Menschen und die Moral, letztlich auch im Täter selbst. Hier lagen der logische Wahnsinn oder die wahnsinnige Logik des Konzentrationslagers.

8. Zurichtung der Person. Die Lagerpsyche

Das soziale Feld des Konzentrationslagers barg und begrub ein psychisches Drama, in dem sich alle depersonalisierten, verstümmelten und verstümmelt wurden, als Ruinen herrschten, überlebten oder untergingen. Als hermetisches und progressiv sich reproduzierendes pathologisches System kreiste es um die Demütigung und Vernichtung der Opfer. Diese wurden in absoluten Gehorsam getrieben. Sie bewegten sich im Zirkel aus (unterdrückter) Aggression und Schuldgefühlen, erweiterter Aggression nach innen sowie Identifizierung mit der Lagergewalt oder Hilflosigkeit. Herabgedrückt und verkommen zu Stempelabdrücken der unumschränkten Macht konnte dieses aufgeherrschte (Selbst)Bild nach innen schlagen und den Tätern zusätzliche Aktionsfläche liefern.
Wir wissen aus dem biographischen Material, wie jene selbst (in der Kollision mit väterlichen Repräsentanzen) sich als der Fremdheit und Schwäche ausgesetzte Opfer erfuhren. Diese Angstanteile der eigenen Person spalteten und wehrten sie ab, indem sie sie als äußere Feindfiguren projizierten und bekämpften. Hinter der augenscheinlichen Verachtung und Demütigung der KZ-Insassen stand die angstvolle Abwehr abgespaltener Selbstanteile, gefordert und gefördert vom terroristischen NS-Projekt der Elimination von 'Gegnern', die man zu solchen erklärte. Der erste und entscheidende Akt in der Laufbahn der Opfer war eben dies: von ihren abgerichteten Verfolgern zu Objekten des Hasses und der Verfolgung erst eigentlich her- und zugerichtet zu werden. Die vermeintlich (und auf der Ebene psychischer Instanzen real) oppositionellen Opfer wurden zwanghaft vorgeführt und vernichtet, ebenso verachtet wie gefürchtet. Die Zerstörung der dem eigenen Gemeinwesen und psychischen Haushalt 'Fremden' stellte die eigene innere Fremde exemplarisch-entlastend still.

Der Täter brauchte das Vorführen und Zerschmettern des äußeren Feindes, um den inneren an der Kandare zu halten. Die "Sucht nach Vernichtung (war) nur das Wüten gegen die drohende Auflösung." (Apitz, 339)
Das Konzentrationslager konstituierte ein mehrschichtiges soziales und psychisches Gewaltverhältnis. Auch die Verfolger waren an die Verfolgten gebunden. Sie unterschoben ihnen die Absicht (vgl. die ideologische Wirkung der gefälschten "Protokolle der Ältesten von Zion", R.C. Baum, 311) der eigenen Taten, handelten, wie es jene fürchteten und konnten damit selbst der bekämpften (ihnen angeblich zugedachten) Opferrolle entgehen. Die "besessene Präokkupation mit dem (vermeintlich) Feindselig-Andersartigen, das undurchschaut das je Eigene, Verdrängte, repräsentiert", (Zeiler, 339) nötigte die SS, ihre Opfer nicht nur als Untermenschen anzusehen, sondern sie in zwanghafter Repetition aufs gröbste als solche herzustellen, deren elender Zustand sie dann nicht des Erbarmens, sondern des Vernichtens (des gefürchteten Selbstobjekts) wert machte. So bestätigte das Resultat seine Voraussetzung. Die Erniedrigung der Opfer minderte das Schuldgefühl der Mörder. Noch in ihrer extremen Brutalität zeigte sie allerdings auch panische Angst vor der (innerlich und äußerlich) feindlichen Welt, was nicht zufällig in offene Feigheit umschlagen konnte, wenn die Machtverteilung ins Rutschen gekommen war. Die obsessive Destruktivität stellte insgeheim in Frage, was sie eigentlich unwiderruflich beantworten sollte, nämlich die Überlegenheit der Folterer. Der "unbedingte Wille, die Sünde der Abweichung restlos vom Erdboden zu vertilgen" (Bachl, 66), trachtete nach der Revulsion des Ungehörigen im eigenen Triebhaushalt, wozu gehörte, das Fremde und Mißliebige zu produzieren und zu vernichten. "Die Gleichgültigkeit von Identifikation mit dem Anderen und dessen Auslöschung repräsentiert den psychologischen Kernbestandteil des versachlichten Terrors." (Zeiler, 355) Letzendlich mußte diese Psychodynamik für beide Seiten enttäuschend ausgehen, auch wenn sich die Opfer in ihre Rolle schickten. Für die einen bedeutete das die Zufuhr frischer Objekte, für die anderen allerdings den Tod. Die destruktive Entspannung der Triebe machte die subalternen Schauspieler überflüssig. Sie erloschen psychisch und/oder physisch im Resultat des Prozesses, dessen Material sie zu bilden hatten.
Innerhalb dieser entstellten Welt bildete die Unschuld der Opfer nicht nur keinen Widerspruch zum Mord, sondern ermöglichte und setzte ihn eigentlich erst als abstrakte und in mehrfachem Sinn grundlose, (aber nicht sinnlose) Tat, die dem drohenden Selbstzweifel wehren sollte. Die mörderische Pathologie setzte überschießende Aggressivität frei und verbannte deren Gegenkräfte (wie Mitleid und Moral), sie hob partiell und temporär die Selbstdefizienz der Täter auf und versprach ihnen in der radikalen Vernichtung der Droh- und Haßobjekte

die Heilung. Nicht umsonst bediente man sich im NS- und KZ-Jargon einer pseudomedizinischen Metaphorik, welche die Mörder als Sozialhygieniker mit der Aufgabe vorführte, das be- und verfallene Volksgewebe von Ungeziefer zu säubern, mit auch tiefen und blutigen Einschnitten den Krankheitsherd im Volkskörper zu entfernen. Das bedrohte Leben des Volkes und des einzelnen verlangte nach radikaler Entlausung, Quarantäne, Selektion und Vernichtung. Die Terrorrituale gewannen eine fast magische Qualität, insofern sie mit dem Gegenstand der Verachtung auch deren Quellen beseitigen wollten. Ideologische Begründungen erschienen diesem Vorhaben gegenüber, die Satansbrut zu vertilgen, als eher nachgeschoben, keineswegs vorrangig. In der nüchtern-bürokratischen Organisation des Todeswerks wie in der blut- und heilsmystischen Beschwörung des gefürchteten Unbekannten ist die Macht des Abzuschmetternden, des vieldeutig Andersartigen spürbar. Das Versprechen, das in diesem liegt, kann weder wahr- noch aufgenommen werden, es erscheint als Vergehen. Diese über die Selbstgrenzen hereinschlagende Gefahr sollte um den Preis schrankenloser Mißachtung des Lebens gestoppt werden.

Die äußerste Gewalt des Konzentrationslagers als Inhalt und Vehikel seines Zwecks bildete den Boden einer Krankheit der Macht, an deren einem Ende die Betreiber und am anderen die Masse der Betriebenen standen. Sie versetzte die Häftlinge in existentielle Ungewißheit, unaufhörliche Spannung und Angst, konnte sie hochgradig erregen oder abspannen. Depersonalisierung und Derealisierung als aufgezwungene krankhafte Reaktionen führten zu einer Art Unter-Leben, einer Schrumpfung der Seele auf den kleinsten unmittelbaren Vorstellungs- und Gedankenkreis. "Man war unfähig, noch an irgend etwas zu denken. Die Sinne waren abgestumpft, alles versank im Nebel. Man klammerte sich an nichts mehr. Der Selbsterhaltungs- und Selbstverteidigungstrieb, die Eigenliebe - alles war verschwunden. In einem letzten Augenblick der Hellsicht schien es mir, als seien wir im Nichts umherirrende verfluchte Seelen, dazu verurteilt, bis zum Ende aller Tage Räume des Alls zu durchwandern, auf der Suche nach Erlösung, auf der Suche nach Vergessen, ohne Hoffnung, es zu finden." (Wiesel, 58f.)

Vor allem die jähe Konfrontation mit der Lagergewalt beim Zugang trieb die extrem soziopathisch Irritierten in verschiedene anormale Bewältigungsformen, die unter den gegebenen Bedingungen freilich naheliegend, 'normal' und oft auch funktional waren. Bettelheim diagnostizierte "das ganze Spektrum autistischer und schizophrener Reaktionen im KZ" (1985, 129) mit suizidalen Tendenzen, katatonischen Symptomen, melancholischen Depressionen, paranoischen und projektiven Wahnideen, Kontroll- und Erinnerungsverlust. Von anderer Seite (Frankl, 1961, 752) wird die psychotisch-depressive Reaktionsbildung bezweifelt. Ryn (1986, 419) hebt die auffallend geringe Selbstmordquote hervor. In der Tat scheinen die klassischen psychosomatischen und neurotischen Symptome im Lager zurückzugehen oder an Bedeutung zu verlieren. An ihre Stelle trat eine ganz neue existenzielle Konstellation zwischen den Polen der Ergebung in den Tod und des konzentrierten Kampfes um das Leben. Auch auf körperlicher Ebene wichen übliche Krankheiten und machte sich ein Ausnahmezustand geltend, in dem die Häftlinge unglaubliche Entbehrungen aushielten und andererseits einer lagerspezifischen Mortalität (Typhusepidemien, Ödeme, Wundinfektionen, Muselmannkrankheit sowie exzessive unmittelbare Tötung) unter- und erlagen. Wenn Tod und Hunger grassieren, steht der Widerstand gegen sie an erster Stelle. Früher oder später und in unerwarteten Formen wurde er indes gebrochen.

Zweifellos vollzogen sich im sozialen Feld der Lagergewalt in den Häftlingen schwere seelische Veränderungen, sei es als psychotische Zersetzung der Normalreaktionen von der verstörenden Initiation über Obsession und Aktivismus bis zur depressiven Schwächung, sei es als Schizoidie mit ihren Symptomen der Kontaktschwäche und des Mißtrauens oder als Schizophrenie. Auch insofern das Konzentrationslager diesen pathologischen Formenkreis der klinischen Psychiatrie in großem Umfang hervorbrachte, erwies es sich als Labor menschlichen Verhaltens unter extremen Bedingungen. Deskriptiv-diagnostisch dürften schizophrene Erscheinungen im Vordergrund gestanden haben, massiv exogen durch den Lagerterror hervorgerufen, der die Person aus ihrer Haut schlug. Eine tiefe Seelen- und Gemütsspaltung veränderte die Wahrnehmung und Verarbeitung der Außenreize, stellte Lebens- und Todeswunsch gegeneinander. Information und Kommunikation wurden unterbunden oder schwer gestört. Die Sinne dessen, der unter dauernder Selektionsdrohung stand, waren in ihrer eigenen selektiven Funktion beeinträchtigt. Die Ausschaltung der Außensignale in Zuständen hochgradiger Erregung, Spannung und Angst konnte in die schizophrene Form der Katatonie (Schreckstarre) münden, der "emotional anestesia" (Chodoff) oder "seelischen Primitivierung" (Kogon). Im Gegensatz aber zur Diagnostik der klinischen Psychiatrie trat sie unter Lagerbedingungen ambivalent auf: perniziös als Rückzug vom Leben, Derealisierung und Hinwendung zum Tod, hilfreich als Ausblendung einer unerträglichen Wirklichkeit. "Skelette spielen Herkules (bei einer Selektion, G.A.). Ich sage nichts, trete wieder einmal geistig ab: Ich bin nicht mehr da, also kann mir niemand mehr etwas tun. Schizophrenie vermutlich, aber erfreulich erfolgreich, solange es anhält." (Lundholm, 131) Dieses psychische 'Zumachen', die Filmperspektive werden von vielen Überlebenden geschildert. Im Universum KZ waren Denken und Fühlen, Ausdruck, Hoffnung und Vernunft aufs nötigste gesunken, wenn nicht gar bei Strafe des eigenen (inneren) Zusammenbruchs verboten. Hinter den Figuren und ihrer vorgeschriebenen seriellen Choreographie verschwanden die Gesichter und Geschicke. "So, wie seine (des Häftlings, G.A.) Zebrakleidung ein Gitter war, hinter dem der Mensch niedergehalten wurde, so war die graue Uniform des SS-Mannes ein Panzer, undurchstoßbar, und dahinter lauerte es, verschlagen, feig und gefährlich, wie eine Raubkatze im Dschungel." (Apitz, 140) Die Schrumpfung der Affekte betraf beide Seiten; auch bei den schlimmsten Brutalitäten sollte oder durfte sich kein Mund oder Muskel verziehen - beliebtestes Ritual hierfür waren Auspeitschungen oder Erhängungen vor den zum Appell angetretenen Häftlingen. Die Lagerinsassen waren verachtet und verlassen, von Hunger und Trostlosigkeit umstellt. Das trieb ihre Gefühle in die Enge. Gleichsam eingefroren, sahen und erlebten sie alles um sich herum wie durch eine Eisschicht, die sich auch bei großen Erschütterungen, selbst jener der Befreiung (vgl. F. Müller, 281), nicht oder nur zögerlich auflöste, fremd geworden gegenüber Welt und Selbst. Im Gegensatz zu den geschilderten psychotisch/ schizophrenen Formen wahnhafter Wahrnehmung und Deutung des Selbst und der Umwelt vermochte ein solches prohibitives Raster dem Individuum dienlich zu sein. Als Schutz- und Abwehrmechanismus der Person hielt sie die Affekte ab und ermöglichte die "Selbstimmunisierung" (N. Elias) gegen das unfaßliche Ausmaß der Aggression. Die Abwendung vom Unerträglichen, das vor aller Augen stattfand, führte bis zur offenen Leugnung der Wirklichkeit, etwa der aus den Kaminen meterhoch schlagenden Flammen und ihrer Fracht. Diese Paralyse konnte den geistigen Tod bedeuten und den physischen vorbereiten oder einen Schutzmantel bieten, unter dem sich die nicht äußerbaren Aggressionen und Widerstandskräfte sammelten.

Der überwältigende Verfolgungsdruck zersprengte das Sozialverhältnis der Person. Sie wurde ent- und resozialisiert, entwürdigt und zur Regression gezwungen. Gesichtslos bzw. gleichgesichtig mit vielen anderen schwanden sozialer Firnis und oberflächliche persönliche Merkmale dahin. Alle galten sich einander gleich, d.h. vor allem nichts. Das Selbstbild geriet in eine harte Probe. Im Lagerleben herrschten eigene Normen. Nicht der frühere soziale Stand, sondern Persönlichkeit ("solid self", Schmolling), Geschick und neuer sozialer Ort wurden ausschlaggebend. Die Vertreter der survival-Forschung (z. B. Des Pres) notieren allerdings eine ganz andere Tendenz. Nach ihnen sanken persönlicher Charakter und soziale Bindungen gegenüber absoluter und bloßer Kreatürlichkeit des Überlebenswillens an Bedeutung; die Grenze zu einer biologistischen Sichtweise ist damit offen. Die vorkonzentrationäre Welt galt jedenfalls nur mehr wenig. "A prisoner's social class, pre-war position, political opinion, religion - none of these were decisive in the camp, nor were they a guarantee of how he would behave. Titles, honours, hereditary privileges were all left outside the gate and a man entered the camp stark naked, dressed only in his own dignity and his own character, which made itself known in the hours of trial. How many misunderstandings there were in this respect, how many surprises!" (Garlinski, 138) Die Relationen von drinnen und draußen verschoben sich. Gedachten die Häftlinge der Außenwelt anfangs mit Wehmut und Sehnsucht, so verblaßte diese mit der zunehmenden Selbstdefinition als Konzentrationär. Sofern jene dann noch lebten, schlugen die Gefühle später um. Sie waren nun jener Welt fremd, auf die sie wie "Tote aus dem Jenseits" (Frankl) blickten, sich verlassen fühlend und allmählich voller Ressentiment gegen sie. Erinnerungen schmerzten und verwirrten, darum versanken sie. Das konfliktreiche Verhältnis erneuerte sich beim Eintreffen von Neuankömmlingen, denen die Veteranen mit Sehnsucht, Eifersucht und vor allem Barschheit begegneten. Begann der Häftling auf der Exklusivität seiner Erfahrung im Lager zu beharren und sich darüber zu bestimmen, war ein entscheidender Schritt der Anpassung getan.

Die Lagerpersonen lebten in einem Nummernsortiment - verwaltete, ausgenutzte und liquidierte Waren. Schon mit der Einlieferung, sodann bei der Arbeit, im Block und noch in der Vernichtung zählte ihre Klassifizierung nach Maßgabe des Lagerregimes, wie es sich äußerlich im Kennzeichensystem dartat, alles, ihr eigenes individuelles und soziales Leben nichts. Die Menschen existierten in extremer Verdinglichung, welche die kapitalistisch-gesellschaftliche, wonach die Bewegung der Personen von einem ihnen fremden Sozialzusammenhang diktiert wird (vgl. Marx, Kapital I, 87f.), weit in den Schatten stellte. Entschiedener und unmittelbarer als in der Lohnarbeit konstituierte sich im KZ die Arbeit als Zentrum, Lebens- oder Todesmitte. Noch in ihrer Persiflage drückte sie dem Lagerleben ihren Stempel auf, obgleich oder gerade weil ihr Hauptzweck destruktiver und nicht produktiver Natur war. Sie konnte die Überlebensfrist verkürzen oder verlängern, je nachdem sie innen/außen, 'gerecht'/sadistisch, solidarisch/isoliert ablief (bevorzugt: Schreib-, gehaßt: Steinarbeiten). Die entscheidende Bedeutung der Arbeit lag in ihrem sozialen und psychischen Sinn für die Tötungsabsichten bzw. Überlebenschancen, nicht in ihrem konkreten Zweck. Unter dem Diktat der Produktionsverhältnisse des Todes pervertierten die menschlichen Produktivkräfte zu häufig überflüssigen, schlecht ausgestatteten und geplanten, vielfach blödsinnigen Verrichtungen, die etwaiger sozialer Synthese oder persönlicher Identität durch Arbeit entgegenstanden. "Das ist das Unerträglichste... Unsere letzten Kräfte für etwas einzusetzen, das keinen Sinn ergibt." (Lundholm, 25) Die Brechung des Arbeitsstolzes und auch nur -sinns, Arbeit als Strafverrichtung oder Form der Hinrichtung schlugen eine Achse aus dem Zusammenhang der Person.

"Quand nous avons fait quelque chose,
Il faut le défaire à nouveau,
Et ce travail vain et morose
Use mes restes de cerveau."

Micheline Maural, Ode à la Colonne
(in: Decèze, 152)

Auch das private Verhältnis zu den Häftlingen war unmöglich geworden und korrumpiert. Obwohl auf noch die winzigste Freundlichkeit in hohem Maße sachlich und emotional angewiesen, stieß der Lagerinsasse nur sehr selten auf sie. Ein geschwächtes Ich war in ein rauhes und verzweifeltes Zwangs-Wir gestellt. Gestoßen in die Kälte einer Zwangsgemeinschaft, in der sich Eigenes und Fremdes schier ununterscheidbar ineinander verwanden, unterlag es einem pathologischen Massen- oder Gruppen-Ich. Das unentrinnbare Herdendasein in überfüllten Baracken, Dreck und Hektik bei Tag und bei Nacht produzierten eine ebenso unvermeidliche wie quälende und nur gelegentlich stützende 'Nachbarschaft'. Welche privaten Gefühle konnten Menschen noch entwickeln, denen das Duzen aufgeherrscht wurde, die ihren Namen und jegliche Freiheit verloren hatten? Dennoch kamen (überlebens)wichtige Paar- und Gruppenbeziehungen zustande, auf das Nötigste beschränkt. Zu Liebesbeziehungen ließ allerdings schon die äußere Lagerorganisation kaum Raum, erst recht nicht die erzwungene Rückkehr zu präpubertärer Latenz und die regressive Umstellung der Triebe, unter denen nun Hunger, Durst und Überleben obenan standen. Doch "wer sexuelle Regungen hatte, war noch nicht tot" (Laqueur, 53), mindestens innerlich - aber ausleben konnte er sie nicht. "After two or three weeks of the regime at Maidanek, sex problems disappeared. Women lost their periods; men lost their urge. Whatever sexual life remained was the province of the better-fed camp functionaries. They could buy girls for a slice of bread, they could have affairs with women functionaries, they could pervert little boys." (Donat, 183) Neben den Büchsen mit Zyklon-B florierte die Sexualität nur in Gestalt der Bordelle, die allerdings normalen Häftlingen nicht zugänglich waren, und in Form des verbreiteten Pipelwesens, einer für die betroffenen Burschen oder Mädchen höchst prekären Günstlingswirtschaft (vgl. Birenbaum, 102f.). Für die Häftlinge, deren äußere Attraktivität und Aktivität drastisch gesunken waren, verblieben allenfalls geistige Verliebtheit und zarte Sehnsüchte auch gleichgeschlechtlicher Art, die in der Lagerwelt bloß einen schmalen Ort haben konnten.
"Die rohe Erbarmungslosigkeit oder beleidigende Gleichgültigkeit der Geschöpfe ringsrum" (Van de Poel, 32) waren nicht menschliche Schwäche, sondern

Absicht und Tendenz des Lagers. Diese zielten darauf ab, ein erniedrigtes Zerrbild von Mensch zu schaffen, überreizt und voneinander abgekehrt, trotzdem in schwer leidliche Alltagskontakte gepreßt. "Ich blieb allein in dieser riesigen Menge von Frauen, leidenden, gleichgültigen, von fremden Schmerzen ungerührte Frauen. Jede hatte ihre eigene Vergangenheit, ihre eigene Tragödie. Keine hier brauchte mich, keine ging mein Schicksal etwas an, im Gegenteil: in der Enge der Baracke, beim Anstehen für Suppe und Brot war eine der anderen lästig. Es gab nicht einmal genügend Luft zum Atmen für alle. Die Stärkeren schüttelten die Schwächeren ab, verdrängten sie überall, richteten sie zugrunde. Oft drängten sie mich aus den Schlangen bei der Essenverteilung, zogen mir nachts die Decke weg oder schubsten mich von meinem Strohsack hinab auf den Fußboden oder auf die schmutzigen Schuhe, die an der Wand aufgereiht standen. Ich war umgeben von Feindseligkeit, aber niemand hatte Schuld daran - unter diesen schrecklichen Verhältnissen konnte es einfach nicht anders sein... Ich verteidigte mich, so gut ich konnte. Ich weinte nicht, ich beklagte mich bei niemandem. Ich wurde vorsichtig, wachsam und, wie alle anderen, gleichgültig gegenüber allem, das keine unmittelbare Bedrohung für mich darstellte." (Birenbaum, 119) Die Hölle, das waren die anderen (nach Sartre); das wußte die SS, und das wollte sie. Das Lagerleben brachte eine Psychopathologie der Massen hervor, ein Kaleidoskop halb unterdrückter Leidenschaften. Der der SS geltende Objekthaß - der ja bei Strafe des Untergangs nicht geäußert werden durfte - verschob sich auf die Mithäftlinge. Daraus folgte ein allseitiger Kampf gegeneinander, der in Cliquen, ständigen Konflikten bis zu Schlägereien ausgetragen wurde. "Es ist für einen Außenstehenden unfaßbar, was Häftlinge einander antun konnten." (Kautsky, 8) Angst, Neid und Haß machte die Menschen unverträglich, unzuverlässig und oft gefährlich für sich selbst und andere. Auschwitz-Kommandant Höß wußte das sehr gut (aus eigener Erfahrung), beschrieb mit bewegten Worten das egoistische und herzlose Verhalten der Häftlinge untereinander (100f.) - und schürte mit seinen Gehilfen nach Kräften das Klima, in dem es entstand, ersparte es doch der SS viel Arbeit und erhöhte ihre Position.

Die Lagergewalt erstrebte und erreichte in der Regel die Zerlegung der Person, ihren "existentiellen Strukturverlust" (Frankl, 1961, 749), und rekombinierte sie nach eigenen Vorgaben. Unter ihrem Druck transformierte sich das Ich. (vgl. Bluhm, 29) Auf den Zugangsschock folgte in der Regel jene traumatische Schreckstarre und primäre Apathie, die von Trauer und Depression (als tränenarme bzw. -lose Trauer; vgl. Lundholms Beschreibung des Lagerweinens, 146) abgelöst wurden. Unschuldig und doch unbeschreiblichem Schrecken ausgesetzt, verfielen die Häftlinge einem diffusen Gefühlsgemenge; sie wurden hoffnungslos, gereizt, egozentrisch, mißtrauisch, vergeßlich und gleichgültig. Die unwirkliche und bestürzende Atmosphäre, der traumatische Zustand und die schweren Entbehrungen ließen die Wahrnehmung und Kommunikation verkümmern. Robotergleich verloren die Lagerinsassen den Selbstanteil einer sinnvollen Gemeinschaft. Die soziale und psychische Katastrophe (Shoa) legte unter dem Gewicht intensiver Angstzustände die Affekte sowie kognitive und Handlungskompetenzen lahm. Aus dieser Stufe der psychischen Lagerlaufbahn gab es nur ein Entrinnen durch (Selbst)Aufgabe mit meist rasch nachfolgendem Tod oder die Anpassung zum Konzentrationär. Das freilich konnte die Person unter einem Lagerregime, das ihr autozentriert und als "anarchische Macht des Zufalls" (Bluhm, 5) entgegentrat, nur sehr bedingt selbst entscheiden.

Hätten sie Zeit und Gelegenheit genug gehabt, wären die meisten Häftlinge unter dem gebieterischen Drang, sich gegen die Todesmaschine zu erhalten, den Weg des Konzentrationärs gegangen. Als solcher konnte schon gelten, wer die ersten Monate überlebt hatte, und aus diesen Reihen kamen die Lagerfunktionäre. Dem Konzentrationär gelang es (für eine Weile zumindest), der alltäglichen akuten Gefahr zu entgehen, indem er sich in ihr einrichtete und am Lagerleben zum eigenen Vorteil teilzunehmen suchte. Ohne "désensibilisation psychique" ging das nicht: "La censure et la répression que les internés devaient imposer continuellement à leur propre sensibilité pour s'adapter à la fréquentation quotidienne de la souffrance et de la mort et pour survivre finissaient, à la longue, par produire en eux une certaine habitude et même de l'indifférence face à la misère humaine, si bien que, de manière tristement paradoxale, le titre d'un célèbre discours de Himmler 'Cela nous a rendus forts', qui attribue la force des troupes SS à leur expérience des camps, s'applique aussi bien aux persécutés qu'aux persécuteurs." (Botz/Pollak, 23) Der Konzentrationär las die Lagerzeichen korrekt, d.h. systemadäquat (vgl. Stein, 358) und stattete sein Über-Ich mit neuen Werten wie Egoismus, Diebstahl, Rücksichts- und Mitleidlosigkeit und Unterlaufen von Gesetzen aus. Er verdankte sich primär dem Zwang der Verhältnisse, nicht einer irgendwie gearteten Schulung der SS, die allerdings unter den Veteranen artverwandte Geschöpfe suchte und fand. Er integrierte auf lagerkonforme Weise Merkmale des vorkonzentrationären Lebens mit Häftlings- und Funktionärserfahrungen. Die konservative Häftlingsangst vor Veränderung - der Geschichte, der Familie, des Lagers - wich konkreten Zielen und Methoden zu überleben.

Der Konzentrationär stand unter dem kategorischen Imperativ des Lagerlebens: alles für den nächsten Augenblick, und das hieß atmen, essen, trinken und schlafen. Unter dem andauernden Streß wandte die Person all ihre Energien auf Überleben. Reflektion und Moral traten hinter instinktiven Verhaltsweisen, "self-protective individual reflex actions on the spur of the moment" (Trautman,

135), zurück. Soziales Lagerwissen und Schläue waren hierfür die Voraussetzung. (vgl. Birenbaum, 88) Unter dem Diktat der Jetztzeit und des Hierortes, unter dem der Konzentrationär zu leben gelernt hatte, reichte die Skala der Verhaltensänderung von Taktik über die adaptierte zur SS-konformen Person. Im endlosen Provisorium des Konzentrationslagers versuchte er, sich ein eigenes Revier zu schaffen - selbstbeherrscht, abgebrüht oder abgefeimt. Im extremsten Fall ging das bis zur (übersteigerten) identifikatorischen Kopie des SS-Kanons der Gewalt und Diskriminierung. Nicht selten war es aber auch Ausgangspunkt der eigenen Gegenwehr und der Hilfe für andere.

Die Masse der Häftlinge, auch wenn sie überlebte, hatte diese Möglichkeit nicht. Zu apathisch-resignativer Haltung gezwungen, reichte ihre Kraft allenfalls für den kleinen Überlebenskampf im Block, bei der Arbeit, gegenüber der Selektion - und oft auch das nicht. Sie verfielen einer lagerspezifischen Aufweichung des Bewußtseins, (Alp)Traum, Tagesschrecken, Vision und (sur)reale Wahrheit verschwammen ineinander. Dabei konnte die Abwendung von der Lagergegenwart lebensgefährlich werden. Weder war Schlaf richtig möglich, noch das Erwachen wünschenswert. Das Leid des Tages setzte sich in der Nachtmahr der Träume fort. (vgl. Levi, 1988, 99) Es gab aber auch Wunschträume, eine volkspsychologische und semi-professionelle Traumdeutung war verbreitet. Der Angstkomplex wie das Lustverlangen (nach Essen, Freiheit, Familie, Flucht) nährten und erschreckten die Träumenden. In einem Strom von, durchaus real unterlegten (vgl. Botz/Pollak, 12f.), Gerüchten, schwankenden Stimmungen, emotionalen Epidemien gediehen die Tagträume. In ihnen bildeten sich vage und grandiose Befreiungs- oder Rachewünsche, die einen Teil der ziellosen psychischen Energien des Unbewußten aufnahmen. Sie entlasteten und gefährdeten zugleich, indem sie als Zukunft die Vergangenheit nahmen und die Gegenwart übersprangen. Die Wirklichkeit konnte bis zur Nicht-Anwesenheit verschwimmen. Selbst wenn und gerade weil das im Sinne der Lagermanipulation lag, durfte man sich bei Strafe des Untergangs der Realität in der Zeit nicht entziehen.

Der gewaltsame Zusammenbruch des bisherigen Sozial- und Selbstverhältnisses der Häftlinge und die Verweigerung 'reifer' Gratifikationen und Sublimierungen infantilisierte die Häftlinge und trieb sie psychodynamisch in die "verhängnisvolle Regression zu einem trostlosen Kindheitszustand ohne Lehrer und ohne Liebe." (Levi, 1990, 137) Unter dem drakonischen Zugriff (väterlicher) Autorität und dem Verlust jeglicher (mütterlicher) Geborgenheit rekapitulierten sie auf traumatische Weise eine frühkindliche Konstellation und konnten in einen masochistisch-narzißtischen Kindheitszustand zurückfallen. Der Gestaltungskompetenz über alle Aspekte ihres Lebens enthoben (vgl. Cohen, 173f.),

mochten sie sich mit der "mächtigen Figur des fiktiven SS-Mannes" (Bettelheim) oder Häftlingsfunktionärs zu identifizieren. Was sie ohnmächtig durch
dessen Übergriffe verloren, trachteten sie in der phantasierten Allmacht der
Identifikation mit dem Aggressor zurückzugewinnen. Die Unterwerfung unter
die Macht ging mit projektiver Anlehnung an sie bis zur Ausleihe ihrer Insignien einher. Nach Bettelheim (1943) handelt es sich um ein Zwangsverhältnis
zu einem dominanten Vater, der die Reinlichkeit des 'Kindes' nötig macht und
erzwingt, sie duzt und in den Horizont der Gegenwart bannt, in der sie realitäts-
fern reden und handeln und zu dauerhaften Objektbeziehungen unfähig sind.
Der Regressionszwang funktionierte kraft Abhängigkeit vom brutalen Herrn,
setzte Beschmutzungsverbote ab und sexuelle Impotenz fest.

Die Regression demütigte nicht nur, sie entlastete auch von der Verantwortung
für das eigene Leben, das durch Unterwerfung gerettet zu werden versuchte.
Zweifellos war sie eine immanent triftige Reaktionsform auf das Lagerleben.
Der erzwungene Zusammenbruch kultureller Barrieren bezüglich Nahrungsaufnahme und Defäkation unter einem "whole arsenal of oral- and anal-sadistic
techniques" (Bluhm, näher ausgeführt 15ff.) kann wohl kaum bestritten werden und ist ebensooft bezeugt wie die erwähnte Infantilisierung. Gleichwohl
stößt die Annahme derselben neben Zustimmung (Langbein, 1987) auch auf
Kritik und Ablehnung (vgl. Guterman). Des Pres bezieht diese über die Infan-
tilisierungsthese hinaus (151ff.) auf das psychoanalytische Verfahren überhaupt
(155ff.), da er von einem survival-Ansatz im Stile des élan vital ausgeht. Pawelczynska (xxviii) hält jenes am Normalfall gewonnene Verfahren nicht für
das Konzentrationslager, das einen Sprung aus der Zivilisation darstelle, angemessen. Der Einwand Luchterhands (246 ff.) schließlich ist vor allem methodi-
scher Art: Bettelheim habe nur die frühen Lager in seine Untersuchung einbezogen, seine Verallgemeinerung träfe nicht aufs Lagerwesen insgesamt zu. Es
wird auch zwischen Identifikation, den "archaischen Mechanismen der Imitati-
on" (Löwenthal) und zweckmäßiger, oft nur äußerlicher, Anpassung zu unterscheiden sein.

Mit Sicherheit gab es auch andere psychische Mechanismen in Reaktion auf
das Lagerleben, deren Ausbildung übrigens durch die herrschende flagrante
Ungewißheit eher erschwert wurde. Auch die antiregressiven Kräfte moralischer und humanistischer Art sind einzubeziehen, obwohl man schwerlich behaupten kann, daß "only weak egos receded to dark animalistic stages." (Bluhm,
30) Auf jeden Fall führte die Regression durch die Ohnmacht der Wut (vgl.
Lundholm, 19), die Attraktion der absoluten Macht und den Aggressionstransfer auf sie zur Assimilierung des Ichs an die aufgezwungenen Bedingungen
und entwaffneten die Gefangenen auch innerlich. Die allgemeinste Erschei-

nung der Selbstschwächung war die "decisional inertia which was induced and actively fostered by the camp authorities." (Schmolling, 111) Zu diesem Komplex ist auch eine spezifisch jüdische Falle zu zählen. Der zweitausendjährige, immer auch wirkliche Mythos der Verfolgung und Errettung (vgl. Donat, 101) trug dazu bei, daß die Juden in der "Zwangsjacke ihrer Geschichte" (Hilberg, 1982, 709) sich den Wahnwitz des Holocaust nicht vorstellen konnten und ihm vermittels geschichtsgenährtem Fatalismus und Hoffnung umso leichter verfielen. Einen anderen Aspekt, der sich aus der Ghetto- und Unterdrückungsgeschichte ableitet, finden wir in Gestalt von Resignation und Selbsthaß (vgl. Lessing), der bis zur Identifikation mit dem Antisemiten (vgl. Cohen, 188, 193), dem Aggressor also, reichen konnte. Daraus, so wird gefolgert, seien unbewußte Schuldgefühle und Tendenzen der Selbstbestrafung entstanden. Hierzu gab es reichlich Gegentendenzen auf politischer wie persönlicher Ebene. Auch für andere Gruppen von Häftlingen galten je besondere innere Entwaffnungsformen infolge nationaler, religiöser u.a. Beweggründe.

Das Lager polarisierte Psyche und Verhalten seiner Insassen. Unter dem Druck des Gewaltmonopols der SS zersetzten sich die gewohnte Konturen und Gehalte der Person. Wenn es auch mannigfache Beispiele positiver Emotionen und Moral gab, etwa der Solidarität und Hilfe, aber auch des bloßen Durchstehens - einer ungeheuren Tat -, das Bild bestimmen sie nicht. Vielmehr herrschten die gewollten Tendenzen des Verfalls, der Überlebenskonkurrenz und der Verhärtung vor; in sie fielen die menschlichen Strebungen auseinander. Das verzerrte Sozial- und Wertsystem setzte auch auf Häftlingsseite latente masochistische wie sadistische Potenzen frei, die im gewöhnlichen zivilisierten Leben balanciert oder verdeckt sind. Der Abgrund menschlichen Seelenlebens kam in grelles Licht, in der extremen Grenzsituation äußerten sich Altruismus und Egoismus unverblümt und als krasse Gegensätze (nehmen wir als eklatante Beispiele das Verhalten des Paters Kolbe oder der Mala Zimetbaum in Auschwitz einerseits, das des gelegentlichen gnadenlosen Ringens gegeneinander um die letzte Luft in der Gaskammer andererseits). Aber sie mischten sich auch in den Personen und Situationen. Kraft der beschriebenen psychischen Prozesse war der Grat zwischen Tätern und Opfern so deutlich wie schmal, jedoch keineswegs, wie Kogon (379) angibt, "das Verhältnis der Häftlinge zu ihren Unterdrückern psychologisch unkompliziert." Hingegen zeigt die Analyse die tiefe Ambivalenz des Häftlings gegenüber der absoluten Macht, im Milieu des Terrors die Zerrissenheit seiner Impulse zwischen "schmählicher Verehrung" (Amery) des Aggressors und der Identität als (widerständiges) Opfer. "Les bourreaux, les victimes, les témoins sont difficilement identifiables et les rôles sont interchangeables. Entre les persécutés et les persécuteurs existent des relations objetales qui ne peuvent être compromises que par l'analyse." (Cormier, 273) Zwischen den Polen spannte sich der verachtete Mensch, dessen Leiden zufügende und Leiden hinnehmende Anteile in disparatem sozialen und psychischen Gemenge auftraten. Unter diesen Voraussetzungen begann die Reintegration der Person im Lager.

9. Die Kraft des Lebens. Rettung und Kampf

Noch ohne Zutun veränderte sich die Sichtweise. Die Vor- und Außenwelt versank. Angesichts des allgemeinen Schicksals verschaffte wenigstens das erspart Gebliebene einen besseren Platz auf der "Stufenleiter des relativen Glücks" (Frankl, 78). Da es Sicherheit außer auf wenigen privilegierten Posten nicht gab, kam es hoch, am Ende des Tages noch zu leben und der Anarchie des Zufalls entronnen zu sein. Jeglicher noch so geringste Dreh in den Lebensbedingungen konnte entscheidend sein, z. B. der Platz im Block oder in der Schlange, ein Stück Bindfaden, um die Schuhe zuzuschnüren, ein 'guter' Diensthabender, das Dicke in der Suppe. Dieser "differential focus on the good" (Dimsdale, 407) war so stark, daß er bisweilen die Todesnähe überwand.

In der extremen Situation des Konzentrationslagers konnte eine bloß passive Überlebenshoffnung nicht genügen. Über Verzweiflung und Selbstmitleid hinaus hatte man sich festzukrallen und eine primäre Position gegen das Zugemutete zu beziehen, wenn man überleben wollte. Aus der Falle der dem Leben und der Würde feindlichen Macht entkam man nur durch Handeln und einen Wandel des Selbst. Bis zu einem gewissen Grad mag dieser vom Todes-'Sinn' und vom Geist ausgegangen sein. (vgl. Frankl, 1961, 757) Das Leben selbst und seine Bedeutung stand in Frage; hier konnte keiner ausweichen. Der moralische Kampf gegen die entartete Gewalt beruhte auf der grundlegenden Entscheidung, zu vegetieren und zu sterben oder ums Überstehen zu kämpfen. Die Widerstandslosen und Gefügigen erwartete der sichere Tod; zu ihm war verurteilt, wer die bittere und harte Überlebenskonkurrenz ausschlug. Die Widerständigen versuchten mit aller Kraft, einen unverletzten, autonomen und unberührbaren Kern zu bewahren. Die Alternative bestand in der offenkundigen Zersetzung all dessen, was die Person ausmachte, und ihrem unvermeidlichen Debakel. Die aufgeherrschte Logik nicht anzunehmen, bildete den Ausgangsakt der Gegenwehr. (vgl. Jagoda u.a., Überleben, 91) ".... und so war Durchhalten, Durchhalten bis zum Ende der einzige Wunsch, die einzige Möglichkeit, über den Feind zu triumphieren, die einzige Möglichkeit, die er uns ließ, ihn zu bekämpfen: Durchhalten hieß, daß wir uns unversehrt bewahrten, daß wir uns erhielten - und nicht andere würden, die durch Zugeständnisse, Verrätereien, Entmutigungen zerschlagen, entwaffnet und geschwächt wären." (Rovan, 10) Sich durch das terroristische und korrumpierende System nicht vereinnahmen zu lassen, darin lag die erste und wichtigste Protestation der Opfer, ihr Motiv und ihr Ziel. "Den Auftrieb zu unserem Kampf bezogen wir aus dem wahnsinnigen und an uns selbst gestellten Anspruch, bis zum Ende Menschen zu bleiben." (Antelme, 11) Vermutlich war dieser Beweggrund in letzter Instanz noch weniger auseinanderlegbar wie die Kräfte, die ihn auf den Plan riefen. In der Selbst(wert)rettung durch Überleben und Widerstand betätigte sich die Person in ihrem Grund, auf menschliche Hilfe angewiesen zu sein und sie geben zu können, als humanes individuelles und soziales Wesen. Sie war bestrebt, "unter den unmenschlichen Bedingungen des Lagers die Menschlichkeit im weiteren Sinne dieses Wortes, d.h. humanitäre Werte, Würde, Freundlichkeit, Opferbereitschaft zu bewahren, die zivilisierten Gewohnheiten und die intellektuelle Distanz zum Alp des Lagers nicht zu verlieren. Die Menschenwürde des zu unmenschlichem Vegetieren verurteilten Häftlings nötigte den Unterdrückern oft Respekt ab und hielt sie zuweilen von Handlungen ab, die tragische Folgen für die Häftlinge gehabt hätten; gerade diese Menschenwürde rettete, ohne eine Garantie für das eigene Überleben zu bieten, anderen das Leben; sie schränkte die Rolle von Unwägbarkeit und Zufall ein." (Jagoda u.a., Überleben, 19) In den Häftlingsberichten erscheint die Entscheidung zu einer aktiv und positiv definierten Handlungsfreiheit häufig als Wende- und Angelpunkt des Überlebens. Das Erwachen vom Alptraum zum Leben (im Lager) konnte viele Facetten und Formen haben. Leugnung und Tagträume bewirkten auch eine subversive Derealisierung des Schreckens. Die Hoffnung war nichts weniger als 'irre' und doch: "Ein Lichtblick genügt und schon sind wir perfekte Optimisten. Ist es Lebenswille oder Naivität?" (Mannheimer, 119) Das Gebäude der Moral, des Intellektes und des Handelns beruhte letztlich auf einem schier mythischen Lebenswillen oder magischen Lebenstalent. Das "Vertrauen in den eigenen Glücksstern" (Jagoda, a.a.O.,26) wirkte als Antidepressivum, Streßprotektor und Leitlinie - immer vorausgesetzt, Bedingungen und Gunst waren danach. Wer intakt bleiben wollte, ging früher oder später unter. Wer sich mehr oder minder (taktisch und/oder persönlich) anpaßte, hatte eine Chance zu überleben. Die Person durchlief einen Zyklus des Niedergangs und der Erneuerung, ja des Todes und der Wiederauferstehung. Danach war sie nie mehr die gleiche, unwiderruflich. Sie trug den Stempel des Lagers und hatte sich vom Unerträglichen durch ein neues Verhalten, das aus Selbstinteresse, Anstand und Fürsorge bestand, separiert. Außer den erwähnten Gründen bewogen sie Tagträume von Erlösung und Rache, Mitteilungswünsche an die Lebenden, in ihrem und der Toten Mandat für die Außen- und Nachwelt das erlittene Geschehen zu bezeugen. Daß diese Psychodynamik unter den Bedingungen des Konzentrationslagers überhaupt 'erfolgreich ' sein konnte, gehört zu seinen Wundern. Indem der Lagerinsasse sich repersonalisierte, vom Niemand wieder zum Jemand wurde, stellte er sich auf den Boden der neuen Realität. "The dialectic relation between alienation and commitment is seen as the negation of the negation through the correct reading of the situation." (Lustigman, 437) Nach ihrer Verwandlung konnte die Person am Lagerleben teilnehmen und dies überschreiten. Das Begreifen des situativen Kontexts und des organisatorischen Lagergehalts ermöglichte erst das Unterlaufen beider. Das Selbst konnte bestehen und sich in einer Art Leben 'unter Deck' erweitern und damit der Tendenz nach die Bestimmung des Lagers negieren. Das durchkreuzte die Absicht der SS, in deren Augen Überleben und Widerstand bestenfalls den Tod hinauszögerten, wenn sie ihn nicht umgekehrt gar beschleunigten.

Unter der Kommandobrücke lief ein verlustreicher und zäher Kampf der Lagerinsassen für eine minimale Gegenwelt. "Even the most cruel, most antihuman and most reactionary regime, applying the most drastic methods, cannot succeed in depriving men of their humanity, in breaking down their moral completely and preventing social functioning." (Radil-Weiss, 269) In Wahrheit war das anscheinend monolithische KZ-System nicht nur von (den oben dargestellten) politischen, sozialen und psychologischen Widersprüchen gekennzeichnet, sondern auch von den Häftlingen vielfältig untertunnelt. Gerade die osmotischen Querverbindungen im Lagerkosmos, die andererseits dem Terror behilflich waren, ermöglichten das, etwa über die Häftlingsfunktionäre. Ohne Klüfte, Verstecke, Anhaltspunkte und Haarrisse hätte keiner überlebt. Ein Gewebe von Hilfe und Mut bildete ein - begrenztes - Auffangnetz. Diese subkutane Welt der Oppositionskultur im Konzentrationslager hat bisher wenig wissenschaftliche Würdigung gefunden, obgleich ihre Bedeutung in den Berichten ebenso stereotyp auftaucht wie ihr Gegenstück, der Anprall des Lagerterrors. Sie besaß ein widerständiges sozialmoralisches Mikroklima, das die Person barg, bis in die offizielle Ebene reichte und weitergehende konkrete Widerstandsaktionen grundierte. Emotional, intellektuell, musisch und religiös wehrte es der Demoralisierung, befriedigte materiellpraktische und spirituelle Bedürfnisse, soweit das überhaupt möglich war. "Amongst the prisoners in Auschwitz and its subcamps there took place secret religious services, cultural activities, lectures and various attempts at teaching and learning .... They were not organized on any permanent basis and do not constitute an underground movement in the full sense of the word. They were, of course, a demonstration of protest at the iron ring which the SS had tightened around the prisoners; they were a sign of rebel-

lion against the system whose aim was to stupefy and destroy." (Garlinski, 6)
Neben dem religiösen (vgl. Caplan) ließ sich auch das kulturelle (Er)Leben
nicht unterdrücken. Es diente als erleichternder Selbstausdruck, kommunikati-
ves Mittel und Zeugnis zugleich und entfaltete eine enorme Produktivität
(Literatur,Bilder, Plastik, Theater und Lieder). Diese sind heute oft schwer zu
verstehen und zu würdigen, weil in ihnen der Stoff der erlebten Lagerrealität
die Form ganz ausfüllt und die Zeichen eine keineswegs nur immer ernste Dichte
bekommen, die nur die Nähe zu Gewalt und Tod verlieh. Sie verfolgten ein
"threefold aim: to preserve beauty as an expression of the love of life and a contri-
bution to the will to survive, to point an accusing finger at evil and to stimulate
resistance and the will to fight." (Dunin-Wasowicz, 298; vgl. auch 304, 346f.)
Allerdings bediente sich auch die SS der kulturellen Kreativität der Insassen, um
sie zu befrieden oder zu verhöhnen - man denke nur an die Rolle der Lagermusik
beim Aus- und Rückmarsch, bei Bestrafungen und "Sonderaktionen".
Ein Rest menschlicher Freiheit blieb, und sei es auch nur der personal-sinnhaf-
ten Integration des Leidens. Wer geistig und menschlich fiel, verfiel der Lagerwelt. Nach Bettelheim (1943) bedurfte es der Bewahrung des Selbstrespekts
durch weiter bedeutsame Arbeit und damit des Ichs sowie der Eingrenzung der
Demütigung auf das Selbst als Objekt, nicht als Subjekt, weiter der Trennung
von Verhalten und Werten innerhalb von denen außerhalb des Lagers. Dies
ermöglichte den Individuen, unabhängig, reif zu sein und sich auf sich selbst zu
verlassen. Er entwickelte die "Hypothese, daß einerseits eine integrierte Persönlichkeit und starke innere Überzeugungen, die ihre Kraft aus befriedigenden
Beziehungen zu Mitmenschen ziehen, der beste Schutz gegen unterdrückenden
Zwang sind, und daß andererseits auch die geistige Bewältigung der Ereignisse
eine wichtige Abwehrwaffe darstellt." (1989, 117) Dies unterstütze den Kampf
der Lebenstriebe gegen die Todesangst. (vgl. ders., 1985, 17) Erst das mündig
gebliebene Individuum sei gruppenfähig und -wichtig. Dieses Konzept trägt
die Handschrift des Berufsstands Bettelheims und seiner eigenen Erfahrung im
KZ, doch ist es nicht verallgemeinbar, insbesondere weil es nötige Voraussetzungen einer solchen Haltung außer Acht läßt. Des Pres kritisiert es als übersteigerten Begriff von heldischer Selbstbestimmung und Individualität. "En
mettant l'accent sur la rigueur morale, seul moyen selon lui de maintenir
l'intégrité de la personnalité, Bettelheim semble décrire principalement les
moyens de résistance et de survie qui sont les siens et ceux de sa catégorie
d'internés, les intellectuels internés pour des raisons politiques." (Botz/Pollak,
26) Hingegen spräche viel für die "hypothèse qu'il y avait de savoir-faire et des
connaissances plus ou moins fonctionnels pour la survie dans le contexte d'un
camp de concentration." (27)

121

Das Überlebens- und Widerstandspotential dürfte sich erst im Schnittpunkt von Lagerbedingungen, Persönlichkeit, sozialen Beziehungen und Funktionen sowie Erfahrung erschließen. Die moralische und ideologische Kraft spielte hierbei eine große Rolle. Sie erlaubte vor allem die Transzendenz der Zeit, des Todes, der Gewalt und der körperlichen Entbehrungen. Die "Trotzmacht des Geistes" (Frankl, 1961, 751) half dem Gepeinigten, sich außer ihm und der Situation auf ein Drittes zu beziehen. " Es hatte überhaupt keine Bedeutung, welchem Glauben sie anhingen, ob er religiöser oder politischer Natur war. Katholische Priester oder reformierte Geistliche, Rabbiner der verschiedenen orthodoxen Richtungen, militante Zionisten, naive oder differenzierte Marxisten, Zeugen Jehovas - alle waren miteinander verbunden durch die rettende Kraft ihres Glaubens. Ihr Universum war größer als das unsere, weiter gespannt in Raum und Zeit und vor allem verständlicher. Sie besaßen einen Schlüssel und einen Halt, ein tausendjähriges Morgen, für das es einen Sinn haben konnte, sich zu opfern, einen Platz im Himmel oder auf der Erde, wo die Gerechtigkeit und die Barmherzigkeit gesiegt hatten oder in einer vielleicht fernen, aber gewissen Zukunft den Sieg erringen würden: Moskau oder das himmlische oder das irdische Jerusalem. Ihr Hunger war von anderer Art als der unsere; er war eine göttliche Strafe, eine Sühne, eine Votivgabe oder das Resultat der kapitalistischen Verderbtheit. Der Schmerz, den sie selbst empfanden und bei anderen sahen, war entzifferbar und mündete daher nicht in die Verzweiflung. Sie sahen uns mitleidsvoll an, manchmal auch voll Verachtung." (Levi, 1990, 149) Transzendierende und handlungsleitende Ideologien wie Christentum und Kommunismus schützten die Person gegen den traumatisierenden Erfahrungsbruch, indem sie eine realitätshaltige Gegneransprache leisteten und zugleich den Gläubigen an ein rettungsverheißendes überpersönliches Kontinuum anschlossen. Dergestalt verbanden sie Derealisierung mit Wirklichkeitsnähe und Hoffnung. Sollten sie wirksam sein, durften sie nicht in Frage gestellt werden. Das war besonders für den religiös Gläubigen schwer, der angesichts des Grauens, das seinen Geschöpfen widerfuhr, den göttlichen Schöpfer anklagte und sich aufgab, weil er Boden und Existenzgrund verloren hatte. (vgl. Wiesel, 94ff., 107) Szlengel schmähte in bitteren Worten Gott, der sein Volk im Stich gelassen hatte, was in der liturgischen Tradition des Judentums selbst verankert war. "Today You will face our judgment/And humbly await our verdict." (It's High Time, in: Aaron, 86f.) Auch Kommunisten wurden in ihrer Weltanschauung erschüttert, konnten abfallen und sich dem Lagerregime eingliedern. Vielleicht tun wir besser daran, den genannten geistig-moralischen Faktor des Widerstands als eine seiner Bedingungsformen zu nehmen. Wem es gelang, wenigstens einen Teil seiner inneren und äußeren Umgebung zu meistern, der hatte bessere Chancen. Dazu bedurfte es verwertbarer Fähigkeiten aus der Freiheit wie handwerklicher oder sprachlicher, körperlicher Ausdauer und Anpassungsleistung, eines relativ erträglichen materiellen und sozialen Lagers, günstiger Kräftezusammensetzung in demselben und 'guter' Arbeits- und Blockbedingungen. Der Häftling mußte mindestens einige dieser Faktoren auf sich vereinen, was infolge der sehr ungleichen Behandlung der verschiedenen Gruppen von Lagerinsassen nur bedingt in seiner Macht lag. Zu den lebensstärkenden Beziehungen gehörten weiter das Verhältnis zwischen inner- und außerkonzentrationären Faktoren sowie die Assoziation im Lager. Zumindest ideell setzten sich die widerständigen Häftlinge in engen Bezug zu den Bewegungen gegen die NS-Herrschaft im okkupierten Europa und in der Welt. Sie erfuhren auch materielle Hilfe von der Außenwelt (Pakete, Schmuggelware) und traten in engen Nachrichten- und Informationsaustausch mit ihr. Das traf vor allem für Polen zu, während es in Deutschland diesbezüglich trübe aussah. Der Wunsch, die Greuel außerhalb des Lagers bekannt zu machen, beflügelte das Widerstehen. Er ging auch in Erfüllung - nur stießen die Botschaften in der Regel auf offenen oder geheuchelten Unglauben. (vgl. Langbein, 1980, 268, 271) Umgekehrt verfolgte man im Lager mit Unruhe und Hoffnung das Näherrücken der Front, dem es dann meist seine Befreiung verdanken sollte. Derweilen war im Lager das Überleben des einzelnen an seine sozialen Kontakte und Beziehungen gebunden. Ohne sie war man verloren. (vgl. Lundholm, 13) Das galt sowohl für lebenswichtige Nachrichten wie für die emotionale und moralische Hilfe. "The pair was the basic unit of survival." (Luchterhand, 245) Die Beziehung war auch erzwungenermaßen oft eng und warm bis zur Symbiose. Der Zufall gab den Anstoß, verschiedenartige Affinität den Ausschlag. Fest geknüpft, bot sie ein hohes Maß an gegenseitiger Hingabe, Hilfe und Anteilnahme. Darüber ermöglichten vor allem unter Frauen familienähnliche Gruppen (vgl. Shelley) sozial und gefühlsmäßig stützende neue Objektbeziehungen, nicht selten mit scharfer Abgrenzung nach außen verbunden. Die kleinen Gemeinschaften stellten den Kern eines Überlebensbündnisses dar. Z. B. "das gemeinsame Kochen stiftete die stärkste Bindung im Lager, tiefer als die zerrissene Familie, als die zerbrochene Freundschaft, als der Glaube, der nicht immer über die dunklen Regungen des Hungers obsiegt." (Rovan, 138) Sie waren Damm, Mauer und Insel der Solidarität und Egalität im Meer des Grauens, versprachen Nahrung, Sicherheit und Information, schufen kollektive Bande und halfen so der persönlichen Identität auf. "Group bonding experiences in the concentration camp mitigated both the individuel and collective trauma processes. The group could prevent regression to complete apathetic surrender to death and help to maintain hope and the motivation to continue the struggle to live. It promoted the psychological survival of the victims by preserving human awareness and a sense of self, despite the dehumanization and amorality." (Davidson, 41)

Zu den inneren Widerstandsmechanismen zählte das - wenn auch oft ritualisierte - Festhalten an Relikten der Zivilisation sowie der Faktoren und Formen früheren Lebens. Im Gegensatz zur üblichen Annahme, wie sie auch oben bei der Diskussion der Moral anklang, waren geistige Widerstandskraft und körperliche Ausdauer eng miteinander verknüpft. Das hieß, sich nicht gehen zu lassen, Anstand zu bewahren und Körperpflege zu betreiben. Die (aufgeherrschte) körperliche Beschmutzung und Verwahrlosung traf auch die Seele; umgekehrt bedeutete die Obacht auf Gang, Körper und Erscheinung auch ein Signal der moralischen Vitalität gegen die Unterdrücker und des Wohlwollens gegen sich selbst. Wie wenig und wie schwer das möglich war, steht auf einem anderen Blatt. Sozialpsychologische widerständige Bildungen konnten auch bis zum "Doppelleben" führen, "einer Art kontrollierter Schizophrenie". (Unger, 288) In der Psyche des Häftlings lagen die Energien des Angreifers und die des Opfers eng beieinander (vgl. Lustigman, 429). Von Glaube und Hoffnung, Wut und Leugnung sowie Humor war bereits die Rede. Ausgehend von einem primären Lebenswillen vermochten Intuition, Schläue, Wachsamkeit und Beweglichkeit dem Widerständigen zu helfen, die KZ-Gesetze zu unterlaufen, ohne deren Geltung und Kontext grundlegend ändern zu können oder zu wollen. Wenn er auf dieser Basis initiativ wurde und über gute Paar- und Gruppenbeziehungen verfügte, konnte er Ressourcen anzapfen und Sozialkapital bilden, die seine Überlebenschancen beträchtlich erhöhten. Alles hing von Wissen, interner und externer Kraft sowie angemessener (Re)Aktion ab. Maximal jeder zehnte Häftling hatte dieses Glück, die deutschen politischen und die sowjetischen Gefangenen in besonderem Maß. (Dunin-Wasowicz, 369f., 374f.) Als besonders widerstandsfähiges Alter galt das zwischen 18 und 40 Jahren, als ausschlaggebend persönlich-politische Homogenität und gemeinsame Sicht.

Die beschriebenen moralischen, praktischen, sozialen und charakterlichen Merkmale von Lagerinsassen, die sich mit dem ihnen zugedachten Geschick nicht abfinden wollten, bildeten die Grundausstattung des Überlebens und Widerstands im Konzentrationslager, die je nach Person und vor allem Kategorien ungleich verteilt war. In der Erlebniswelt traten sie natürlich im Gemenge mit Scheitern, Stillstand und Verzweiflung auf. "Es liegt etwas Ergreifendes in dem Bemühen des Menschen, der unter total abnormen Bedingungen lebt, die Illusion einer normalen Existenz aufrecht zu erhalten. Bemühungen, 'trotzdem zu leben', um sein Selbst zu bewahren, dem Stumpfsinn zu entkommen und sich die Menschenwürde zu erhalten. Unser Leben ist hier von all dem mehr oder weniger stark geprägt, und manchmal, nur für Augenblicke, entwickelt sich daraus ein Gefühl erhebender Größe; oder eine unendliche Traurigkeit, wenn man spürt, daß alle Anstrengungen vergeblich sind und der Ausweg in sehr weiter Ferne liegt." (Haulot, 172)

Die Liste der konkreten Formen und Taktiken des Widerstands im engeren Sinn, der in die bisher entwickelten weiteren Konturen eingebettet war, ist lang und vielgestaltig. Hier sind sie nicht im einzelnen vorzustellen, sondern in ihrer Spannbreite und Problematik zu diskutieren. Der Tod und das egoistische Ergattern von Privilegien bildeten die Extreme des Widerstands, insofern jene, die sich ihrer bedienten, gleiches im Sinn hatten, nämlich eine Besserung ihres Loses, die Szene aber in verschiedener Richtung verließen. In der Tat machte der Tod die Person frei und entzog sie dem Lagerregime. Als freiwilliger kam er indes weit seltener vor, als gemeinhin angenommen wird, möglicherweise im Verhältnis weniger als in der Normalbevölkerung. (vgl. Bloch, E. Cohen, Ryn 1986) Der Versuch, durch Aufstieg zu überleben, entfernte die Betreffenden auf andere Weise aus der Häftlingswelt, nämlich ins Zwielicht des Lagerfunktionärs. Ihn konnte man wagen oder ausschlagen und riskierte in jedem Fall Integrität und/oder Existenz. Ohne Mimikry ging es nicht. Sie umschloß die divergierenden und die sich überlappenden Funktionen des Unteroffizieres und des Partisanen, der Rettung und der Mitarbeit in der Todesmaschine. Taktik und Adaptation waren nur durch eine dünne Grenze getrennt. Anders gewendet, bildeten eine Art Frostschlaf und Totstell-Reflex ein nonverbales, instinktives Schutzgitter, animalischem Unterwerfungsverhalten gegenüber dem Angreifer ähnlich und wie bei diesem gelegentlich zu dessen Verhaltensumschwung führend. Spontane, unbezähmte Wut, das Herausbringen der Wahrheit konnte bisweilen ungeahndet bleiben, den namenlosen Häftling zum Held gegen den Henker werden lassen. (vgl. Adler, 261f.) Es galt, die prekäre und fragile "rechte Mitte zwischen Unterwürfigkeit und Überlegenheit (zu) finden." (Kautsky) In der Regel wirkte sich die strikte Konformität mit dem herrschenden Kode nicht minder bedrohlich aus als die Abweichung, nur anders. Wer sich nicht nach Kräften und Geschick der allgemeinen Korruption und des damit verknüpften florierenden Tauschhandels bediente, begab sich eines lagertypischen Königsweges, um sich Notwendiges und (relativ) Luxuriöses anzueignen. "Organisieren", Schmuggel und Schwarzmarkt hießen die Schleichpfade in der Lagergesellschaft und -ökonomie. Mit ihrer Hilfe erst war die unumgängliche Bestechung von Häftlingsfunktionären oder der SS möglich.

Eine Ebene weiter im Widerstand standen 'sanfte' Formen wie Aktivitäten kultureller Selbstbehauptung und härtere wie Listenmanipulationen. Der Kampf gegen Spitzel und V-Leute der SS ging bis zu deren Hinrichtung, u.a. mit typhusinfizierten Läusen, die in Einzelfällen mit Erfolg auch auf SS-Leute angesetzt wurden. Als sehr wirksames Mittel der Aggression gegen das KZ erwies sich der passive Widerstand in Gestalt von Langsamarbeit (Symbol: Schildkröte) und Sabotage, vor allem mit der Zunahme der Zwangsarbeit ab 1942 und inbesondere von russischen Häftlingen praktiziert (vgl. Dieckmann, Langbein, 1980). Die Solidargruppe und Besitz bildeten den sozialen Ausgangspunkt des Widerstands. Sein bekanntestes und strategisch wohl auch entscheidendstes Feld lag indes im Bereich der Macht, nämlich in den Positionen und Institutionen der Lagerverwaltung. Hier konnten Hilfsmaterialien und Informationen gesammelt, Aktionen beeinflußt, Verbindungen zwischen den verschiedenen Lagerabteilungen und mit draußen (vgl. Langbein, 1980, 361ff.) geknüpft, rebellische Projekte entworfen und geplant werden. Ohne den oben skizzierten Unterbau wären sie allerdings ebenso wenig möglich gewesen wie ohne die Bildung von meist internationalen politischen und militärischen Widerstandskomitees, etwa der "Kampfgruppe Auschwitz". Im Dreieck von roten und grünen Häftlingen sowie verschiedenen Chargen der SS tobte ein wechselhafter und erbitterter Kampf um die Stellenbesetzung, dessen Ausgang für die Aspiranten und die Häftlinge insgesamt von großer Bedeutung war. So unterschieden sich etwa Buchenwald von Mauthausen, Auschwitz oder Flossenbürg im allgemeinen Charakter und bis in Details u.a. dadurch voneinander, wie sehr es den Roten gelang, zentrale Posten in die Hand zu bekommen. Die Häftlings'selbst'verwaltung verlor freilich auch dann nicht ihren Doppelcharakter als Herrschafts- und als Widerstandsinstrument, wie denn ihre Beurteilung je nach politischer Sympathie und Einbezogenheit bzw. Betroffenheit schwankt(e). (vgl. Garlinski, der den polnischen Widerstand in Auschwitz heraushebt und Halivni, die ihn für das Scheitern der Revolte von Birkenau verantwortlich macht; oder die Publikation der Lagergemeinschaft Buchenwald-Dora, die den kommunistischen Widerstand preist, und Weber, der ihn schmäht.) Aus der Perspektive der Stelleninhaber, von denen relativ viele überlebten und berichteten, sah die Sache anders aus als aus jener des gemeinen Häftlings, der in die Machenschaften nicht eingeweiht war. Die Lager- und Arbeitsposten stellten Brückenköpfe im herrschenden Apparat dar, mit deren Hilfe Lagerreglement und -struktur unterlaufen werden konnten. Es war ein verzweigtes und wandelbares Schützengrabensystem, in dem sich Komplizität und Solidarität durchdrangen und verschoben. Aus seinen Schlupflöchern und Unterständen heraus konnte ins Lagergeschehen interveniert und ein Intrigennetz bis in die SS hinein ausgeworfen werden. Besonders begehrte Schlüsselstellungen bekleideten die Magazinverwalter, die Ältesten und Kapos, Schreiber im Block und im Arbeitseinsatz sowie das Revierpersonal. Sich darin zu bewähren, verlangte ein Höchstmaß an

126

Struktur- und Personenwissen, Umsicht und Mut beim kontrollierten Norm-bruch, zumal dann, wenn es nicht nur um die eigene Rettung gehen sollte und man sich außerdem beständig rivalisierenden Fraktionen und Personen sowie dem mißtrauischen Herrschaftskalkül der SS ausgesetzt sah. Diese mischte ihr sekundäres Personal immer wieder auf und wollte die Kontrolle nicht aus der Hand geben.

Am eklatantesten äußerte sich der Widerstand im Konzentrationslager in Fluch-ten, anderen Einzelaktionen und in Aufständen. Sie setzten das dargelegte sozio-psychische Geflecht voraus und krönten es mit der Freiheit. Sporadische Ver-suche von Revolten und Einzel- oder Massenflucht gab es bereits beim Trans-port, beim Ausladen oder beim 'Zuführen' ins KZ, etwa von Juden im Auskle-deraum des Krematoriums von Birkenau (vgl. Steinberg; F. Müller, 118-126); ebendort erschoß auch eine Frau einen SS-Mann und verwundete mehrere an-dere mit dessen Waffe. (vgl. Czech; F. Müller, 138-141) Aus dem Lager gelan-gen trotz schwerer Bewachung immer wieder Fluchten, die "Waffen der Schwa-chen" (Dunin-Wasowicz, 181). Sie mußten aufs sorgfältigste vorbereitet und unterstützt werden und warfen zahlreiche topographische, logistische und so-zialmoralische Probleme auf. Was passierte dem Flüchtling, wenn er entron-nen war? Was, wenn er ergriffen wurde, und was den Zurückgebliebenen? Die SS sparte nicht an tödlichen Sanktionen gegen beide; die Gefaßten wurden zur Schau gestellt und gemartert, die Mithäftlinge durch Strafappelle, selektive Er-schießungen u.dgl. eingeschüchtert. Gleichwohl soll es zwischen 1933 und 1945 aus den Konzentrationslagern etwa 6.000 Fluchten gegeben haben, von denen knapp zwei Drittel erfolgreich verliefen. (Dunin-Wasowicz, 239) Die Dunkel-ziffer, die abgebrochenen oder schon im Ansatz vereitelten und erst recht die projektierten und phantasierten Ausbrüche beliefen sich auf ein Vielfaches. Sie brachten die Herren über Leben und Tod in Rage, nicht nur weil 'Geheimnis-träger' entwichen waren, sondern weil sie sich dem zugedachten Schicksal zu entwinden wagten. Mit anderen individuellen Aktionen wie Krankmeldung, Manipulation von Transportlisten und Überstellungen sowie Nummern- und Namenstausch mit Toten, den Unterschleif der Schreiberinnen nicht zu verges-sen, bedeuteten die Fluchten einen Kleinkrieg gegen das KZ-System. Das heroi-sche Geschick der Mala Zimetbaum, die floh, ergriffen wurde und ihre Häscher vor den angetretenen Häftlingen desavouierte, ist hierfür ein Symbol. (vgl. Czech; Arnould, 168ff.; Donat, 309ff.)

Zu offenen Aufständen (vgl. B. Baum, Dunin-Wasowicz, Feig, Glazar, Hil-berg, Langbein 1980, Steinberg und Wiernik in umfassender oder partieller Darstellung) kam es vorwiegend in den Todeslagern angesichts einer vollkom-men aussichtslosen Lage, durchgeführt vom 'Stammpersonal', das seine baldige Liquidation zu gewärtigen hatte. Es gab Ausnahmen wie die Meuterei von Juden in Sachsenhausen oder die (angebliche) Rebellion von Jüdinnen in Budy (Auschwitz) 1942. (vgl. Rutkowski) Auch der Massenausbruch sowjetischer Offiziere und Soldaten aus Mauthausen im Februar 1945 mit der anschließenden "Mühlviertler Hasenjagd" stand einzig da. (vgl. Brousek, Le Chene) In Umfang, Radikalität und Erfolg stechen jedoch die Revolten von Treblinka und Sobibor im Sommer bzw. Herbst 1943 hervor. Im ersteren Fall von einem jüdischen Widerstandskomitee geplant, im zweiten vor allem von einem Politkommissar der Roten Armee, lief das Schema, die Befehlsstruktur des Gegners lahmzulegen, Waffen zu erbeuten, die Wachtposten auszuschalten und in Masse auszubrechen, zwar nicht perfekt ab. Aber jeweils Hunderte entkamen und ein paar Dutzend erlebten das Ende des Krieges. Schließlich gehört auch der Aufstand des Sonderkommandos in den Krematorien von Birkenau hierher. Er konnte mit dem immer wieder verzögerten allgemeinen Lageraufstand nicht zusammenfallen, brach vorzeitig aus und endete neben Verlusten der SS mit dem Tod aller Beteiligten.

Von diesem Gipfel des Widerstands allein müßte sich schon die "Schafe zur Schlachtbank"-These relativieren. (vgl. Bettelheim, 1985, 304f.) "Man würde bitter Unrecht tun, wollte man die Häftlinge in solche einteilen, die sich widerstandslos in ihr Schicksal gefügt hatten, ... und in eine von dieser grauen Masse deutlich abgehobene Elite, die ihren Kampf gegen den Nationalsozialismus selbst im KZ fortgesetzt hat. Ob jemand durch die Lageratmosphäre psychisch zerbrochen und physisch zerstört wurde, bevor auch nur die elementarsten Voraussetzungen für aktives Handeln, für ein Aufbäumen gegen die Verwandlung zu einem willenlosen Objekt der Lagerführung geschaffen wurden - also Kennenlernen von Gleichgesinnten, Lagererfahrung, Herauskommen aus der Periode permanenten Hungers, die ein Denken unmöglich macht -, das hing von vielen Komponenten ab, die nur selten vom einzelnen mitbestimmt werden konnten." (Langbein, 1980, 412) Außerdem gab es charakterlich und sozialkulturell unterschiedliche Überlebens- und Widerstandschancen.

In der Literatur wird vielfach ausgeführt, daß die 'einfacheren' Leute besser davon kamen, aber auch nicht alle. "Prisoners from this social stratum (Bauern, G.A.) had very poor physical endurance of hunger, very poor adaptability to camp conditions and to daily terror. Their chances of surviving turned out, in practice, to be considerably less than the chances of persons from the urban working class." (Pawleczynska, 56) Soldaten und Funktionäre der Arbeiterbewegung hatten organisatorische und habituelle Vorteile. Umstritten sind die Intellektuellen. Nach Améry verhinderten Ästhetik und Geist nicht ihre "Dialektik der Selbstzerstörung". Jagoda u.a. (Überleben, 33f.) begründen: "Es ist allgemein bekannt (und Beobachtungen ehemaliger Häftlinge bestätigen dies), daß Menschen, die die Menschenrechte für heilig und unantastbar hielten, besonders Ästheten, Übersensible, Intellektuelle, in einer Treibhausatmosphäre aufgewachsene Menschen, die zum ersten Mal mit grausamen Unrecht, mit menschlicher Erniedrigung und geplanter Demütigung in Berührung kamen, sich innerlich am schwersten mit dem neuen, anormalen Lebensstil im Lager abfinden konnten." Das kann nun freilich auch heißen, daß sie besonders sensibel und von daher widerstandsfähiger waren. Bettelheim, Levi, Antelme und Frankl mögen hierfür als Kronzeugen genügen. Im Widerstand taten sich nicht wenige Intellektuelle hervor, ja führten ihn bisweilen, was bei den Linken durchaus dem Muster der Vorkriegsarbeiterbewegung entsprochen hätte. Offen muß auch die Rolle der Geschlechter bleiben. Eine mindestens latente Diskriminierung der Frauen gegenüber den Männern entlang der angeblichen Gegensätze innen - außen, Sorge - Angriff, Hilfe - Wagnis ist nicht von der Hand zu weisen. "The women's activities", schreibt Garlinski (133), "were very dependent on what was happening in the central camp and the male part of Birkenau." Dem widersprechen nicht nur etwa B. Baum, sondern auch die Fakten: Das Pulver, mit dem das Sonderkommando ein Krematorium in Birkenau sprengte, war von vier Arbeiterinnen aus der Union-Fabrik geschmuggelt worden - sie wurden dafür gehängt. Wenn der Widerstand der Frauen oft anderer Art war, zäher, 'intimer', politisch zurückhaltender, eher kleingruppenorientiert, praktisch und kulturell orientiert, so mag dies ebenso wie oben mit ihrer Stellung in der allgemeinen und Lagergesellschaft zusammenhängen.

Die große psychische, nationale und soziale Diversität der Häftlinge sowie ihre Beziehungslosigkeit an sich zueinander, die nur in Ausnahmefällen die Gruppenbildung für sich zuließ, gehörte sicher zu den Hindernissen des Widerstands. Die Bündnisse, hinter denen Folter und Tod standen, blieben stets schwierig und vom Auseinanderfallen bedroht. Interne Rivalität persönlicher und politischer Art kamen hinzu. Mißtrauen, Eifersucht und Vorurteile wucherten. Die große Schar der Muselmänner schieden ganz, die Prominenten mindestens teilweise aus der Widerstandsszene aus. Gegenstand, Zeit und Ort möglicher Aktionen waren sehr unterschiedlich und riskant festzulegen. Schließlich tat die SS mit Spitzeln, Folter, Kollektivstrafen, ausgeklügelten Kommando-, Block- und Transportzusammenstellungen und permanenten Überstellungen alles, um Schutz, Führung und Märtyrertum unmöglich zu machen und damit den Widerstand auszuheben. So verwundert es nicht, daß es entgegen dem Mythos (bezüglich Buchenwald und - schwächer - Mauthausen) zu keiner Selbstbefreiung eines Konzentrationslagers kam. (vgl. Kautsky, Langbein 1980, Bettelheim 1985, 307ff.), obwohl unter den Bedingungen im Chaos des Kriegsendes, das die Leiden der Häftlinge noch steigerte, die Situation ebenso reif wie drängend wurde. Die Kräfte reichten hierfür nicht aus. Oder soll man nicht umgekehrt sagen, daß sie trotz aller Widrigkeiten stark genug waren, zumindest in wenigen Fällen selbstbefreit den Befreiern entgegenzukommen und gemeinsam mit ihnen das Konzentrationslager aufzuheben? Denn die Häftlinge, die so lange zwischen Tod und Leben geschwebt hatten, waren von der verhaßten Ordnung und der mehrfach gespaltenen Reaktion auf sie derart geprägt, daß sie häufig die plötzliche Freiheit teilnahmslos oder sogar ablehnend erlebten. Das hatte das Konzentrationslager aus ihnen gemacht.

10. Epilog

Der "Archipel SS" lag nicht an der Peripherie des NS-Kontinents, sondern in seinem Zentrum. Vermittels seiner Gewaltmaschine wurde die Bevölkerung drangsaliert und ein Teil von ihr massakriert. In konzentrierter Form stellte er zugleich das Paradigma der herrschenden Gesellschaftsordnung. Wir wissen, daß bei einem für Deutschland siegreichen Verlauf des Krieges an seine gewaltige Ausdehnung gedacht war. Gleich einem Über-Sparta hätte er die Heloten und Barbaren im Machtbereich der germanischen Herrenrasse aufgenommen und verschlungen. "Das Lager ist weiter nichts als die uns zugedachte, unbefristete Existenzart innerhalb des deutschen Sozialgefüges." (Levi, 1988, 125) Instrument und Modell terroristischer Herrschaft wie Beginn und Modell ihrer Expansion, stellte es die Grundlagen überlieferter Zivilisation und Gesellschaft selbst in Frage.
"The hell on earth threw the Western world into a nightmare that shook the foundations of a heritage built on reason. They (die Nationalsozialisten, G.A.) corrupted the rational belief in decency and human progress and perverted a growing faith in science and technology." (Feig, 4) Die Dialektik der Aufklärung entließ ein Monstrum, das den optimistischen Geschichts- und Gesellschaftsentwurf der Moderne zertrümmerte, dem Golem in der Sage des Rabbi Löw gleich. In seinem realen und kognitiven Radius erhellen sich verwandte Erscheinungen anderer Zeiten und Zonen. Die Schuld und Verantwortung dafür reicht weit über die deutschen Grenzen hinaus, sie gründet letztlich in der christlich-abendländischen Kultur ingesamt. "Nous sommes maintenant au coeur même des nos anxiétés et nos angoisses. Ce malaise, qui est le nôtre, réside dans un jugement plus lourd des conséquences que toutes les culpabilités criminelles et politiques, particulières et générales des Allemands et de l'Allemagne. La responsabilité historique du génocide de la race juive par l'Allemagne

hitlérienne doit être partagée par toutes les collectivités coupable sans excepti-
on d'antisémitisme." (Cormier, 259f.)
Mutatis mutandis gilt das auch für andere Objektgruppen der Verfolgung und
Vernichtung, zumal wenn wir den gesamten Phänotyp Lager in Betracht ziehen. Die Versatzstücke des Massenmords in den Lagern wurden in vielen Ländern entdeckt und angewendet. Dem Nationalsozialismus blieb es vorbehalten,
sie zur monströsen Maschinerie zusammenzufügen. Der Tod war "ein Meister
aus Deutschland" (Celan), der sich von den Nachtgewächsen der Geschichte
und der Psyche nährte, historisches Subjekt eines (Irr)Weges, den viele andere
mitbegangen oder -beschwiegen haben, und doch so weit von der Normalität
der bürgerlichen Gesellschaft gar nicht entfernt. "Die Nazis sind Teil unserer
menschlichen Gemeinschaft. Was sie getan haben, ist nicht nur ein Verbrechen
gegen das Menschengeschlecht, sondern ein Verbrechen *des* Menschengeschlechts." (Lustiger, in: Erinnerung..., 28) Wie sehr hat die Hoffnung der Philanthropin Hobhouse angesichts der englischen Lager im Burenland vor fast einem Jahrhundert getrogen, "daß der gesunde Sinn sich gegen die Fortsetzung
dieses grausamen Systems empören wird." (41)
Viele waren beteiligt, aber das Beschweigen ist groß. Mancherorts nimmt es
groteske Formen an wie in Spanien, das gegenwärtig seine Geschichte feiert,
ohne viele Gedanken darauf zu verschwenden, mit welchen Verbrechen sie
vorangeschritten ist und in welchem Bezug diese zum Terror unseres Jahrhunderts stehen. Was die Konzentrationslager angeht, so wußte die Mehrheit der
Deutschen mehr oder minder Bescheid, billigend oder abwehrend, über das,
was sich vor ihren Augen abspielte. Auch den Alliierten ist es nicht verborgen
geblieben, aber die Wirkung dieser (Er)Kenntnis blieb gering. "The stark fact
remains that the Holocaust ultimately rested on the acquiescence of an entire
country, even of an entire continent." (Haas, 385) Zuschauer waren sie alle,
wenn auch in differierender Beteiligung und Stellung zum Epizentrum des Geschehens. So muß mit erheblichen Zweifeln an der offiziösen Version des unbedingten Vorrangs des Krieges weiter gefragt werden, warum die Bombardie-
rung von Konzentrationslagern oder von Verbindungswegen dorthin unterblie-
ben ist. "Militärisch hat die Befreiung eines Konzentrationslagers nie Priorität
gehabt." (Brousek, 123; vgl. ausführlicher Lichtenstein, Wyman) Gab es auch
da eine verborgene Kollusion?
Es wird tiefer zu bohren sein. Die Konzentrationslager sind kein Brand in einer
Randsteppe der Geschichte, sondern ein Menetekel der Zivilisation. Sie und ihr
Umkreis richten die furchbare Drohung auf, daß "the capacity for savage and
unlimited aggression is never far beneath the surface and stands ready to burst
out at any moment on the slightest provocation." (Feibleman, 7) Das drastische

Auftauchen des homo necans in der Geschichte kann nicht als deren bloßer Ausrutscher oder auch nur Kumulation negativer Komponenten erklärt werden. Hier sind wir über die materiellen und ideellen Wurzeln der Klassengesellschaften hinaus auf den historischen Charakter des Menschen selbst verwiesen. "What is it in *ordinary* human nature, in *ordinary* social processes that lends itself to the emergence of a profoundly *extraordinary* level of evil?" (Katz, 282) Die katastrophische Konfiguration der Konzentrationslager spricht erst dann ihre volle Wahrheit aus, wenn die Verbindung zwischen ihrer und der 'normalen' Realität gezogen wird. (vgl. Bauman) Wenn wir der Nabelschnur gewahr werden, die jene anscheinend getrennten Welten verknüpft, vermöchten wir die eigenen geschichtlichen, sozialen und psychischen Potenzen im Spiegel der Lager zu erblicken. Sind denn nicht die im Abendland entwickelte Aufspaltung der Person in Subjekt und Objekt und die daraus entsprungene positivistische Rationalität, die ihren Zusammenhang unkenntlich machende gesellschaftliche Teilung der Arbeit und nicht zuletzt die zentralen Werte der Leistung, Ordnung und Disziplin unter den Ziehvätern eines aus ihren Händen stammenden und entglittenen deformierten Produkts? Die verborgene ökonomische Definition des Werts schlug in die offene politisch-teroristische Deklaration des Unwerts um, abstrahierend von den konkreten Menschen beide. Es kann ja kein Zufall sein, daß jene abendländischen Hervorbringungen in der Lagergesellschaft bis zur Absurdität präsent waren. Zu denken geben dürfte auch, daß keine andere, vom europäischen Einfluß unberührte historische Kultur etwas den Konzentrationslagern Vergleichbares aufzuweisen hat. "Die böse Kunde, was in Auschwitz Menschen aus Menschen zu machen gewagt haben" (Levi, 1988, 89), zwingt zur Überprüfung von Grundannahmen über Mensch und Welt - z.B. des Verhältnisses von Vergehen und Strafe, der Berechenbarkeit im Sozialkontakt, der Schranke vor schierer Gewalt und dem Verlust jeglicher Moral, der Existenz eines allen gemeinsamen Mit-Menschlichen. Auch dem, der nicht so weit gehen will wie bisher argumentiert, bleibt sie mindestens als Allegorie menschlicher Gewalt aufgegeben. In ihr schimmern die Probleme des modernen sozialen Individuums auf, das destruktiven Apparaten ausgeliefert ist bzw. sie bedient, die sich weit außerhalb seiner Reichweite zusammengesetzt haben und wirksam geworden sind. "Viele Praktiken der Lagermacht erinnern an Verfahren, die in der modernen Organisationsgesellschaft längst entwickelt und erprobt worden waren. Neben dem staatlichen Gewaltmonopol, der rationalen Bürokratie und Arbeitsorganisation hat die Moderne auch Stätten der Disziplin, der Überwachung und Dressur hervorgebracht" wie Fabriken, Kasernen, Gefängnisse und andere Zuchtanstalten, "in denen fernab öffentlicher Kontrolle die Verwandlung des Menschen betrieben

wird. Hier sind jene Strategien der Macht entstanden, auf die das Regime der
Konzentrationslager umstandslos zurückgreifen konnte: die kollektive Isolation, die Zonierung, Parzellierung und Addition serieller Räume, die Verteilung
der Körper und die Formierung ihrer Bewegungen, die porenlose Ordnung der
Zeit, die vollständige Sichtbarkeit und die Dokumentation der Abweichungen,
die Klassifikation der Menschen und das Tableau der Kategorien, die Hierarchie der Funktionsstellen, der Appell und die Marschkolonne, die Visite, die
Parade, das Peloton, die Inspektion der Unbrauchbaren." (Sofsky, 1993, 316f.)
Das Konzentrationslager enthüllte weiterhin die Abgründe der Aktion und der
Seele des Menschen in ungeheurer Rohheit. Es bedeutet eine "Entzauberung des
philosophischen Inventars" (Amery) des Abendlandes. Sie entwertet die überlieferte Moral und folgert: "There is no minimum ethic which is built into the univer-
se and which we can trust inevitably to impose itself upon us." (Haas, 392)
Die Gewaltmaschine der Konzentrationslager steht nicht außerhalb der Geschichte. Wenn dies akzeptiert und daraufhin näher untersucht wird, kommt
man auch der Antwort auf die Frage näher, ob sich alles wiederholen kann. Die
Grundannahme besteht darin, daß die politischen Regime in Deutschland einem historischen Wandel unterliegen, der die gesellschaftlichen Antagonis-
men und Herrschaftsformen verschiebt. Das reicht für sich genommen, das sei
ausdrücklich betont, nicht bis in die geschichtliche Konkretion allgemein und
der Konzentrationslager im besonderen, für die mehr Komponenten einzubeziehen sind. (vgl. Abschnitt I) Gleichwohl tragen sie zum Licht auf die Ereignisse bei, die allzuleicht ahistorisch mystifiziert werden. Die Kontroverse, ob
sie historisch inkommensurabel sind oder eine Zerrform des Mainstreams dar-
stellen, verliert dadurch an Gewicht. Die Geschichte weist Entgleisungen und
Sackgassen auf, aber jeweils neue, in ihrer Fundamentalität und Irreversibilität
sehr unterschiedliche. Mit den Konzentrationslagern hat sie ein absolutes negatives Novum hervorgebracht, das ihren Bannkreis bis zum Zerspringen dehnte
- und dennoch ihm entstammte und nicht verlassen hat. Wenn die Shoa als
höchstes und letztes Übel der Geschichte, als deren einzigartige Aufhebung
oder Abirrung begriffen wird, kann das - gegen die Absicht derer, die diese
Ansicht vertreten - dazu führen, daß ihre gemeinsame Sache mit der 'normalen' Geschichte und Gesellschaft übersehen und sie bedeutungslos für die Zukunft wird. Das wäre dann eine Form der Abwehr, wie sie sich auch in der "quasi-
mythologischen Formel vom 'Holocaust" (Zeiler, 337; vgl. A. Cohen; Sofsky,
529, FN 14), die mehr zudeckt als aufschließt, äußern kann. Vom ahistorischen
Entsetzen und dem "Gespinst der Trostsage" (Bachl, 31), so naheliegend sie sind,
ist der Weg zur privat sich genügenden Bekümmerung nicht weit. Das Unverstan-
dene oder bloß Beschworene bildet die Grundlage des Mythos.

Eine historische Periodik Deutschlands wäre zu diskutieren, welche die stofflichen, sozialen und charakterlichen Prozesse der gesellschaftlichen Entwicklung zueinander in Beziehung setzt. (Darcy Ribeiro oder Rolf Schwendter haben dies in anderen Zusammenhängen versucht.) Wir können sie früh-, hoch- und spätbürgerlich nennen, was allerdings nur soviel besagt, daß es sich immer um Kapitalismus handelt, wenn auch mit unterschiedlichen Mechanismen und Formen. In der Phase der ursprünglichen Herausbildung des Kapitals und der freien Arbeitskräfte, die wir für Deutschland im wesentlichen in der ersten Hälfte des 19. Jahrhunderts zu sehen haben, war die Gesellschaft in Stände gegliedert. Ein feudalabsolutistisches Herrschaftsamalgam thronte über einem Untertanenkonglomerat, dessen Gehorsam durch tradierte Autoritäten und neue äußerliche Formen der Zucht erzwungen wurde. Die stofflich-technische Basis der Gesellschaft blieb weitgehend konservativ. Das änderte sich in der zweiten Phase rapider Industralisierung, bis etwa 1900, in der Grundstoffe und Maschinen in Form der großen Industrie produziert wurden, sich Bourgeoisie und Proletariat formiert gegenüberstanden, Volk und Individuum durch das grobschlächtige ökonomische und politisch-polizeiliche Gesetz niedergehalten wurden. Die zweite Industrialisierung, die in etwa der ersten Hälfte dieses Jahrhunderts zufällt, wurde von einem Kartell verschiedener Modernisierungsfraktionen betrieben. Es war bereits eine Entwicklung auf selbsterzeugter industrieller Grundlage. Stofflich standen der Motor, Eisenbahnen, Chemie und Elektrizität im Vordergrund, als Eigentumsform der Trust und als Betriebsweise die tayloristische Fließbandproduktion. Alle diese Elemente finden wir im Konzentrationslager wieder, vom Vergasungswagen über die Todeszüge und Giftgasbehälter bis hin zum Lagerzaun - und auch die Einverleibung und Vernichtung der Häftlinge wurden fließbandmäßig organisiert. Die bürokratische und warenmäßige Be- und Mißhandlung ergänzte und übergipfelte die älteren Disziplinartechniken. Die Ursache aber der Verurteilung derselben lag auf allgemeiner Ebene in der tiefen Unsicherheit jenes Modernisierungskartells darüber, ob die für die neuen technischen und sozialen Formen der industriellen Produktion erforderlichen Entbehrungen, Disziplinierungen und Ökonomisierungen von den Werktätigen hingenommen werden würden. Als nationalsozialistische Antwort wurden die terroristischen Daumenschrauben angesetzt und die potentiellen Störelemente eliminiert - beides experimentell und extensiv im Konzentrationslager durchgeführt.

Die Phase der dritten Industrialisierung, in der wir uns befinden, ist durch hochkomplexe, EDV-gesteuerte Produktions- und Zirkulationsapparate gekennzeichnet, welche auch die Lebensweise der Individuen grundieren und zunehmend bestimmen. Die politische Steuerung, falls man sie noch so bezeichnen kann, wird oligopolistisch-ochlokratisch besorgt. Ihr ebenso globales und weitmaschiges wie unentrinnbares Netz reguliert unter dem stummen Diktat der 'Sachgesetze' das Leben der Individuen, deren soziale Kohärenz sich verdünnt bzw. schwer durchschaubar wird und (idealtypisch) funktionablen wie sich selbst überlassenen bzw. kontrollierenden Monaden weicht. Deren Streamlining ist dem erweiterten Konsum, symbolischer Politik, den Medien und sozial-therapeutischen Agenturen anheimgestellt, wenn auch die Gewaltreserve des vielverzweigten Staatsapparates für alle Fälle weiter vorgehalten und sogar ausgebaut wird. Die Herrschaft schwindet nicht, sondern wandelt sich. Der ethische Diskurs ist ins Beliebige gedehnt. Probleme können auf diese Weise (derzeit und unter der Bedingung reibungsloser Reproduktion des Reichtums der Metropolen) so kleingearbeitet werden, daß es zu ihrer herrschaftsförmigen Lösung keines expliziten und organisierten Terrors bedarf. "The camp concept had outrun is usefulness, for it is simply no longer necessary to create them. Killing and destruction can be done more easily by other means." (Feig, 442f.) Aber nach dem Gesetz der ungleichen und kombinierten Entwicklung gilt dies keineswegs überall, wie wir im Libanon, in Kambodscha, Jugoslawien oder Algerien sehen konnten. Selbst in den Zentren werden neue Lager errichtet. Die materielle und politische Depravation eines großen Teils der Weltbevölkerung, von den Wohlhabenden auf die hintersten Ränge verwiesen und vor den Toren streng selektiert, wird sie füllen.

Hinzu treten hierzulande moralisch-soziale Zerklüftung und Indifferenz sowie psychisches Elend. "Könnte ich in einem einzigen Bild das ganze Leid unserer Zeit einschließen, würde ich dieses nehmen, das mir vertraut ist: ein verhärmter Mann mit gebeugter Stirn und gekrümmten Schultern, von dessen Gesicht und Augen man nicht die Spur eines Gedankens zu lesen vermag." (Levi, 1988, 138) Gemeint ist der Muselmann, aber ist er so weit vom Hungerkranken im Süden des Erdballs oder vom Drogenabhängigen hierzulande entfernt? Auch etwa im Sinnverlust sich endlos partikularisierender Wissenschaft oder in einer Unternehmens- und gesellschaftspolitisch motivierten Auslese oder Manipulation "genetisch entschlüsselter" Arbeitskräfte oder Bevölkerungsteile zugunsten einer wie auch immer definierten schönen neuen Welt lassen sich unschwer Deprivate und Analogien aus bzw. zu dem KZ-Bereich erkennen. Die vorhergehenden Phasen der Geschichte und des Zwangs sind nicht abgeschlossen, weder real noch imaginativ. Aber ihre weiterwirkenden Tendenzen erscheinen neu, sind nicht immer erkennbar. In diesem Sinn ist pure Vergangenheitshaftung antiquiert. Die Geschichte der Konzentrationslager lehrt menschliche Tragödie. "In jedem künftigen Haushalt unserer Kultur werden die Listen der Opfer hängen." (Bachl, 53) Ihrer eingedenk zu sein heißt auch, die neuen Spielplä-

ne zu studieren. Das Verfolgen der Spur verhindert erst eigentlich das Vergessen, "wenn wir alle schon längst verschwunden wären, wenn keine Erinnerung
mehr an das alles wach wäre, sondern nur noch die Erinnerung an die Erinnerung, der Bericht von der Erinnerung im Munde derer, die nie mehr wirklich
wissen werden..., was das alles einst in Wirklichkeit war." (Semprun, 194) Aber
die von Trauer scharfe Erkenntnis vermag auch, daß wir in der Betrachtung die
leidenden und kämpfenden Menschen respektieren und ihr Erbe entziffern und
fortführen: sich das Leben und seinen Anspruch auf Glück nicht aus der Hand
schlagen zu lassen. Noch in der absoluten Anti-Utopie liegen Versprechen und
Verpflichtung. Denn "nur durch die in Theorie und Praxis auf Wurzeln und
Konsequenzen des Phänomens des Terrors ausgerichtete Vernunft kann die
Menschheit hoffen, sich dem finsteren und letztlich tödlichen Schicksal zu entwinden, in das sie sich verstrickt sieht." (Löwenthal)

III. Zwangsjacke des Fortschritts. Die stalinistischen Zwangsarbeitslager

Auf den ersten Blick weisen die beiden großen Lagersysteme des 20. Jahrhunderts viel gleiches und ähnliches auf. Das gilt für die materielle Topographie des Terrors und die allgemeinen Existenzbedingungen der Häftlinge. Manche Autoren, wie Kaminski und Glucksmann, bemühen sich daher gar nicht um eine Unterscheidung. Oder aber beide werden a priori gleichgesetzt und mit mehr oder minder bloß behaupteten Unterschieden versehen. "Der von Hitlers Handlangern Ermordete wußte, daß er starb, weil er Gegner des nazistischen Regimes oder Jude oder russischer Kriegsgefangener war. Wer in den Lagern von Kolyma - und allen anderen sowjetischen Lagern - starb, kannte den Grund nicht" (Michail Heller, Vorwort zu Schalamow, 10). Die erste Behauptung ist so fragwürdig wie die zweite, blieb doch den Opfern des NS-Terrors oft bis zu ihrem Tod durchaus unklar, warum man sie verfolgte, und war andererseits das sowjetische Lagerregime in Formfragen ausgesprochen legalistisch. Die meisten erfuhren früher oder später, wessen man sie bezichtigte. Andere Autoren, wie Leonhard (511) Livre Blanc (173 f), wenden sich gegen jene Sichtweise und halten die nationalsozialistischen Konzentrationslager und die sowjetischen Zwangsarbeitslager für historisch-politisch, funktionell und soziologisch nicht gleichsetzbar (vgl. Klonovsky/Flocken, 28). In der Tat besteht der wesentliche Unterschied darin, daß jene das massenhafte Töten und die vorausgehende Brechung der Personen zum Zweck hatten und die Arbeit demgegenüber sekundär war, während es sich bei diesen weithin genau umgekehrt verhielt.

1. Unterbliebene und nachzuholende Moderne

Die Sowjetunion war ein infolge der russischen Geschichte gegenüber dem Westen zurückgebliebenes Land. Während noch in den ersten Jahrhunderten des Mittelalters bis etwa 1200 vergleichbare Bedingungen und Entwicklungen anzutreffen waren, stellten der Mongolensturm und die ihm nachfolgende tatarische Oberherrschaft vom 13. bis zum 15. Jahrhundert die Kontakte zum Westen und gesellschaftlichen Potenzen still - in der gleichen Zeit also, in der in Europa sich Nationalstaaten bildeten, Handel und Städtewesen vordrangen und die Kultur der Renaissance blühte. Weder feudalistische noch bürgerliche Wirtschafts- und Lebensweisen konnten unter dem Diktat provinzieller Abgeschiedenheit, der Fremdherrschaft und des Raubes gedeihen. Anstelle des Adels oder Bürgertums wurde der Zar zum entscheidenden - und lange Zeit einzigen - "Sammler der russischen Erde". Die außerökonomische Gewalt des Staates bildete nicht das Instrument und die Begleiterscheinung der gesellschaftlich-wirtschaftlichen Entwicklung, wie das in der bürgerlichen Gesellschaftsgeschichte die Regel war, sondern deren Agens. Vor seiner Allmacht verblaßten die Klassen und erst recht die Individuen. "Es verblüfft an der russischen Geschichte, daß ihr jede Achtung vor dem Menschen fehlt, und das aus dem einzigen Grund, *daß er ein Mensch ist.* Der Mensch ist nichts anderes als Dünger für die Äcker des Staates" (Kusnezow, 47). Die bürgerlichen Garantien und Normen der Freiheit der Person blieben in der russischen Rechtsgeschichte trotz langsamer Besserung im 19. Jahrhundert brüchig und von oben manipulierbar, wie die russische Kulturgeschichte bis in eben jene Zeit keine der europäischen Literatur, Baukunst, Philosophie und Malerei analogen Werke hervorbrachte. Die meisten Menschen waren nicht nur untertan, sondern nichts. Die tiefe Ohnmacht und Dumpfheit, in der sie gehalten wurden, ließ ihnen weithin keine andere Wahl, als sich passiv zu verhalten, zu ducken und die herrscherlichen Stürme und Zumutungen zu ertragen - unter den Tataren, unter den Zaren und ihren "power-drunk heirs" (Kosyk, 3). Der Gnadenlosigkeit von oben entsprach die Unterwürfigkeit unten. Autonomie und Eigeninitiative des Volkes waren weder möglich noch gefragt.

Züge eines despotischen Zwangssystems tauchten früh auf und verstärkten sich. Die Überwindung der Fremdherrschaft und (partiell) der Rückständigkeit wurde mit hohen menschlichen und moralischen Kosten erkauft. In drei gewaltigen Kraftakten versuchten die Zaren und ihre Nachfolger, ihr Land nach dem mehr oder minder unverhohlenen Vorbild des Westens zu modernisieren: im 16. Jahrhundert Iwan IV., der Schreckliche (eigentlich: Furchtgebietende), im 18. Jahrhundert Peter der Große, im 20. Stalin. Im scharfen Nachtrab der Moderne griffen sie von Staats wegen zu äußerst barbarischen Mitteln, um die überlieferte Barbarei hinter sich zu lassen und mit den anderen europäischen Mächten rivalisieren zu können. Man versuchte, abgeschaute Resultate zu kopieren, ohne deren historisch-gesellschaftliche Voraussetzungen implantieren zu können oder zu wollen. Die Erfolge auf dem versuchten bürgerlich-rationalen Weg konnten sich zwar auf den ersten Blick sehen lassen, aber sie wurden nicht nur mit riesigem sozialen Elend bezahlt, sondern trugen innerlich und äußerlich den Stempel des Zwangs. Ihm entkamen sie nicht und scheiterten daran letztlich, neben Leistungen auch reichlich Potemkinsche Dörfer hervorbringend und vor allem weiter mit Entwicklungshemmungen belastet. Schwer lastete der autokratisch-bürokratische Apparat auf der Gesellschaft. Der drakonische Griff nach der Zukunft erwies sich jedesmal auch als Würgegriff. Die sozialökonomischen Grundlagen und Formen der asiatischen Produktionsweise und Despotie (vgl. Tökei) wichen nicht grundsätzlich, sondern allenfalls im einzelnen. Es war die staatliche Zentralinstanz, die den Zusammenhang der bornierten lokalen Gemeinwesen erzwang und garantierte, und sich dabei der Methoden unumschränkten Zwangs bediente - wenn auch beides in der neueren russischen Geschichte allmählich nachließ. Nichts drückt indes das Grundproblem der Entwicklung des Landes schlagender aus, als die Bildung einer neuen Leibeigenschaft ab dem 17. Jahrhundert, als diese in Europa bereits abgeschafft wurde oder zurückging - bis hin zum Stalinismus, der vielleicht ihre letzte und höchste Stufe darstellt. "The savage, barbaric Asiatic part of the Russian empire was invited to participate in the 'construction of a new world'" (Tolstaya). Eine mindestens teilweise (Fort-)Geltung der asiatischen Produktionsweise unterstellt, sollte passender von "Gemeinschaftssklaverei" (Kaminski, 48) in Abhebung zur antiken oder nordamerikanischen Sklaverei wie zur Leibeigenschaft des feudalistischen Europa gesprochen werden, da zum Zwangsverband des russischen Dorfes die massierte Schwerarbeit rechtloser und kaum oder gar nicht bezahlter Fronsubjekte an staatlichen Großprojekten trat.

Mit der Despotie entstand die Form staatlich organisierter Fron. Beides erreichte bereits unter Iwan III. und Iwan IV. im 16. Jahrhundert erste Ansatz- und Höhepunkte in Gestalt des persönlich-politischen Terrorismus, der Opritschnina (einer Art zaristischer Sonderpolizei) und der Deportationen. Seit Peter dem Großen gingen die Ausbildung des autokratisch regierten Staates, der zweiten Leibeigenschaft und der Zwangsarbeit Hand in Hand. Was die Gesellschaft nicht aus eigenen Antrieben hervorbrachte, wurde ihr vom Staat mehr schlecht als recht aufgeherrscht, d.h. fast alles, was man als Markenzeichen westlichen sozialökonomischen Fortschritts ansah. So kannte schon das petrinische Rußland Zwangsarbeit in größerem Umfang, z.B. beim Bau der neuen Hauptstadt

Petersburg, mit verheerenden Folgen für die hierbei Eingesetzten. Es galt, das "Land anzupeitschen", wie das Stalin später nennen sollte, oder die Mißfälligen auszupeitschen. Unter Nikolaus I., just im Zeitalter der europäischen Revolutionen vor der Mitte des letzten Jahrhunderts, kam die Katorga (Sträflingszwangsarbeit) auf. Die Obrigkeit entschied sich für Deportation und Straflager als in punkto Ökonomie und Sicherheit dem Gefängnis überlegen - eine Sonderform der allmächtigen staatlichen Regulierung.

Die äußere und innere Organisation jener ersten Lager (vgl. Fenner, 176-206) nahm bereits vieles von dem, was da kommen sollte, vorweg, vom bewußten Zusammensperren Krimineller und Politischer bis zur Degradierung, schlechten Moral und dem geringen Ertrag der Arbeit. Auch hier gab es eine Vorgeschichte der Disziplin über die Körper und Seelen. Allerdings wären die Lagerbedingungen jener Häftlinge des 19. Jahrhunderts ihren Leidensgenossen im folgenden geradezu günstig vorgekommen, Nahrung, Unterkunft, Kleidung, Müßiggang, Besuchsregelung usw. betreffend. Jedenfalls sollen sie besser gewesen sein als die in der französischen Strafkolonie Cayenne zur gleichen Zeit. Berichte Tschechows und Dostojewskis bestätigen das - letzterer wurde gar von der Zensur ermahnt, sich schärfer zu fassen, sonst gehe die abschreckende Wirkung verloren. Die Gesamtzahl der Verbannten und Zwangsarbeiter in Sibirien lag vor gut hundert Jahren um 13.000. (dies., 280) Diese relative Milde und Unerheblichkeit hinderte freilich die Liberalen im In- und Ausland nicht daran, Deportation und Zwangsarbeit anzuprangern, was unter Stalin jahrzehntelang nicht möglich sein sollte.

Noch in anderer Hinsicht stellten die Lager des 19. Jahrhunderts Keimformen der späteren dar. Sie waren Stätten eines absoluten Gewaltverhältnisses, das sowohl Wächter wie Gefangene korrumpierte. Dann gab es die Atmosphäre allgemeinen Mißtrauens, das sie verbreiteten und befestigten, zum anderen die Nichtächtung der Häftlinge durch die Bevölkerung. Jene "dark side of the Russian people" (Tolstaya) steigerte sich im Stalinismus bis zur kollektiven Hysterie. Eine Art Schicksalsgenossenschaft konnte gleichwohl nie ganz ausgetilgt werden. Der 'kleine Terror' des Alltags war der Gehilfe des großen. Im sibirischen Kreis aus moralischer Vergiftung, politischer Opportunität, staatlicher Barbarei und populärer Duldung durch Schweigen, Stillhalten oder Mittun bewegten sich von oben bis unten alle. Wer gestern Täter war, konnte morgen schon Opfer sein, die späteren Opfer halfen den Tätern, in ein unentrinnbares System hineingezwungen, das sie alle betraf: früher oder später kriegen 'sie' dich für die staatlichen Zwangseinrichtungen. Das tödliche Roulette konnte jede(n) jederzeit treffen; das war dann weniger eine Schande als ein unabwendbares Verhängnis. Es polarisierte die sowjetische Gesellschaft weniger, als es sie allseitig markierte. Die Willkür ist das Gesetz der Despotie und die Ohnmacht das ihrer Opfer.

"Die Zensur, die Geheimpolizei, das Exil, die Verbannung und die Zwangsarbeit wurden von den Romanows direkt an die Sowjets weitergereicht" (Biagi, 71), aber auch die (im späten Zarismus immerhin verpönte) Folter und der Fatalismus vieler Opfer. Die Sowjetunion sollte weithin die zaristische autoritär-administrative Staatsfunktion und -ausstattung übernehmen - aber weder aus bloß fortwirkender Traditionslust noch gar aus Gusto. Vielmehr war den führenden Köpfen der Revolution von vornherein klar gewesen, daß ohne das Mittun der fortgeschrittenen Länder des Westens eine sozialistische Umgestaltung unmöglich sein würde. Die Rückständigkeit der russischen Ökonomie und Gesellschaft sollte schließlich politisch formbestimmend werden, als jenes ausblieb. "Den Stalinismus begreift man nur, wenn man ihn als eine Aufbauzeit versteht, als Versuch, Rußland mit den Mitteln, die zur Verfügung standen, zu modernisieren." (Margolina)

Aus der Zarenzeit hatte man vor allem das Problem geerbt, die industrielle Produktion auf breiter Basis in Gang zu bringen, wenn man sich weiter zu behaupten und eine Rolle auf der internationalen politischen Bühne zu spielen gedachte. Das setzte in erster Linie eine von ihren Subsistenzmitteln losgerissene industrielle Produzentenklasse voraus sowie Massen unentgeltlicher Arbeit zur Gewinnung der Rohstoffbasis. Dieser Prozeß der ursprünglichen Akkumulation des Kapitals hatte in Europa vom 16. (England) bis ins 19. (Deutschland) Jahrhundert gewährt. Die Bauern wurden von ihrem Land vertrieben und in Lohnarbeiter verwandelt, ihnen und der vagabundierenden Überschußbevölkerung brachte eine überaus harte Blut- und Arbeitsgesetzgebung bürgerliche Werte bei (Galgen und Arbeitshäuser überall); neue Länder wurden entdeckt, ihrer Bodenschätze und Arbeitskräfte als Treibmittel kapitalistischer Akkumulation beraubt. In der bürgerlichen Frühgeschichte "wurde das von Grund und Boden gewaltsam expropriierte, verjagte und zum Vagabunden gemachte Landvolk durch grotesk-terroristische Gesetze in eine dem System der Lohnarbeit notwendige Disziplin hineingepeitscht, -gebrandmarkt, -gefoltert" (Marx, Kapital I, 765), die nachlassen konnte, als die industrieförmige Gesellschaft und Produktion sich auf eigener Grundlage reproduzierten.

Die mit ungeheuren Opfern erzwungene Trennung von Produzent und Produktionsmitteln hatte in Gestalt von mobilem Reichtum und verwertbarer Arbeitskraft die Grundlagen der industriellen Akkumulation geschaffen. In der russischen Geschichte war das nicht gelungen und sollte nun bei Strafe der Verbannung in die Peripherie des Fortschritts nachgeholt werden, ideologisch genährt vom tradierten utopisch-messianischen Mythos von Rußland als Zentrum der Welt (vgl. Fadin) und im Stalinismus in die "voluntaristische Politik der gewaltsamen Beschleunigung der gesellschaftlichen Entwicklung" (Niemann, 62) umgesetzt. Diese erst und nicht etwa die russische Rückständigkeit schlechthin brachte den stalinistischen Zwangsapparat hervor. Andere Entwicklungswege wurden erwogen und waren möglich, deren Protagonisten reichten von der "Arbeiteropposition" bis Bucharin. Die spezifische Wendung des "Gesetzes der ungleichzeitigen und kombinierten Entwicklung" (Trotzki) war historisch nicht unumgänglich, wie der erbitterte politische Streit um den einzuschlagenden Kurs zeigte, den schließlich Stalin mit terroristischen Mitteln beendete. Schon in den frühen 20-er Jahren hatte sich entschieden, daß man auf die Ressourcen des Westens nicht rechnen können würde. Nach einigem Zögern hatte sich Lenin für die staatliche Disziplinarmaschine als Motor des Sozialismus entschieden. Die "Industrialisierungsdebatte" kreiste jahrelang um die kritische Frage, woher das für die wirtschaftliche Entwicklung disponible gesellschaftliche Mehrprodukt kommen sollte. Mit der Formel der "primären sozialistischen Akkumulation" (Preobraschenskij) lautete die Antwort: von den Bauern. In bestimmter Form und vollem Umfang wurde sie mit der stalinistischen Zwangskollektivierung und Industrialisierung ab Ende der 20er Jahre befolgt. Hunderte Jahre später als in Europa benutzten die Bolschewiki die "Staatsmacht, die konzentrierte und organisierte Gewalt der Gesellschaft, um den Verwandlungsprozeß ... treibhausmäßig zu fördern und die Übergänge abzukürzen. Die Gewalt ist der Geburtshelfer jeder alten Gesellschaft, die mit einer neuen schwanger geht" (Marx, a.a.O., 779). An ihr sollte es mit dem bolschewistischen Schwenk zu Etatismus und rigoroser Parteidisziplin alsbald nicht fehlen.

Das "Bauernlegen" in großem Maßstab schuf auf dem Land das "sozialistische Eigentum" und schaffte den Fabriken und Lagern Arbeitskräfte. Die vertriebenen Bauern wurden zur industriellen Stammbelegschaft und Reservearmee, welche die allgemeinen Produktionsbedingungen, Grundstoffe und Industriegüter möglichst billig bereitzustellen hatten. Die eigene Bevölkerung wurde folglich kolonialisiert, die sozioökonomisch und politisch Mißliebigen zu Paaren getrieben, die Schraube der Arbeitsdisziplin (im 'großen' wie im 'kleinen' Lager) drakonisch angezogen. Großprojekte der Industrie, Infrastruktur, Rohstoff- und Edelmetallgewinnung konnten rücksichtslos durchgezogen und unwirtliche Landstriche 'peupliert' werden. In diesem Zusammenhang fungierten die Lager als Stoßarmeen - wie es die offizielle Propaganda wollte -, de facto als hunger- und todgeweihte Zwangseinrichtung einer Entwicklungsdiktatur. "Vierzig Millionen Häftlinge wurden während der ersten Hälfte dieses Jahrhunderts in dieser kolossalen Schlacht geopfert" (Solomon, 157). Diese "moderne Zwangsarbeit" (Leonhard, 368) verdankte sich primär ökonomischen Beweggründen. Sie bildete einen Moloch, in dem politische Gegner, sozial

Unzuverlässige, ganze Gruppenschichten und Völkerschaften verschwanden. Der terroristische Zweiteffekt massenhafter Versklavung war kalkuliert und willkommen (anfangs sogar im Vordergrund gestanden): die Bevölkerung niederzuhalten und möglicher Oppositioneller zu berauben sowie die neue Arbeiterklasse neben der Disziplinierung in Alltag und Arbeit auch der Drohung allfälliger Deportation auszusetzen. Das war die politische Ökonomie des (Aufbaus des) Sozialismus in einem rückständigen Land, die auf die gesellschaftliche Notdurft und Isolation mit der Zwangsjacke antwortete. Es entbehrte daher nicht der Folgerichtigkeit, wenn echte und viel mehr vermeintliche Trotzkisten, internationalistisch-idealistisch geprägt, in den Lagern besonders drangsaliert wurden. Mit der politischen Involution der Sowjetunion wuchs sich ihr Terrorapparat, der anfangs als vorübergehendes Instrument verschärften Klassenkampfes gedacht gewesen war, zum geschichtsmächtigen und institutionalisierten zentralen Mittel "sozialistischer Gesetzlichkeit" und wirtschaftlicher Entwicklung aus. "Das 'Schwert der Revolution' wurde zur Geißel der Revolution" (Lewytzkij, 358), zu einer weitgehend von den Partei- und Staatsorganen unkontrollierten Instanz. Und es wurde umso schärfer geschwungen, je dünner die gesellschaftliche und politische Basis des Blocks an der Macht war.

Während zur politischen Geschichte dieser Entwicklung einiges Material vorliegt, gibt es zum Lagerwesen selbst nur sehr wenig. Erst in der letzten Periode der Sowjetunion und nun in ihren Nachfolgestaaten ist es zunehmend offen wahrgenommen und bearbeitet worden. Vor allem die Belletristik ging hier voran (vgl. Heller). Große sozialgeschichtliche Gesamtdarstellungen stehen indes noch aus. Es ist nicht ausgeschlossen, daß die jahrzehntelange Beschönigung und Leugnung, der auch nicht wenige Freunde der Sowjetunion im Westen anheimfielen, mindestens zunächst in globale und eher personalisierende Bezichtigung umschlägt. So sind wir neben etlichen Einzelstudien und autobiographischen Berichten nach wie vor auf die Werke von Ginsburg, Leonhard, Schalamow und Solschenizyn u.a. angewiesen. Besonders die Bücher des letzteren, ganz zu Unrecht von der hiesigen Öffentlichkeit kaum zur Kenntnis genommen oder abgelehnt, stellen außerordentlich wichtige Dokumente dar. Sie vereinigen umfangreiche Recherchen mit literarischer Dichte und bieten das bisher reichhaltigste Anschauungsmaterial der Zerstörung des Menschen auf sowjetische Art. Eine wissenschaftliche Durchdringung des Stoffes können und wollen sie nicht ersetzen. Im Grenzbereich zwischen Literatur und Report angesiedelt, helfen sie, den Weg zu und in den Geschehnissen der Lagerwelt zu finden. Auch Schalamows Arbeiten sind in ihrer existenzialistischen Eindringlichkeit unübertroffen.

2. Umrisse des Archipels Gulag

Die Einrichtung der Lager begann bereits kurz nach dem Oktoberumsturz. Entgegen der libertäre Züge aufweisenden Schrift "Staat und Revolution" von Lenin setzten sich in der Praxis des Bürgerkriegs alsbald autoritär-drakonische Methoden der Machtsicherung durch. Lenin drang angesichts der miserablen wirtschaftlichen Lage auf Arbeitsdisziplin und sprach sich schon 1918 für repressive Maßnahmen gegen "Schädlinge" aus; Trotzki schuf im Rahmen des Kriegskommunismus mit den Arbeitsarmeen das Vorbild massenhafter Zwangsarbeit. Der wilde revolutionäre Terror institutionalisierte sich rasch. 1919 beschloß der bolschewistische Parteikongreß "Besserungsarbeit" als grundsätzliche Strafart; kurz darauf wurde das staatliches Dekret. Die Tscheka (= Allrussische außerordentliche Kommission zur Bekämpfung der Konterrevolution und Sabotage) bzw. später (O)GPU (= Staatliche politische Verwaltung) erhielt die Befugnis, auf bloß administrativer Grundlage jegliche konterrevolutionärer Umtriebe verdächtige Person festzunehmen, zu deportieren, in ein Lager zu sperren oder zu erschießen. 1923 wurde auf den Solowki-Inseln im Weißen Meer das erste große Lager eingerichtet. Jene beherbergten Kloster- und Festungsbauten mit langer zaristischer Deportiertentradition - der Kreis hatte sich fünf Jahre nach der Oktoberrevolution geschlossen, die Geschichte des Gulag begann.

Die ersten Lager dienten eher der Internierung politischer Gegner, die in der Regel nicht arbeiten mußten, das Regime war noch vergleichsweise mild. Auch wuchs die Zahl der Gefangenen in den 20er Jahren zunächst langsam. Doch wurden die strafrechtlichen Grundlagen in der NEP-Periode beständig ausgebaut. Die Verschärfung kam mit dem 'linksradikalen' stalinistischen Kurs der Zwangskollektivierung und forcierten Industrialisierung ab 1928, primärer und infolge der entstandenen Wirren und Widersprüche sekundärer Beweggrund des zunehmenden Terrors. Ein politischer Überrepressionszyklus im parteiinternen Wettbewerb um Lösungsstrategien und Machtanteile begann, der mit der Konsolidierung des despotischen Kerns endete (vgl. Siegel). Die Liquidierung der Kulaken (Bauern mit Privateigentum) als Klasse fiel mit dem ersten 5-Jahr-Plan und der Einführung von Zwangsarbeit als Mittel der industriellen Entwicklung zusammen. Geheime Pläne für die großangelegte politisch-ökonomische Sortierung der Bevölkerung waren vorbereitet worden. Nach offiziellen Angaben kamen bis 1934 über 5 Millionen Kulaken durch Tod oder Deportation um. Ein Dekret des Zentralexekutivkomitees der UdSSR von 1928 sah die Verwendung von Häftlingen auf großer Stufenleiter vor, um wirtschaftliche Großprojekte zu realisieren und deren Kosten zu senken. Das erste dieser Art war der Weißmeer-Ostsee-Kanal, dessen Bau mit großem propagandistischem Aufwand in Szene gesetzt und politisch, erzieherisch und ökonomisch begründet wurde. Die sozialistische Strafpolitik sei, so wurde verkündet, nicht mehr am Prinzip der Sühne ausgerichtet, sondern an der Beseitigung der sozialen Gefahr zum Besten der Gesellschaft. Aus Sträflingen sollten gute Werktätige werden. Unterdrückung (praktisch) plus Besserung (theoretisch) = Besserungsarbeitslager. "Das ökonomische Bedürfnis meldete sich ... unverhohlen und gierig an: der Staat, der sich vorgenommen hatte, in kurzer Frist zu erstarken ... und dafür nur Eigenes zu verwerten, brauchte eine besondere Art von Arbeitskräften; und zwar: a) extrem billige, noch besser - unbezahlte; b) anspruchslose, jederzeit überall hin transportierbare ... Solche Arbeitskräfte konnten nur beschafft werden, indem man die eigenen Söhne verheizte" (Solschenizyn, Gulag 2, 132). Diese Errungenschaften gedachte man zunächst auch keineswegs zu verbergen. 1929 definierte die Kleine Sowjetische Enzyklopädie das "Konzentrationslager: ein Ort der Isolierung für Kriegsgefangene, Geiseln und Personen, die eine Gefahr bilden, die nicht kriminell geworden sind, aber deren Absonderung zwecks Sicherung der Ordnung und als Maßnahme der sozialen Abwehr nötig ist". Einige Jahre später, als das Lagersystem gewaltig anschwoll, verschwand das bis in die fünfziger Jahre aus den offiziellen Verlautbarungen. Die Große Sowjetische Enzyklopädie bezog ihre Definition auf faschistische Lager, konnte sich indes auf Erfahrungen im eigenen Land stützen. Das Land wurde 'lagerisiert', zu Arbeitspflicht und Residenzzwang traten nun in steigendem Maß die Anstalten der Zwangsarbeit. Die materielle und rechtliche Lage der Häftlinge wurde verschlechtert; ihre Rechte im Besserungsarbeitsgesetz von 1933 standen weitgehend nur auf dem Papier. Die Arbeit wurde von der Ehre zur Strafe. Weitere Gesetze und Verordnungen dehnten den Feindbegriff aus, z.B. auf Schädiger sozialistischen Eigentums und Vaterlandsverräter, verschärften die Strafform und erhöhten das Strafmaß. 1934 übernahm das neugegründete NKWD (= Volkskommissariat des Inneren, mit Einschluß der Geheimpolizei) die Verwaltung des Lagersystems und bediente sich der OSO (Sonderkonferenz aus dem Volkskommissar des NKWD, seinen Vertretern und dem Generalstaatsanwalt) als zentrales Einweisungsinstrument. Die üblichen Rechtsgarantien der Person wurden außer Kraft gesetzt, Wohl und Nutzen der proletarischen Staatsmacht standen obenan, und die Gerichte galten als "unfehlbare Waffen gegen die Klassenfeinde" (Generalstaatsanwalt Wyschinski).

In der Literatur werden die Beweggründe der Verhaftung, Deportation und Zwangsarbeit unterschiedlich gewichtet. "Les camps ne sont pas des organismes économiques simples, comme on a voulu le prétendre, mais sont avant tout les organismes du châtiment pénal social et politique. Les textes officiels russes confirment ce point de vue par le fait qu'un détenu n'est pas envoyé dans tel camp en fonction avant tout de sa qualification économique, mais en fonction avant tout de sa peine" (Livre Blanc, 22). Demgegenüber betont Herling: "Das ganze Zwangsarbeitersystem in Sowjetrußland - in all seinen Stadien: Untersuchungen, Verhöre, Gefängnishaft und schließlich Arbeitslager - dient nicht in erster Linie dazu, den Verbrecher zu bestrafen, sondern ihn wirtschaftlich auszubeuten und psychologisch umzuwandeln" (73). Nach Conquest (1979) wäre es "to assume wrongly, that the economic motive predominated, and that the aim of destroying the prisoners was not in itself at least equally compelling for the Stalinist administration" (115). Solschenizyn betont immer wieder die machterhaltende Logik der "grandiosen lautlosen Patience" (Bd. 1, 43) der massenweisen Verhaftung, Einweisung und Vernutzung. Die ökonomischen und politischen Anteile dieses Prozesses waren in Tat und Wahrheit zwei, im Zeitverlauf und je nach Gruppe unterschiedlich gewichtete, Seiten der gleichen Sache, wie es denn überhaupt schwer fallen dürfte, im sowjetischen Vergesellschaftungstyp, wo der Staat das Kommando über die gesamte Reproduktion des Gemeinwesens innehatte, seine verschiedenen Aspekte säuberlich zu trennen oder gar gegeneinander zu stellen. Entsprechend umfassend war die Regulierung der Bevölkerung. Der allmächtige Staat war Instrument und Götze des Fortschritts - wer sich ihm echt oder vermeintlich, aus welchen Gründen auch immer, entgegenstellte, wurde zermalmt. Jewgenij Samjatin hatte das bereits großartig und bedrückend in seinem Roman "Wir" von 1921 in der Figur des "Großen Wohltäters" vorgezeichnet.

Die entscheidenden Transmissionshebel zur Beförderung ins Strafarbeitslager bildeten der Artikel 35 in Verbindung mit dem Artikel 28 des Strafgesetzbuchs, wonach alle Freiheitsstrafen für kriminelle Vergehen über drei Jahren grundsätzlich als Lagerhaft abzubüßen waren, und die "Buchstabenparagraphen" des Artikels 58 des Strafgesetzbuches der RSFSR (= Russische Sozialistische Förderative Sowjetrepublik) von 1928 (1960 durch den etwas milderen Artikel 70 ersetzt). Seine Absätze 1-14 führten zahlreiche Delikte auf und bedrohten sie mit schweren Strafen, besonders Freiheitsentzug und Vermögenskonfiskation. Im Lagerleben wurden die "58er" in Abhebung zu den "35ern" entsprechend kategorisiert und mit Abkürzungen versehen. Die Häftlinge hatten sich neben ihrem Namen jeweils damit und dem Strafmaß zu melden.

Das politische Gesinnungsstrafrecht definierte (bewußt vage):

1 - Konterrevolutionäre Verbrechen, "die auf Sturz, Unterminierung oder Schwächung der Macht der Arbeiter- und Bauernräte ... und der Regierungen der Arbeiter und Bauern ... oder auf Unterminierung oder Schwächung der äußeren Sicherheit der UdSSR und der fundamentalen wirtschaftlichen, politischen und nationalen Errungenschaften der proletarischen Revolution gerichtet" sind.

1a-1c Vaterlandsverrat "zum Schaden der militärischen Stärke der UdSSR, ihrer staatlichen Unabhängigkeit oder der Unantastbarkeit ihres Gebietes, wie Spionage, Verrat von Militär- und Staatsgeheimnissen, Desertion, Flucht ins Ausland". Familienmitglieder sowie Militär- oder Zivilpersonen, die eine Anzeige unterlassen, werden ebenfalls bestraft.

2 - Bewaffneter Aufstand

3 - "Kontakte zu einem fremden Staat oder zu einzelnen Vertretern desselben in konterrevolutionärer Absicht".

4 - "Jede Form der Unterstützung jener Teile der internationalen Bourgeoisie, welche die Gleichberechtigung des das kapitalistische System ablösenden kommunistischen Systems nicht anerkennen und auf seinen Sturz hinarbeiten, sowie die Unterstützung von Gruppen und Institutionen, die von dieser Bourgeoisie beeinflußt oder unmittelbar in ihrer der UdSSR feindlichen Tätigkeit gelenkt werden", wird bestraft.

5 - Konspiration mit einem fremden Staat zwecks feindseliger Tätigkeit.

6 - "Spionage, das heißt Diebstahl und Weitergabe" von "Staatsgeheimnissen" und "Wirtschaftsinformationen".

7 - "Unterminierung der staatlichen Industrie, des staatlichen Verkehrswesens, Handels, Geld- oder Kreditsystems und des Genossenschaftswesens in konterrevolutionärer Absicht, begangen durch mißbräuchliche Ausnutzung staatlicher Behörden oder Unternehmen oder durch Beeinträchtigung ihrer normalen Funktion ...".

8 - "Terroristische Aktionen gegen Vertreter der Sowjetmacht oder Mitglieder revolutionärer Organisationen der Arbeiter und Bauern ...".

9 - "In konterrevolutionärer Absicht durch Sprengung, Brandstiftung oder auf andere Weise herbeigeführte Zerstörung oder Beschädigung von Eisenbahnen, anderen Verkehrsmitteln, von nationalen Kommunikationsmitteln, Wasserleitungen, staatlichen Warendepots oder sonstigen zum staats- oder volkseigenen Vermögen gehörenden Anlagen wird bestraft".

10 - "Propaganda oder Agitation, die dazu auffordern, die Sowjetherrschaft zu stürzen, zu unterminieren oder zu schwächen ...".

11 - Die Vorbereitung der o.g. Verbrechen wird bestraft.

12 - Nichtanzeige eines vorbereiteten oder ausgeführten konterrevolutionären Verbrechens wird bestraft.

13 - Konterrevolutionäre Aktivität in der Zarenzeit oder im Bürgerkrieg.

14 - "Konterrevolutionäre Sabotage, das heißt absichtliche Nichterfüllung bestimmter Pflichten oder deren unzulängliche Erfüllung mit dem Vorsatz, der Regierungsmacht zu schaden und das Funktionieren des Staatsapparates zu beeinträchtigen, wird bestraft".

1934 wurde das Verfahren über terroristische Aktivitäten verschärft, die Sippenhaft verfügt und das Strafalter auf das zwölfte Lebensjahr herabgesetzt, 1937 das Strafmaß für die meisten Verbrechen auf mindestens fünf, höchstens 25 Jahre erhöht.

Mitte der 30er Jahre war die Gewaltmaschine ausgebildet. Ihre Konjunkturen beruhten auf repressiven Ausschlägen des Herrschaftsapparats in den Jahren 1929 - 1933, 1936 - 1939 und 1949 - 1953. Diese Terrorwellen standen jeweils im Zusammenhang mit parteiinternen und gesellschaftlichen Konflikten. Die Lager, auf der juristischen Grundlage des Strafgesetzbuches und des Besserungsarbeitsgesetzes für allgemeine und politische Gesetzesbrecher (von Politischen war allerdings offiziell nie die Rede) angewendet, verschlangen ganze Bevölkerungskategorien auf dem Verwaltungswege. Der Terror wurde universal. Denunziation, Untersuchung (mit Folter) und Verurteilung liefen bar jeglichen rechtlichen Schutzes für den Häftling ab. Die Tatsache, daß er verhaftet worden war, galt bereits als Beweis seiner Schuld, welche die nachfolgende Untersuchung zu erhärten hatte und kaum je aufhob. Die gesäuberten Rechtsorgane kannten weder Verteidigung noch kontrollierte Beweiserhebungen. Das Urteil wurde in der Regel nach Aktenlage ohne Beisein des Angeschuldigten durch Sonderausschüsse des NKWD verhängt und jenem bloß mitgeteilt. Das geflügelte Wort, das von Anfang an über allem stand, hieß proiswol (= Willkür), ein in der russischen Tradition tief verankerter Begriff, der nun in die Verdachts- und Handlungszwänge der Aburteilungsmaschine expandierte.

Die Inhaftierten waren von nun an Seki (von saklutschonnyje = Gefangene), d.h. aus dieser Welt ausgeschieden und über die peresilka (= Durchgangshaftanstalt) in jene der Lager transferiert. "The fate of the prisoner who had the good fortune to escape being taken to the execution cellars was to be dispatched to a Corrective Labor Camp. The Corrective Labor Codex defines three types of camp: 1. Factory and agricultural colonies where 'people deprived of freedom' are 'trained and disciplined' (Article 33). 2. Camps for mass work which includes those in 'distant regions' for 'class-dangerous elements' requiring 'a more severe regime' (Article 34). 3. Punitive camps for the 'strict isolation' of those 'previously detained in other colonies and showing persistent insubordination' (Article 35). The first category was mainly for very minor offenses against factory discipline, and for petty thieves. All sentenced under Article 58 or by the Special Board went initially into category two" (Conquest 1990, 308). Es gab verschärfte und 'gewöhnliche' Arbeitslager u.ä., dem politischen Terror und der Sklavenarbeit dienende bzw. derartige Abteilungen innerhalb der Einrichtungen, die vielfach funktionell und geographisch unterteilt waren. Ab 1946 unterstanden sie dem MWD (Ministerium des Inneren) und teilweise auch dem MGB (Ministerium für Staatssicherheit); das Regime des letzteren galt als härter. 1953 wurden sie unter Berija wieder zusammengefaßt. Nach dessen Sturz begann die Macht des MWD zu sinken; seine Truppen kamen unter militärisches Kommando und dann unter das des KGB (Volkskommissariat für Staatssicherheit), die Lageraufsicht in die Hand des Generalstaatsanwalts. Ab 1953 erfuhr das Lagersystem erhebliche Einschränkungen infolge politischer Krisen und Aufstände, die zu breiten Rehabilitierungen und Entlassungen führten, während andererseits die Besserungs- und Arbeitskolonien ausgebaut wurden (vgl. Lewytzkij, 312 f). 1960 wurde der MWD aufgelöst bzw. die meisten Prärogativen auf den KGB und die Innenministerien der Republiken übertragen. Zu dieser Zeit hatte das Lagersystem seinen Zenit überschritten.

Im Zentrum des vielarmigen Kraken, der die Gesellschaft umfaßt hielt und aussog, operierte GULAG, die NKWD-Hauptverwaltung der Lager in Moskau ab 1930. Das war eine Superbehörde mit zahlreichen Unterabteilungen nach Lagertypen, Wirtschaftszweigen und Regionen, die - wie Dalstroj = Bautrust des Fernen Ostens - "halbautonome terrorpolizeiliche Wirtschaftsimperien" (Kaminski) mit despotischen und feudalistischen Zügen bildeten. "Ces camps constituent un Etat dans l'Etat parce qu'ils ont une situation et une position tout à fait isolées sur le territoire qu'ils occupent. Sous aucune forme ils ne sont soumis aux autorités locales. Ils disposent de leur armée et de leurs organes de police propres. Ils ont leur procureurs et leurs tribunaux qui ne sont soumis qu'à Moscou et ne sont responsables devant personne" (Livre Blanc, 100). Ihre Leiter führten sich in Funktion und Attitüde wie Lagerfürsten auf. Diesen trustartigen Lagerkomplexen, deren Gestalt von Naftali Frenkel geschaffen wurde, war die wirtschaftliche Tätigkeit in eigener Regie wichtiger als die Vermietung von Häftlingen, die nur eine unbedeutende Rolle spielte. Unternehmer und Staat fielen zusammen, und die Häftlinge standen überall der gleichen Bürokratie mit ihren zahlreichen Verzweigungen gegenüber.

Dem Gulag unterstanden flächendeckende Lagerzonen unterschiedlicher Zwecke und Größe. Sie waren vor allem in der RSFSR, im westlichen Teil der Sowjetunion massiert, von Tjumen und Swerdlowsk im Südosten bis Orel und Smolensk im Nordwesten, von Murmansk im Norden bis Astrachan im Süden. Dicht besetzt waren weiter die baltischen Republiken, Weißrußland, die Ukraine und die Moldau-Republik, schließlich Georgien, Armenien und Aserbaidschan. Im Fernen Osten reichten die Lager von Kasachstan und Omsk über Irkutsk bis Sachalin, im Hohen Norden von Archangelsk über Workuta bis Norilsk und schließlich im Fernen Norden von Jakutsk bis Kamtschatka und Magadan mit Kolyma. In den letztgenannten sibirischen Gebieten herrschten äußerst unwirtliche natürliche Bedingungen, "12 Monate Winter und der Rest Sommer" nach einem Lagerbonmot, mit einem niemals auftauenden Boden und dem Kältepol der Erde, der Temperaturen bis zu minus 70 Grad mit sich brachte. Aus diesen Gründen waren dort die Lager dünner gesät, bildeten aber ihre typusprägende Phänomenologie und Essenz aus. Nicht umsonst nannte man die Kolyma die Gaskammer des Nordens. Insgesamt soll es Anfang der 40er Jahre in der Sowjetunion 80 Zentrallager mit einer nicht bekannten großen Zahl von einzelnen Lagerpunkten gegeben haben. Conquest (1979) spricht von 140 Einzellagern in der Kolyma, die ständig eine halbe Million Häftlinge beherbergt und 3 Millionen von ihnen das Leben gekostet haben sollen. Solschenizyn führt über 200 Lager auf. Im Gebiet um Archangelsk und in der Komi-Republik lebten in den 30er Jahren etwa eine Million Gefangene, pro "Lagpunkt" 800 bis 1200, in den größeren (z.b. Workuta) bis zu 3000 (Leonhard, 96). Um die Lager befanden sich mehr oder minder große Siedlungen, die mit ihnen im Verbund standen und von Freien oder Halbfreien (an die Region gebannte Entlassene) bewohnt waren. Viele der heutigen Städte der ehemaligen Sowjetunion vor allem in den östlichen und nördlichen Gebieten verdanken ihre Peuplierung und nachfolgende Existenz dem Lagersystem. Die Häftlingszahlen bewegten sich zunächst in bescheidenem Rahmen: 1922 waren es erst 6000. Aber schon mit den Massendeportationen ab 1928 kletterte die Ziffer auf 1,5 Millionen 1930 und mit den großen Säuberungen auf 1938 11,5 Millionen. 1945 ff. erreichte die Häftlingspopulation mit ca. 20 Millionen ihren höchsten Stand (Zahlen nach Kosyk, 16 f., wo auch weitere Angaben angeführt und erörtert werden). Danach sank die Kurve und soll um 1970 bei 5 Millionen gelegen haben (Shifrin, US Senate). Insgesamt wird die Belegschaft aller Lager von den 30er bis in die 50er Jahre auf durchschnittlich 10 bis 20 Millionen geschätzt (vgl. Livre Blanc; Solschenizyn, Gulag 2, 188; Biagi, 19; Lewytzkij 205 und 226; Herling). Graziosi (440, FN 6) kommt aufgrund neuester russischer Zahlen für 1953 auf 6 - 7 Millionen Insassen der verschiedenen Arten des Zwangsarbeitssystems. Nach Raupach (245) befanden sich jeweils etwa 10 % der Bevölkerung in Haft.

Auch die Zahl von 60 Millionen insgesamt von 1920 bis 1980 Lagerbetroffener taucht gelegentlich auf. Es handelt sich um - erheblich differierende - Globalzahlen, eine detaillierte Aufschlüsselung ist bisher nicht zu erhalten, offizielle Angaben fehlen oder liegen weit unter den genannten, für 1945 bei ca. 2,5 Millionen Häftlingen (Klonovsky/Flocken, 29).

Die meisten Autoren gehen davon aus, daß etwa die Hälfte nach Art. 58 verurteilt wurde, die andere Hälfte setzte sich aus leichteren und schwereren Kriminellen zusammen. Häufig, wenn auch nicht immer, wurden sie mit Absicht gemischt. Bis 1935 hatten die bolschewistischen Oppositionellen noch Privilegien. Im Zuge der großen Säuberungen wurde nicht nur der Zugang verschärft, z.B. die Folter eingeführt, sondern auch bis zum Ende des Lagersystems ein Umschwung zugunsten der Kriminellen vorgenommen. Die Wellen der Verhaftungen und Einweisungen verdanken sich den politisch-ökonomischen Gezeiten der sowjetischen Geschichte. Aus dem gleichen Grund verschärften oder milderten sich die Bedingungen in den Lagern. "C'est en realité un lent et long développement lié au développement de la société soviétique et au développement de la situation mondiale qui nous amène à une structure des camps de travail correctif" (Livre Blanc, 21). Je nach Strafart, Lagertyp, Zeit, Gegend, Arbeitsart und politisch-organisatorischer Zusammensetzung der Lageradministration schwankte das Leben der Häftlinge. Selbst im Bergbaugebiet der Kolyma soll es in den dreißiger Jahren eine 'goldene' Pionierzeit gegeben haben, in der das Prinzip der Umerziehung durch Arbeit bei relativ guter Versorgung noch einigermaßen ernst genommen wurde (vgl. Schalamow, 186). Im Durchschnitt der Lagerära war jedoch die Todesrate sehr hoch; nach Conquest (1990) und Solomon betrug sie 20 bis 30 % jährlich.

An Nachschub mangelte es nicht. Die "destruction by category" (Tolstaya) erfaßte nach statistischen Sollvorgaben immer neue Personengruppen, neben den ursprünglichen Inhaftierten oft auch deren Familienangehörige und Freunde, der sog. Anhang der "Feinde des Volkes", sowie summarisch ganze Sozial- und Volksgruppen. In den 20er Jahren kamen vor allem Mitglieder der zaristischen Oberschicht - Offiziere, politisches Führungspersonal, Großgrundbesitzer und Geistliche - in die Lager, gefolgt vom Millionenheer der Kulaken. In den 30er Jahren waren es 'Trotzkisten', Verletzer kollektiven Eigentums und später "Konterrevolutionäre". In diese Kategorie fielen viele Mitglieder des Herrschaftsapparats selbst, d.h. Parteifunktionäre, Militärs, Direktoren von Handels- und Industriebetrieben. 1939 bis 1941 verfielen die Fremden, ob Kommunisten oder nicht, der Deportation; nach Kriegsausbruch als feindlich angesehene Völkerschaften bzw. deren Intelligenz (Baltikum, Polen, Tataren, Deutsche), sowie Kriegsgefangene, ehemalige sowjetische Soldaten aus dem Gewahrsam der Wehrmacht, Disziplinarfälle der Armee und Anhänger Wlassows. Mit und nach dem Kriegsende erreichte das Lagersystem seinen Höhepunkt. Nun kamen 'Kollaborateure' mit den Deutschen sowie kleinere Wellen periodischer Nomenklatura-Säuberungen. Gleichzeitig verschärfte sich das Lagerregime (Nahrung, Disziplin und Normen). In den Jahren danach entspannte bzw. normalisierte sich die Lage, bis mit dem Tode Stalins das Lagersystem allmählich schrumpfte und an Bedeutung verlor. Aber noch in den 70er Jahren war es präsent und begann schließlich erst mit den Reformen in der Sowjetunion und deren Untergang zu zerfallen. Strafarbeitslager für Kriminelle scheint es indes noch zu geben (vgl. Coleman).

3. Politische Ökonomie der Zwangsarbeit

Der umgebenden Gesellschaft und ihren Mitgliedern waren und erschienen die Zwangsarbeitslager als gar nicht so abseitig. Der umfangreiche und beständige personelle Austausch zwischen der 'großen' und der 'kleinen' Zone machte es anscheinend zur Frage von Zeit und Zufall, welcher man anheimfallen würde; sozialmoralisch und ideologisch standen beide in Osmose. Die Sowjetgesellschaft insgesamt war auf dem tradierten Gehorsam einer nach dem revolutionären Frühling wieder passiv gehaltenen Bevölkerung, streng reglementierter Arbeit und drakonischen Strafgesetzen aufgebaut - die Lager bildeten im buchstäblichen und übertragenen Sinn die Spitze des Eisbergs, die von der Beschaffenheit des Ganzen kündete und mit ihm verwachsen war. Sie faßten in konzentrierter Form die Funktionsweise der sowjetischen Gesellschaft zusammen.

Die soziale Struktur der Zwangsarbeit bestand im erzwungenen Transfer und Einsatz von Arbeitskräften. Ihren theoretischen und politischen Beweggrund fand sie in der ab Ende der 20-er Jahre mit polizeilichen Mitteln durchgesetzten primären sozialistischen Akkumulation, d.h. der ursprünglichen Bildung von industriellen Arbeitskräften und Produktionsmitteln in großem Maßstab, die Aufgaben analog zur bürgerlichen industriellen Revolution übernahm. Die Sowjetunion generierte eine neue Gestalt der Produktivkräfte massenhaften sozialen Zwangs und staatssozialistischer Produktionsverhältnisse. "Die Verwendung von unfreier Arbeit tritt dort auf, wo die Gewalt eine Begleiterscheinung eines besonderen ökonomisch-gesellschaftlichen Zustands ist." (Leonhard, 386). Nach ihrer produktiven Seite hin fungierten die Besserungs- alias Zwangsarbeiterlager als "größte sozialistische Wirtschaftsorganisation" (Lewytzkij, 203). Sie wirkten als wichtiger Bestandteil der eingeschlagenen Industrialisierungs- und Modernisierungsstrategie. In autoritärer Betriebsweise wandten sie bei relativ geringem Einsatz von konstantem Kapital (Maschinen, Gebäude) Massen billiger und einfacher Arbeit an. Das alternative bürgerliche Wirtschaftsprinzip besaß nur eine dünne Basis im Land und wurde nach zehn Jahren des Lavierens von der in der KPdSU obsiegenden Fraktion, die für eine beschleunigte staatsförmige Industrialisierung eintrat, verworfen. Der staatlich organisierte "Schrecken als Produktionsverhältnis" (Glucksmann, 104) zog die als soziale oder politische Störer angesehenen Teile der Bevölkerung aus dem üblichen Verkehr und warf sie als Zwangsarbeitsarmee in die Produktionsschlacht für den "Sozialismus in einem Land". Nach der Seite der Repression und alltäglichen Unterwerfung hin wie nach jener des unmittelbaren Arbeitseinsatzes wirkte die Gewalt als politökonomische Potenz. Sie trieb ehemalige Bauern in die Fabriken und rekrutierte große Teile der 'überflüssigen' Bevölkerung (vom distributären Standpunkt des Plans und vom politischen der Staatsraison aus) zur Maloche in den Lagern. Insoweit waren diese "rentabel, selbst wenn sie der Wirtschaft etwas kosteten. Vorzügliche Instrumente zur Proletarisierung der Bauern, zur Disziplinierung der Arbeiter und der hierarchischen Einrichtung unserer Gesellschaft." (ders., 105)

Die Zwangsarbeiter holten Grundstoffe (Gold, Uran, Kohle, Nickel, Eisen, Kupfer, Öl und Holz) aus bzw. von der Erde; sie erstellten Produktionsmittel (Fabriken) und Allgemeine Produktionsbedingungen (Straßen, Kanäle, Eisenbahnen, Flughäfen, Städte); sie dienten als Reservearmee in verschiedenen Industriezweigen; sie bauten militärische Basen und Verteidigungsanlagen und verdingten sich im Krieg als Soldaten (nach Lewytzkij, 205, "hat die GULAG damals eine anderthalb Millionen Menschen zählende Armee aufgestellt", aus Kriminellen und Insassen mit leichten Vergehen, nicht aber aus Politischen). Conquest zufolge (1990, 330 f.; anders ermittelte und etwas abweichende Zahlen vgl. Livre Blanc, 207-210) waren 1941 400.000 Häftlinge im Einschlag und Transport von Holz tätig, eine Million im Bergbau, 200.000 in der Landwirtschaft, 3.500.000 in Bauarbeiten, eine Million wurde entliehen an Staatsbetriebe und 600.000 arbeiteten in Lagerbau und -erhaltung. Das sind allerdings grobe Schätzungen. Doch erlauben sie die "conclusion that the economy of the USSR is based to a considerable extent on slave labour: on the one hand, on the work of the prisoners in the concentration camps, and, on the other hand, on the work of the so-called 'free' prisoners and the deportees." (Kosyk, 69, vgl. Graziosi, 440)

Die Funktionsdefizite der sowjetischen Ökonomie sollten mit massenhafter Zwangsarbeit (die selbst Bestandteil jener war) ausgeglichen werden. Für die nationale Planwirtschaft waren daher die Lager vorteilhaft und notwendig, bildeten geradezu eine ihrer integrierenden Grundbedingungen. Sie wurden in die 5-Jahr-Pläne eingestellt (wo sie freilich nicht als solche figurierten) und waren für deren Durchführung vor allem in der Kriegs- und Nachkriegszeit ganz unerläßlich. "Die Straflager spielen in der sowjetischen Wirtschaft eine lebenswichtige Rolle. Da sie sich wie eine Kette vom äußersten Norden des europäischen Rußlands und Nordsibiriens zu den verlassensten Orten der zentralen und südlichen Teile des asiatischen Rußlands erstrecken, stellen sie für die Sowjets ein ungeheures Reservoir an Rohmaterial dar. Wie sollte die Wirtschaft des Landes ohne die Kohlengruben an den Flüssen Petschora und Workuta existieren und sich weiterentwickeln, ohne das Eisenerz aus Norilsk oder das Uran, Gold oder Zinn aus Kolyma? Diese gewaltigen Reichtümer müssen gewonnen werden, und die Menschen, die danach graben, sind immer noch die Millionen Strafgefangener. Sie geben die billigsten Arbeitskräfte der Welt ab - einen Sträfling kann man mit weniger als der halben Ration eines sibirischen Hundes ernähren." (Solomon, 338f.)

Auch für einzelne Projekte und Bereiche schien sich die Zwangsarbeit zumindest in einigen Fällen rentiert zu haben; so war z.b. die Kohle aus dem Lagerbezirk von Karaganda billiger als die vom Donez. Außerdem wären für viele Vorhaben, etwa Bergwerke und Straßenbau im nordöstlichen Sibirien, freie Arbeiter gar nicht oder nur sehr teuer zur Verfügung gestanden. Denn die klimatischen und Arbeitsbedingungen waren äußerst hart. "Wer hätt sich denn, außer den Häftlingen, bereitgefunden, zehn Stunden täglich im Wald zu schuften, mit einem Anmarschweg von sieben Kilometern, frühmorgens noch in der Dämmerung und spätabends in der Dunkelheit zurückzulegen, bei Frösten von dreißig Grad und ohne freie Tage das ganze Jahr, den 1. Mai und den 7. November ausgenommen? (Wolga-Lag, 1937) Wer hätt ihnen denn, außer den Eingeborenen, die Baumstümpfe im Winter gerodet, im Tagbau an der Kolyma das gewonnene Erz auf Rückentragen abgeschleppt?" (Solschenizyn, Gulag 2,528). Schließlich bevölkerten die Seki (Abkürzung des Wortes für Häftlinge) zwangsweise weite, dünnbesiedelte Regionen und bewohnten neue Städte, wo vorher nichts oder nur Dörfer gewesen waren (Beispiel Norilsk, vgl. Kosyk, 70f.). Die Auspowerung der Häftlinge erwies sich jedenfalls kostengünstiger als ihre bloße Gefangenhaltung. Ein Gesetzeserlaß des Zentralen Exekutivkomitees der UDSSR von 1928 hatte die Verwendung von Gefangenenarbeit für die Industrialisierung festgeschrieben. Zum Zwecke der Einsparung sei diese wirtschaftlichen Projekten zuzuführen - gewissermaßen ein Blankobeschaffungsauftrag für den NKWD, den dieser freihändig oder nach Normvorgaben erfüllte. Das konnte sich mit politisch begründeten Festsetzungen decken, mußte es aber nicht.

Die zentralen Volkswirtschaftspläne, nach Branchen und Republiken aufgeteilt, erlegten den seit 1929 in sie einbezogenen Lagern Produktionssollzahlen und den Nachweis der Kostendeckung durch die Häftlingsarbeit auf. Unter der doppelten und nicht selten rivalisierenden Regie von Kommandantur und Produktionsleitung, deren Wohl und Wehe von der Lagerleistung abhing, übersetzte sich das Plandiktat in die miteinander verkoppelten Normvorgaben, Brigaden und Brotzuteilungen für die Seki. Während von Kalkül und Blickwinkel des Systems her die Lagerarbeit unerläßlich und daher rentabel war, galt dies keineswegs für die Lagerökonomie im einzelnen. Trotz der Bindung der Nahrungsrationen an die Produktgröße wurde der vorgegebene Kostenausgleich oft nicht erreicht, erwirtschafteten viele Lager Defizite - zumindest unterhalb des üblichen Normschwindels. Die politische Ökonomie der Zwangsarbeit hinterging ihre Erfinder.

"Les détenus au point de vue force ouvrière coûtent très cher au gouvernement, au moins deux fois plus chers que les travailleurs libres." (Andrejev, Livre

Blanc, 91) Für den Lebensunterhalt pro Häftling und Tag waren 1941 gut zwei Rubel aufzubringen, für die Betriebs- und Verwaltungskosten je Häftling täglich gut zwölf Rubel. (vgl. ebendort) Die Verwaltung und Bewachung der Seki verschlang enorme Kosten und band produktive Ressourcen. Das Zahlenverhältnis lag bei etwa 1 zu 20, was ein aus Lagermitteln gut zu bezahlendes Personal von ca. einer Viertelmillion in den 40-er Jahren ergab. Gegen Ende des Lagersystems sahen Relation und Aufwand noch ungünstiger aus. Auch arbeiteten keineswegs alle Gefangenen. Ziehen wir die Unproduktiven (z.b. in den verschiedenen Lagerdiensten) und weitere aus verschiedenen Gründen Nichtarbeitende von den zur Arbeit vorgesehenen "Allgemeinen" ab, so blieb ein gewöhnliches unmittelbares Arbeitsvolumen von gut der Hälfte der Lagerpöpulation. (Berechnung nach Livre Blanc, 91-95) Die extreme Übernutzung der Arbeitskräfte ließ diese oft nach wenigen Wochen oder Monaten erlahmen und sterben. Ohne ständigen Nachschub war das Arbeitssoll nicht einmal formell zu halten. Infolge der schlechten Ernährung, Ausrüstung, Unterbringung und Arbeitsmoral betrug die Produktivität der Seki nur einen Bruchteil jener von normal mit Reproduktionsmitteln versehenen freien Arbeitern. Vom durchschnittlichen sowjetischen Lebensniveau dürfte sich das in den Lagern allerdings materiell wenig unterschieden haben. Als besonders katastrophale Einbrüche in dieser Hinsicht sind die Jahre 1937/38 und 1947/48 vermerkt. Wenn die Lagerbehörden gelegentlich eine Besserung des Lebenshaltungsniveaus anstrebten, dann vor allem aus dem Grund bedrohlich absinkender Arbeitsleistung. Infolge der Stalin zugeschriebenen Neuerung, die modernen Sklaven anders als die antiken nur nach Maßgabe des von ihnen erbrachten Produktes zu nähren und sie damit anzuspornen, verfielen sie nur allzu rasch einem negativen Kreislauf aus Überanstrengung und Unterernährung. Die Wirkung jener Bindung wird unterschiedlich beurteilt. Nach Leonhard (165) brachte sie beiden Seiten Vorteile, weswegen sich die Häftlinge auf sie einließen. (vgl. Herling, 45) Doch galt unter den Seki auch die Parole, daß die volle geforderte Arbeitsleistung nicht satt machte, sondern umbrächte.

Die Lagerproduktion litt an der geringen Arbeitsmotivation der Seki, die sich nur durch mehr oder minder offenes Unterlaufen der gesetzten Aufgaben über die Runden zu bringen hoffen konnten. Deswegen wurde auch 'Sabotage' schwer geahndet und war nicht selten Anlaß zur beliebten Strafverlängerung. Die Formen dieses verdeckten Klassenkampfes zeigten sich in allgemeiner Drückebergerei, Pfusch und Verantwortungslosigkeit. "Pro lagernomu", auf Lagerweise zu arbeiten, bildete die Achillesferse des Systems - und das stellte sich in der Sowjetgesellschaft insgesamt durchaus ähnlich dar. Die Mittel untergruben den Zweck der "Produktionsschlacht für den Sozialismus".

Der Arbeitsprozeß war neben den genannten Ursachen durch externe, oft unsinnige Vorgaben der Pläne und der Wirtschaftspolitik belastet, die sich um konkrete Bedingungen vor Ort wenig bekümmerten. Er fand nicht nur unter Zwang statt, sondern war durchsetzt von folgenreichen Planungsfehlern, für welche die Literatur zahlreiche Beispiele nennt. Die kaum interessierten und schlecht informierten Seki waren oft einer ebenso willkürlichen wie unqualifizierten und überbürokratischen Arbeitsleitung ausgesetzt. Die Folge war eine riesige Verschwendung von Maschinen, Arbeitsmaterial und vor allem an Menschen - eine sehr kostspielige Tonnenideologie. So ging etwa die Arbeit in den Bergwerken auf primitivste Art vor sich. In den engen Schächten schufteten die Sträflinge mit unzureichender Arbeitskleidung und -ausrüstung (z.B. ohne Grubenlampen). Infolge mangelhafter Anlagen und kaum beachteter Arbeitssicherheit kam es zu zahlreichen meist tödlichen Unfällen und Krankheiten. Solschenizyn schildert (Gulag 2, 529) die Arbeit unter Tage: "Dichter Silikatnebel umfängt die Hauer, Schutzmasken gibt es nicht, nach vier Wochen werden die Leute mit unheilbarer Silikose zum Sterben fortgebracht. Wen hätte man mit Aufzügen ohne Bremsklötze in die nicht abgestützten, nicht abgedeckten Schächte runterlassen sollen? Wer allein entledigte einen im 20. Jahrhundert jeglicher Sorge um den aufwendigen Arbeitsschutz? Und wie sollen da die Lager wirtschaftlich unrentabel gewesen sein?...."
Sie waren es, für sich betrachtet, gleichwohl, wie Solschenizyn kurz darauf ausführt. Wie in der Sowjetwirtschaft im ganzen herrschte auch im Lager ein vorwiegend quantitativ bestimmtes Normsystem. Weil dieses aber, stets politisch gesetzt und überhöht, aus den genannten Gründen weder vom Arbeits- noch vom Leistungsvolumen her zu erreichen war, griff man zu der ebenfalls im Land verbreiteten Methode der Tuchta, d.h. bloß vorgetäuschter Arbeit sowie geschönter und gefälschter Arbeitsberichte, vom zusätzlichen Schwund durch die allgemeine Dieberei (auch der Freien) ganz zu schweigen. Auf diese (be)trügerische Weise ließ sich einigermaßen erträglich, eine Minderheit konnte sogar damit ausgezeichnet leben. Der innere Widerspruch der politischen Ökonomie der Zwangsarbeit äußerte sich in dürftigen Produktivkräften und dem letztlich selbst betrogenen Produktionsverhältnis der Gewalt. Zu bezahlen hatten das die Seki, aber nicht nur sie: die soziale Moral und Leistung insgesamt litten daran. Wenn man so die Tragödie der modernen Sklaverei unter dem farcenhaften Schein erkennt, dahinter steckte das factum brutum des Versuchs, mit barbarischen Mitteln den Rückstand der sowjetischen Gesellschaft wettzumachen - ein Entwicklungsweg, der Millionen von Menschen das Leben kostete, die Gesellschaft vergiftete und dennoch oder gerade deswegen scheiterte. Die Roßkur hielt zwar den fußkranken Patienten (Moderne in Rußland)

am Leben und in Bewegung, wirklich auf die Beine brachte sie ihn aber nicht. Die Gewaltmaschine manipulierte und fingierte den gesellschaftlichen Arbeitsprozeß am ausgeprägtesten in Form der Zwangsarbeitslager. Diese bildeten den Kern und die Allegorie der historischen Verlaufsform einer Despotie des Fortschritts. Erst als deren raison d'être schwand, verloren auch jene an Umfang und Bedeutung.

4. Natschalniki, Urki und Seki. Die Lagergesellschaft

Der offizielle Name der Häftlinge lautete wremmenyje saklutschonnyje, zeitweilig Inhaftierte, gemeinhin hießen sie abgekürzt Seki. Aus den unterschiedlichsten Zusammenhängen und Gründen waren sie auf wochen- oder monatelangem Transport, meist per Bahn, über Sammelgefängnisse und Durchgangslager an ihren zeitweiligen oder endgültigen Bestimmungsort, das Strafarbeitslager, gelangt. Die große Mehrheit (ca. 80%) kam zu den "Allgemeinen", die den Kern der Lagerbevölkerung bildeten und den schweren Bedingungen am ehesten erlagen - ausgelaugt, durchnäßt, frierend, geschurigelt und betrogen, von Krankheiten dahingerafft. Stalin hatte Mitte der 30-er Jahre die Richtung angegeben: "Besserungsarbeitslager werden wir mit minimalem Kostenaufwand in entlegenen Gebieten errichten, da, wo voraussichtlich Industriebetriebe entstehen werden, im fernen Osten, Kasachstan, Karelien oder Sibirien, auch die Gebiete im hohen Norden müssen besiedelt werden .... Laßt die Gefangenen die schwersten Gruben- und Bergwerksarbeiten verrichten, setzt sie beim Straßenbau ein." (Zit. nach Hildebrandt, 165).
Die Häftlinge waren einer neuen Fron unterworfen, "geschaffen zur zwangsbefohlenen und unbarmherzigen Ausbeutung unentgeltlicher millionenfacher Sklavenarbeit." (Solschenizyn, Gulag 2, 138). Wie die alten wurden auch die neuen Leibeigenen ljudi = Leute gerufen und waren in Wohl und Wehe gänzlich von ihren Herren, deren Launen und Ansprüchen abhängig. Dasselbe war es nicht, denn im Gegensatz zum Muschik waren die Seki bezüglich Arbeitszeit, Essen, familiären und sonstigen Beziehungen, Transporten, Anweisungen, Besitz und Schonungsnischen einer direkteren und schärferen Herrschaft ausgesetzt - sozialtypologisch am ehesten mit den früheren leibeigenen russischen Arbeitern in Gruben und Werken sowie mit der altorientalischen Sklaverei vergleichbar. Im Verhältnis zur Produktion und zur Verteilung der Produkte bildeten sie eine besondere Klasse, der Stalinschen Definition zufolge kraft eigenem Territorium, spezifischer Geschichte und Kultur gar eine Nation. Sie waren von einem kategorialen Strafsystem in die gleichen grausamen klimatischen und körperli-

chen Bedingungen geworfen, trugen alle unzureichende und zerfetzte Sträf-
lingskleidung sowie die Spuren der Kälte in ihren verfärbten Gesichtern, die
hart und lauernd aussahen. Innen und außen rauhhäutig, gingen sie in geduck-
ter und gedrückter Haltung, bedienten sich einer verarmten und knappen Sprache, standen unter besonderen und bindenden informellen Verhaltensregeln -
nach sozialem, psychischem und ethnischem Charakter eine eigene Volksgruppe.
Vor der Obrigkeit und ihren Verbündeten mußten sie kuschen und verachteten
jene zugleich. Schwere Arbeit wurde ihnen abverlangt, die sie wo immer möglich mit Seki-eigener Inaktivität und Immobilität zu unterlaufen trachteten. Sie
besaßen eine eigene Wert- und Begriffsskala, mit denen sie ihre Lage definierten und ihr Leben organisierten. Obenan standen Brot, Balanda (=Suppe) und
Machorka (russischer Tabak), gefolgt von Schlaf, "Windmacherei" (bei der
Arbeit) und allgegenwärtiger mißtrauischer Wachsamkeit und Kampfbereit-
schaft. Sie waren verschlossen, gleichmütig und vorsichtig, scharfsichtig auf
die vitalen Dinge in der Nähe (vor allem Essen und Kleidung) gerichtet, während die Ferne unscharf wurde und verschwamm. Sie hatten die Lagertaktiken
des (Über)Lebens gelernt und hielten sich an den ungeschriebenen Kodex.
Unterhalb der fatalistischen Oberfläche erlosch das Verlangen nach Gerechtigkeit nie, äußerte sich in Beschwerden und Revolten, verlor sich redselig in der
Vergangenheit mit ihrem unweigerlichen Bruch und prägte sich in einer Art
Häftlingslatein und -humor aus. Man liebte persönliche Geschichten und die
allgemeine Klage, selten hingegen die direkt gerichtete. Die Seki-Welt brachte
ein stark von den Kriminellen geprägtes Idiom und Verhaltensweisen hervor,
die ins Leitungspersonal drangen und im ganzen Land Eingang fanden.
Aber die Häftlinge wiesen innerhalb und entgegen dieser Gemeinsamkeit zahlreiche Unterschiede nach individuellem Lebenslauf, sozialer Herkunft, Strafart
und Strafmaß sowie Stellung im Lager auf. Sie bildeten eine eigene geschichte-
te Lagergesellschaft, deren Umrisse Leonhard (117) beschreibt: "Da sind zunächst als schlimmste Gruppe die gefürchteten schweren 'Rezidiven' (Berufs-
verbrecher, Rückfällige): Banditen, Mörder, Straßenräuber, Brandstifter, Plün-
derer, rückfällige Einbrecher, Gewohnheitsdiebe (insbesondere Diebe staatlichen Eigentums); zweitens mindergefährliche Schwerverbrecher, die zum Beispiel einen Totschlag oder eine Körperverletzung begangen haben; drittens Ge-
legenheitsverbrecher: Defraudanten (Rastratschiki), Taschendiebe (Karmanni-
ki), arbeitsscheue Elemente, insbesondere Arbeitsverweigerer und -schwänzer
(Otkastschiki, Progultschiki), ferner kleine Betrüger, Schmuggler, Schwindler,
Zufallsgauner und Spitzbuben ('Shuliki') aller Art. Unter den 'Bytowiki', die
eine besondere Kategorie sind, gibt es Gesetzesübertreter, die sich Amtsverge-
hen, Wirtschaftsstraftaten und Delikte 'des täglichen Lebens' haben zuschul-

den kommen lassen, zum Beispiel Nachlässigkeit im Dienst (Chalatnostj), Unterschlagung aus Unachtsamkeit, Überschreiten der Machtbefugnisse, Amtsanmaßung und sogenannte 'bytowyje prestuplenija' (Straftaten, die das tägliche Leben 'mit sich bringt'), wie Rowdytum (Chuliganstwo), Hausfriedensbruch und Beleidigung (vor allem in der Trunkenheit). Alle höheren Posten im Lager: Kommandanten, Erzieher, Speicherverwalter, Angestellte des Urtsch (Arbeitsverteilungsstelle), Buchhalter, Agronomen, Sawchose (Leiter der Wirtschaftsabteilung) und Brigadiere - wurden vornehmlich aus den Reihen der 'Bytowiki' besetzt. Tiefer als alle anderen stehen die Politischen: angebliche Volksfeinde, Trotzkisten, Profaschisten, Spione, sozial gefährliche Elemente (Kulaken), Schädlinge der Wirtschaft (Wrediteli)." Für jede nach gemeinem oder politischem Strafrecht erfolgte Verurteilung gab es Kürzel - zusammen mit der Strafzeit, dem Vor- und Vatersnamen und dem Geburtstag hatte sie jeder Häftling auf Anforderung zu nennen. Die Aufzählung enthüllt den Charakter des Lagersystems als gigantischer (sozial)politisch-ideologischer Zwangsapparat, der die Bevölkerung des Landes sortierte, verpflanzte und nach staatlich verordneten Kriterien der Sicherheit und Nützlichkeit verwendete. Etwa die Hälfte der Lagerinsassen zählte zu den Politischen - die allerdings nie so genannt werden durften -, die andere zu leichteren bis schweren Kriminellen. Je nach Strafart und Lager bildete sich eine institutionalisierte Hierarchie des Leidens unter den politischen Häftlingen aus. Die Verurteilung wegen "antisowjetischer Agitation" wog wesentlich leichter als die infolge "konterrevolutionärer trotzkistischer Tätigkeit", die einem Paß in den Tod gleichkam und vielfach in den Reihen der katorshniki, der zu Ankettung und schwerer körperlicher Arbeit bei minimaler Ausstattung und ohne jede Beziehung zur Außenwelt Verdammten, endete. Unter den politischen Häftlingen waren alle Gruppen der Bevölkerung vertreten, insbesondere aus der russischen und ausländischen Intelligenz verschiedenster Herkunft, unter ihnen viele Kommunisten und andere Linke, Christen, als staatsfeindlich angesehene Individuen und Angehörige nichtrussischer Völker, aber auch solche Gruppen wie republikanische Spanier, Atomarbeiter (also Geheimnisträger), Lageraufständische usw. Sie lebten ziemlich separiert neben- und nicht selten auch gegeneinander. Außerdem wurden sie mit Kriminellen gemischt, "a conscious decision, under which the already starving and terrorised politicals found their inadequate rations, their meagre clothing, and their lives constantly at the mercy of capricious and conscienceless thugs to whom murder meant little, theft less." (Conquest, 1979, 79). In den 30-er Jahren herrschte ein regelrechter "Bürgerkrieg zwischen dem demoralisierten Proletariat und der revolutionären Intelligenz" (Herling, 33), bis der NKWD stärker durchgriff und ihn unterband.

Offiziell gab es nur die Lagerleitung und die Sträflinge, die in vier Kategorien zerfielen: "Die Gruppe A umfaßte alle 'rabssily' (Arbeitskräfte), aus denen sich die Produktionsbrigaden zusammensetzten, sowie das im Produktionsprozeß stehende technische Personal, also alle 'produktiv' Tätigen. Die A-Arbeiter wurden wieder unterteilt in Hauptbrigaden, die unmittelbar produzieren (z.B. Holzfäller, Bergleute, Landarbeiter, Kanalgräber, Lehmhäuer) und Hilfsbrigaden (z.B. Werkzeugmacher, Schmiede, Schlittenbauer, Stallknechte). Nach den Direktiven des GULAG über die 'Limite für die Ausnützung der Arbeitskräfte' mußten mindestens 85 Prozent des gesamten Personenbestandes einer Komandirowka zu Gruppe A gehören; aber da dies keineswegs leicht zu erreichen war, wurde nicht selten in den Abrechnungen 'tuftiert'. Die zweite Gruppe (B) hieß 'lagernaja obsluga' (Lagerbedienung). Hierher gehörten: Wirtschaftsabteilung (Sawchos, Küchenpersonal, Prodkaptjorka, Larjok = Magazin- und Lagerverwalter); Gesundheitsabteilung (Ärzte, Heilgehilfen, Krankenschwestern, Sanitäter), Kulturabteilung (Erzieher), Kontor, Kommandantur, Dnewalnyje (=Ordner), Friseur, Wäscherei, Bad, Nähstube, Bäckerei. In der Gruppe B durften keinesfalls mehr als 10 Prozent der Lagerhäftlinge beschäftigt sein. Die in der Produktion stehenden 'Rabotjagi' nannten die Angehörigen der Gruppe B - mit Verachtung oder auch mit Neid - gern 'Pridurki' (Drückeberger). Zu den Gruppen C und D endlich gehörten die Nichtarbeitenden: bettlägerige Kranke im Stazionar, krankheitshalber durch den Arzt von der Arbeit Befreite, 'Etapniki' (Gefangene, die sich auf dem Transport von einem Lagpunkt zum anderen befanden), Isolator-Insassen, 'aktivierte' Invalide. Die strengen Vorschriften des GULAG mußten selbstverständlich befolgt werden, aber es war viel Tufta notwendig, wenn man es buchhalterisch so arrangieren wollte, daß tatsächlich zu den Gruppen B, C und D insgesamt höchstens 15 Prozent der Lagpunkt-Bevölkerung gehörten." (Leonhard, 174f.)

Die Gefangenen standen im sozialen Feld der doppelten Lagerobrigkeit, der Häftlingsfunktionäre, der Kriminellen und der "Allgemeinen". Zwischen der privilegierten NKWD-Lagerleitung, d.h. vor allem Kommandant und Produktionsleiter - die nicht selten rivalisierende Plansolls auf Kosten der Häftlinge verfochten (die Einkünfte des einen waren die Kosten des anderen) und sich überdies auf mannigfalte Weise bereicherten - und der Masse der gemeinen Häftlinge existierten verschiedene intermediäre Schichten teils sozialer, teils funktionaler Art. Das betraf insbesondere die Urki (Jargonwort für Kriminelle) oder Blatnyje (Verbrecher), welche die eigentlichen Herren des unmittelbaren Lagerlebens waren. Unter ihrem Regime hatten zeit- und teilweise "die Wächter die Gefangenen nur so weit in der Gewalt, wie die Bajonette und die Strahlen ihrer Scheinwerfer reichten." (Herling, 32) Sie waren einflußreich und draufgängerisch und bildeten eine deutlich - auch äußerlich durch eine Art Uniform und Tätowierungen - abgehobene Gruppe innerhalb der Seki. Ihre Kraft verdankten die Urki der Tatsache, daß die Unterwelt in Rußland geschichtlich und sozial tief und breit wurzelte und vom Staat niemals voll unter Kontrolle genommen werden konnte - in den Wirren des Krieges und der ersten Dekade der Sowjetmacht schon gleich gar nicht. Ohnehin sozialkulturell niemals gänzlich marginalisiert, erhielten sie im Stalin'schen Lagersystem zahlreiche Privilegien. Nach klassenpolitischer Lesart der Besserungsarbeitstheorie galten sie als "gesunde" Lumpenproletarier", dem Proletariat "sozial nahe stehend", weil sie ebenfalls gegen das Privateigentum wären. Sie müßten nur stabilisiert und produktiv einbezogen werden, und zwar in deutlicher Frontstellung gegen die Frajer oder Schtymps (=übrige, vorwiegend politische Gefangene). So hoffte man, die kriminelle Energie umzupolen. Die Feinde der Volksfeinde - so die Theorie - müßten eigentlich zu Bündnispartnern der Partei- und Staatsorgane taugen. Derart traditionell verankert und politisch gestützt bildeten die Urki eine verschworene subkulturelle Welt im Lager mit einem Ehrenkodex, der an jenen der Piraten erinnerte: von außen zu rauben und nach innen zusammenzuhalten, beides bedingungslos.

Sozialromantische Anklänge wären indes irreführend. In ihrer großen Mehrzahl waren die Mitglieder der kriminellen Kommune üble Verbrecher, die auf Kosten der anderen Häftlinge leben, stark und ungestört sein wollten. Sie fuhren gut dabei, bestahlen die Frajer schon auf dem Transport nach Strich und Faden, arbeiteten in der Regel nicht (ihre Normen mußten von den anderen mitgeschafft werden) und genossen zahlreiche Vorzüge beim Essen, bezüglich der Kleidung und der Plätze in den Transportzügen und Baracken. Die Gebrauchsartikel und Arbeitsprodukte der Seki standen weithin zu ihrer Disposition; oft wurden sie automatisch als 150- oder 200%ige Normerfüller eingestuft. Die Urki hegten eine tiefe Abscheu vor der Arbeit, insbesondere vor der an ihrem eigenen Lagergefängnis. Sie verfügten über gute Beziehungen zu den Aufsehern und Köchen, waren häufig Brigadeleiter und sahen den personellen und sachlichen Reichtum des Lagers als ihr Beutefeld an. Durch ihre Hände gingen in der Regel die neuangekommenen Frauen. Die Ermordung von Abtrünnigen, Spitzeln, mißliebigen Funktionären oder einfach von vorzugsweise als Spieleinsatz verwendeten Bjelorutschki (=weiße Hände, d.h. Politischen) war an der Tagesordnung.

De facto übten die Kriminellen eine erhebliche Macht unkontrolliert aus. Sie fuhren gut dabei, und der Lagerleitung Schaden war es nicht. Diese stattete die Urki mit materiellen und funktionellen Privilegien aus. Der kriminelle Miniaturstaat verfügte über eigene Gesetze und Gerichte, verschaffte sich Werkzeuge

(Waffen) und exekutierte in der Nacht seine Urteile. Das Wachpersonal hielt sich meist heraus. Die Morde gingen in der Regel straflos aus oder führten zu einer weiteren Strafverlängerung (bei oft ohnehin mehrfach lebenslänglichen Strafzeiten). Aus dem Lager entlassen wurden die Urki so gut wie nie, sie gehörten zum 'Stamm'. Die Freiheit draußen war ihnen oft so fremd wie anderen das Lager. "Die Blatnajas halten zusammen, sie sind eine große Familie. Es sind Mörder und Diebe. Schon von Kindheit an. Viele kennen die Freiheit nicht mehr, waren vorher schon in Kinderlagern. Das Lager ist ihr Leben. Sie haben nichts zu verlieren. Sie morden und stehlen auch hier. Immer wieder haben sie Messer. Die Posten wagen nicht, sie zu durchsuchen. Uns (die Politischen, G.A.) verachten sie. Wir sind gerade gut genug, sie zu bedienen. Aber dennoch, sie schützen uns vor den Dezhurnys (Ordnern) und Posten. Sie haben ihre eigenen Gesetze, und wehe, wer dagegen verstößt. Und sie haben eine strenge Rangordnung". (Roland, 176f.) Untereinander zerfielen sie in Banden, die jeweils von einem Häuptling (Baldower) mit unbedingter Autorität angeführt wurden. Diese waren in allen Lagern bekannt und hielten regelrecht Hof, umgeben von ihren Frauen, Agenten und den Bytowki (=Gesetzesübertretern), den leichteren Kriminellen, die erst als Rückfällige zu Urki werden konnten. Politische fanden zu dieser Welt keinen Zugang bzw. in ihr keine Gnade, es sei denn, sie standen durch hervorragende Taten unter dem Schutz der Verbrecherwelt oder sie konnten Geschichten erzählen, ellenlang und ausgesponnen.

Erst nach Stalins Tod brach die kriminelle Gegengesellschaft in sich zusammen. Zum einen stand von nun an auf Mord im Lager die Todesstrafe, zum anderen hatten sich sozialhistorisch die Energien der Unterwelt anscheinend (vorerst) erschöpft. Bis dahin jedoch regierten Obrigkeit und Urki schier symbiotisch die Lagerwelt. "Der Urka ist sozusagen die Säule des Arbeitslagers, die wichtigste Person nach dem Kommandanten; er beurteilt die Arbeitskraft und die politische Rechtgläubigkeit der Gefangenen seiner Brigade, und oft vertraut man ihm die verantwortlichsten Funktionen an" (Herling, 21), vom Brotverteiler über den Brigadier bis zum Leiter der "Kultur- und Erziehungsabteilung". Es war jedoch eine unsichere Zusammenarbeit: die einen verhielten sich so unbotmäßig und autonom wie möglich, die anderen wollten sich trotz aller "sozialen Nähe" der Urki die Direktive nicht aus der Hand nehmen lassen. In der Ausplünderung der Produktiven waren sie Komplizen, aber auch Konkurrenten. Insbesondere konnte die Lagerobrigkeit auf Dauer die Urki-Eingriffe ins staatliche Eigentum nicht dulden, und hierin mag der eigentliche Grund gelegen haben, daß sie ihren Verbündeten schließlich aufkündigte.

Die Urki, zahlenmäßig auf etwa 15% der Lagerpopulation veranschlagt, stellten häufig die mindestens ein Sechstel umfassenden Zonen- und Produktionspridurki (Pridurki = wörtlich Drückeberger, Begriff für Lageraristokraten). Von ihnen überlebten mehr als von den Allgemeinen. Sie waren vor allem im Wirtschaftshof und in den Lagerdiensten tätig. "Während die dort beschäftigten Schlosser, Tischler, Ofensetzer noch nicht voll ausgeprägte Pridurki sind, gehören die Schuster und erst recht die Schneider bereits zur Elite der Pridurki-Zunft .... Wäscherinnen, Sanitäter, Tellerwäscher, Bäcker, Stubendienste in den Baracken, Heizer in den Banjas und Kesselräumen sind ebenfalls Pridurki, stehen allerdings um etliche Stufen tiefer. Sie müssen mit den Händen zupacken und bisweilen recht kräftig. Sind im übrigen alle satt. Zu den wahren Zonen-Pridurki gehören: die Köche, die Brotschneider, die Magazinverwalter, die Ärzte, die Feldschere und Friseure, die Erzieher in der Kulturstelle, die Chefs der Banjas, Bäckereien, Bekleidungskammern und Paketausgabestellen, die Barackenältesten, die Verwalter und Anordner, die Buchhalter und die Schreiber in der Stabsbaracke, die Ingenieure der Zone und des Wirtschaftshofes. Sie alle sind nicht bloß satt und sauber gekleidet, sie brauchen sich nicht nur keinen Bruch beim Lastenschleppen zu heben - sie besitzen Verfügungsgewalt über Dinge, die den Menschen vonnöten sind, und folglich Gewalt über Menschen selbst. Manchmal bekämpfen sie einander...., bilden aber doch alles in allem eine verschworene Abwehrgemeinschaft gegen das Fußvolk." (Solschenizyn, Gulag 2, 230 f.).

Das Lagersystem beruhte auf der Kollusion der Natschalniki, Urki und Pridurki, zum Schaden der "Allgemeinen". Ohne sie hätte es weder formell noch informell funktioniert. Insbesondere hatten die Pridurki als Arbeitsnormer und Rechnungsführer der Produktion die "Schlüsselpositionen der Ausbeutung" (op.cit.,238) inne. Ohne Katzbuckeln vor und Komplizität mit den Bewachern ging das nicht ab. Die Beziehung der Seki zu den Produktionskommandeuren (Meister, Vorarbeiter) war eines von komplizierter wechselseitiger Abhängigkeit. Diese mußten die Häftlinge antreiben, brauchten aber ihrerseits - da nicht selten fachlich inkompetent - die Mitarbeit qualifizierter Seki und Brigadiere, die ihnen Mißtrauen und Verachtung entgegenbrachten. Die Funktionshäftlinge waren "genauso arme Hunde wie die anderen auch, aber sie saßen an der Krippe und mimten den Lageradel, diese verdammten Hunde. Für die Sträflinge waren sie der letzte Dreck, und umgekehrt hielten sie die Gefangenen für den letzten Dreck. Es hatte keinen Sinn, mit den Strolchen zu reden, die sich da vorgedrängt hatten. Sie steckten alle miteinander unter einer Decke und mit den Aufsehern auch." (Solschenizyn, Iwan Denissowitsch, 148f.)

Die Lagergesellschaft bildete eine Hack- und Schlagordnung, deren Rahmen, nicht aber deren innere Formen von den Bewachern organisiert wurden. Der gewöhnliche Häftling war dem Druck der Leitung, der Kriminellen und seinesgleichen ausgesetzt. Unterhalb der offiziellen Struktur oder gar als ein Bestandteil von ihr wirkte die soziale und politische Differenz zwischen Kriminellen und Politischen. Diese wiederum waren nach Herkunft, Gesinnung und Verhalten sehr unterschiedlich. Unter den kommunistischen Gefangenen fanden sich nicht wenige, die der Sowjetmacht trotz ihrer trüben Erfahrung, die sie als Prüfung begreifen mochten, nicht abschworen. Ihr Verhältnis zu Lagerzweck und -leitung war daher ambivalent und zu den anderen Insassen oft distanziert. (Zur möglichen Form der Henker-Opfer-Diffusion vgl. Heller, 244f.) Viele Häftlinge besaßen (nach Schalamow) nur einen Verbündeten, nämlich den Arzt, von dem die Einteilung in Arbeits- bzw. Gesundheitskategorien sowie die Krankschreibung abhing. Als Häftling mußte er zwischen Seki, Urki und Obrigkeit taktieren. Etwas besser dran als die gewöhnlichen Sträflinge waren die Informanten und Provokateure, die nach manchen Angaben bis zur Hälfte der Häftlinge ausmachten. Sie waren vor allem wegen des legalistischen Gebarens des sowjetischen Lagersystems erforderlich, wo es z.B. für das beliebte Verfahren der Strafverlängerung oder auch für die Hinrichtung rechtsfähiger Zeugen bedurfte. Der "Gevatter" (der NKWD-Bevollmächtigte) lockte oder preßte sie in seine Dienste, aber sie hatten dafür auch die Rache ihrer Mithäftlinge, insbesondere der Urki zu gewärtigen. Eine Spitzellaufbahn konnte so ein abruptes Ende nehmen. Der gewöhnliche Häftling hingegen beschloß sein elendes Schicksal früher oder später als aktenkundiger Invalide. Auf Sparkost gesetzt, abgeschoben und medizinisch kaum versorgt, verfiel er meist rasch ins letzte Stadium vor dem Tod, die Erscheinung der Dochodjagi (= Abkratzer), d.h. der irreversibel Heruntergekommenen. Diese nahmen die unterste Stellung der Hierarchie der Sträflinge ein, zu denen sie kaum mehr gehörten.

Willkürlich und oft zufällig, wie jemand zum Opfer wurde, konnte es nur ein schmaler Grat von Umständen sein, der jene von den Aufsehern trennte. "In diesem Theater des Entsetzens bekommen die einen Schauspieler die Rollen der Opfer, die anderen die der Henker." (Ginsburg, 41; vgl. Kusnezow) Durch Angst, Anpassung und Routine funktionierte das Lagerpersonal des MWD bzw. NKWD ohne Umschweife. Es hatte freie Hand und nutzte dies zu oft tödlichen Befehlen oder z.B. zur Quälerei mit Wachhunden. "Die unbeschränkte Macht in den Händen von beschränkten Menschen gebiert immerzu Grausamkeit." (Solschenizyn, Gulag 2,498). Gerade weil der Dienst der Aufseher ebenfalls schwer war, kühlten sie gern ihr Mütchen an den Seki. Aus jenem Grund auch konnten sie Groll gegen die Umstände und die Obrigkeit tragen. Weil sie mit den Häftlingen kollaborierten, etwa bei Diebstählen, wies die Despotie Lücken auf, konnte gelegentlich menschliche Züge zeigen. Nach 1941 wurden sie teilweise mit Ersatzpersonal ausgewechselt, das sich milder verhielt. Die Beziehung zwischen den Häftlingen und den Wachsoldaten (WOchra, nicht zu verwechseln mit dem unmittelbaren Lagersoldaten) war starr und ließ kaum Grenzüberschreitungen zu. Den Wachen erschienen die Häftlinge als Vogelscheuchen, die ihnen ausgeliefert waren. Bunt zusammengewürfelt, wie sie waren - die nationalen Minderheiten stark vertreten -, bildeten sie insgesamt eine löchrige Mauer, vor allem im Krieg; sie enthielten sich nicht der Willkür, wohl aber in der Regel einer Schlächtermentalität.

Anders war es bei den Offizieren, sowohl der MWD/NKWD wie der WOchra (= Truppen der innerstaatlichen Bewachung). Durch Bewerbung, Ausbildung und Dienst stellten sie eher eine negative Auslese dar, nicht zuletzt geködert vom Dünkel der absoluten Macht und den Bereicherungsmöglichkeiten neben der hohen Bezahlung. Vom Lagerkommandanten bis zum Aufseher 'organisierten' alle (Dienste, Lebensmittel, Gebrauchsgegenstände). Kaum (selbst)kontrolliert, führten sie sich wie selbstherrliche Despoten auf, begriffen das Lager mehr als Lehen denn als verantwortlich zu handhabenden Teil eines staatlichen Systems. In den Berichten erscheinen sie im besten Fall 'neutral' und pflichtbewußt, meist aber als ebenso faul wie streng, boshaft und grausam. Seinen Gipfel erreichte das System in den hohen Satrapen, die wie etwa General Derewenko, dem Chef des Dalstroj, rücksichtslos im Zwangsarbeitseinsatz und im Strafen, grandios in ihrer Hofhaltung samt First Lady, Luxus und eigenem Theater sich gebärdeten. (Zu einem anderen Fall, Garanin, vgl. Hildebrandt, 173) Die hohen Herren hatten allerdings ein Problem. Es mochte den Sträflingen zur Genugtuung gereichen und war überdies für ihre konkreten Bedingungen wichtig. Jene fielen nämlich selbst oft und jäh in Ungnade, wurden ausgewechselt, erschossen oder fanden sich gelegentlich als Häftlinge in ihren eigenen Lagern wieder. Zwischen den "Allgemeinen" und den Herren spannte sich die skizzierte Staffel der Gewalt. Von den Dnewalnyi, den Ordnern oder Diensttuenden in den Baracken, war schon die Rede. Am unteren Rand der Macht trugen sie zur Versorgung der Seki bei, lebten aber auch von ihnen und hielten sich Dienstleute für schwere Tätigkeiten. Meist bekamen sie ohne weiteres die 100%-ige Norm und die dritte Arbeitskategorie. Oft waren sie zugleich als Aufpasser und Zuträger des NKWD tätig. Über eine privilegierte Stellung verfügten die technischen Spezialisten, meist Konterrevolutionäre mit hohen Lagerstrafen. Sie wohnten, aßen und kleideten sich besser, oft in einer besonderen Abteilung, der Scharaschka, zusammengefaßt. "In der unklaren sozialen Struktur des Lagers stellten die Techniker so etwas wie eine Aristokratie zweiten Grades dar; sie hatten keine Gewalt über die anderen Gefangenen; diese lag allein in den Händen der Urkas, die die eigentlichen Gebieter des Lagers waren. Aber trotzdem hoben sie sich durch ihre Privilegien und ihren Lebensstil deutlich von der grauen Masse des Sklavenproletariats ab." (Herling, 188) Dafür wurden auch sie zum Spitzeln verpflichtet. Sie galten als kultiviert und zynisch. Unter den freien Lagerbeamten (Ärzte, Ingenieure, Schreiber) befanden sich viele Ex-Gefangene mit oder ohne neue Strafperiode. Sie lebten in eigenen Wohnungen nahe dem Lager. Das Arrangement war für beide Seiten vorteilhaft. Den Ex-Häftlingen erschien die große Freiheit (das große Lager) eher fremd und feindlich. Ihre Familien waren entrückt, ihre Wünsche eingeschrumpft. Das Lager war ihnen zur zweiten Heimat geworden. Die Lagerleitung gewann erprobte und treue Arbeiter. Auch der NKWD war für diese Lösung, da sie als Ausweis der 'Besserung' vorgeführt werden konnte. Aus Haß, Furcht und gewohnter Grausamkeit waren diese halb Freien oft strenger als wirklich freie Lagerfunktionäre und schlugen aus ihrer bevorzugten Stellung so viel wie möglich heraus. Ohne sie lief keine Bestechung, z.B. bei der Leistungsberechnung oder zur Aufnahme ins Lazarett.

In vieler Hinsicht ähnelte die Lagergesellschaft in ihrer Abstufung von Privileg, Macht und Ausbeutung einer kolonialen Ordnung, nicht zuletzt die gesamtgesellschaftlichen Strukturen der Sowjetunion widerspiegelnd. Selbstherrlichkeit, Willkür und Bereicherung diffundierten von oben nach unten. Spätestens ab der Ebene der mittleren Funktionäre, d.h. vor allem der Freigelassenen und Freien, verzahnte sich das Lager mit der nahen Umwelt. Jene fungierte als Membran zwischen der engeren Zone und der Gesellschaft. Das Lager brauchte dauernd oder zeitweilig Freiensiedlungen um sich, die sich später oft zu großen und bekannten Städten auswuchsen, gewissermaßen durchlagerte Orte, über die der GULAG ins Land strahlte. Die erweiterte Zone setzte sich aus der Stammbevölkerung, den Wochra-Leuten, Lageroffizieren mit Familien, ehemaligen Häftlingen zusammen, weiter aus unklaren Randschichten, großen und kleinen Produktions- und Glücksrittern, hängengebliebenen Freien im Lagerdienst, die oft gemeinsame Sache mit den Seki machten (Besorgungen, teilweise Überschreibung von deren Leistungen gegen Belohnung), und ein Ohr für ihre Leiden hatten. Auch die in Qual und Elend ihren verhafteten Männern nachreisenden Ehefrauen lebten hier. (vgl. Schalamow, 173 f.).

Man mag daher den Anspruch des Gulag in der Wirklichkeit umgedreht sehen. Das Terrordreieck von Angst, Lüge und Lager blieb nicht auf seinen unmittelbaren Umkreis beschränkt. "Während sich die Behörden abmühten (ob jemals wirklich?), die Häftlinge mit Hilfe von Losungen, von Kultur- und Erziehungsstellen, von Postzensoren und Lagergevattern umzuerziehen, haben es die Häftlinge viel schneller zuwege gebracht, das ganze Land via Lagerumwelt umzuerziehen. Nach der gelungenen Unterwerfung des Archipels stieß die Weltanschauung der Kriminellen weiter vor und eroberte mühelos den gesamtsowjeti-

166

schen ideologischen Markt, der eine ihr überlegene Ideologie nicht auf Lager hatte. Die gulagische Happigkeit, die Brutalität der menschlichen Beziehungen, die Panzer der Gefühllosigkeit um die Herzen, die Abneigung gegen jede Art gewissenhaften Arbeitens - all dies hat mit Leichtigkeit die Lagerumwelt bezwungen und später der freien Welt draußen seinen Stempel tief eingedrückt. So rächt sich der Archipel an der Union für seine Erschaffung." (Solschenyzin, Gulag 2, 515). Die Lagerzonen und ihre Umwelt bildeten für fünf Jahrzehnte den 'Wilden Osten' der Sowjetunion - und den Unterschied der Gesellschaftssysteme mag man auch und gerade an den extremen Randformen (im Vergleich mit dem "Wilden Westen" der USA) ersehen. Eine gewisse Amalgamierung zwischen Seki und Volk auch und gerade kraft dieser Zustände war jedenfalls nicht zu verkennen. "Certainement, la population ne considère pas que les détenus sont des criminels. Je peux même dire plus, que beaucoup de membres de l'administration des camps ne considèrent pas les détenus comme des criminels. Si l'administration n'a pas pitié d'eux, c'est qu'elle n'a pas le droit d'avoir pitié d'eux. Il y a une formule très répandue en Union soviétique; on dit: les citoyens soviétiques se divisent en trois catégories: ceux qui ont été détenus, ceux qui sont détenus, et ceux que seront détenus. Donc la population ne peut pas ne pas avoir de sympathie pour les détenus." (Andrejev, Livre Blanc, 103)

5. Fron und Fütterung. Das Lagerleben

"Die Lager sind die Hinterhöfe des Sowjetimperiums; hier geniert sich keiner, im Negligé herumzulaufen, und nur zu oft vergißt man das demagogische Rouge." (Kusnezow, 35) In ihnen waren die Häftlinge einer doppelten Trias des Elends ausgesetzt: physisch dem Hunger, der Arbeit und der Unbill der Natur; sozial der Willkür der Oberen, der Herrschaft der Kriminellen und dem Alltag voller Erniedrigungen. In klimatisch unwirtlichen Gebieten gelegen, klirrend kalt im langen Winter, heiß und mückenverseucht der kurze Sommer, in erbärmlichen Zelten und Baracken untergebracht, der absoluten Macht und Ohnmacht im Kampf ums Überleben ausgesetzt, ständig gedemütigt und gehetzt, um Nahrung, Platz und Ruhe ringend - all das charakterisierte die Lager und ihre Insassen, modifiziert je nach Straf- und Lagertyp, Region und Zeitumständen.
Sie kamen in langen und harten Transporten ins Lager, in überfüllten Waggons notdürftig versorgt, von den Kriminellen beraubt, ihres Schicksals ungewiß. In Sammelgefängnissen und Durchgangslagern erfuhren sie das Nötigste; diese waren eine Art Volkshochschule des Lagerwesens. Von nun an bewegten (wurden begriffen bzw. begriffen) sich die Seki nurmehr als Kolonne. Diese konnte

anmuten als "eine Art danse macabre, fallende, sich aufraffende, auf dem glitschigen Eis wieder fallende Menschen, einander stützend und irgendwie die rutschenden Hosen haltend. Die erregten Hunde bellten und kläfften. Die Peitschen der wütenden Soldaten sausten auf uns nieder. Wir waren voller Schmutz, Schlamm und Blut. Eine andere Version des Kreuzwegs... Ein Künstler hätte ein Meisterwerk schaffen können, wäre es ihm gelungen, die Qual und Scham, die stumme Angst und äußerste Erschöpfung auf den Gesichtern dieser Menschen - besonders unserer weiblichen Leidensgenossinnen - einzufangen." (Solomon, 81) Beständig wurden sie in großangelegten Transitoperationen verschoben, an Knotenpunkten generalstabsmäßig bewegt, regimenterweise übers offene Feld marschierend und oft auch dort campierend. Waren sie endlich angekommen, konnte der Anblick der elenden Behausungen (sofern vorhanden) und Insassen sie nicht mehr über ihr Geschick im Zweifel lassen; Zugangs- und Einweisungsprozedur sowie gelegentliche Begrüßungsreden taten ein übriges. So begrüßte etwa General Derewenko, der NKWD-Satrap des Dalstroj (Bauverwaltung des Fernen Ostens), die 'Neuen': "Sträflinge! Dies ist Kolyma! Das Gesetz ist jenes der Taiga, und der öffentliche Ankläger ist der Bär! Erwartet nie, Suppe und Brot zusammen zu erhalten. Was zuerst kommt, das eßt zuerst! Was ihr aus den Händen laßt, ist für immer verloren. Ihr seid hier, um zu arbeiten, und zwar hart! Ihr müßt mit eurem Schweiß und euren Tränen die Verbrechen bezahlen, die ihr gegen den sowjetischen Staat und das sowjetische Volk begangen habt. Wir sind fair zu denen, die mitarbeiten, erbarmungslos zu denen, die es nicht tun. Wir brauchen Metall, und ihr müßt dieses Metall gemäß dem Plan produzieren. Die Erfüllung des Plans ist unsere heilige Pflicht. Jene, die den Plan nicht erfüllen, sind Saboteure und Verräter, und wir werden ihnen gegenüber keine Gnade kennen." (zit. nach Solomon, 137) Anders als in der alten Sklaverei waren die Herren in der modernen nicht besonders an ihrer Erhaltung oder gar ihrem Wohlergehen interessiert, hatten sie die Zwangsarbeiter doch nicht erworben und brauchten sie deswegen nicht pfleglich zu behandeln. Die Unterhaltskosten konnten ohne weiteres unter das Existenzminimum gedrückt, die nicht ausbleibende hohe Todesrate unter den Häftlingen mit stets frischer, für die Abnehmer kostenloser Zufuhr ausgeglichen werden. Entsprechend sahen auch die allgemeinen Lebensbedingungen im Lager aus. "Le manque total d'hygiène, l'absence de soins médicaux élémentaires, le mépris de la vie humaine dans les travaux les plus dangereux, constituent la règle des camps. Les conditions de logement, l'insuffisance de vêtements dans une température d'une rigueur extrême, augmentent les souffrances physiques des détenus. La norme impossible à remplir obligeant à un travail incessant de douze à quatorze heures par jour, sans repos et sans relâche pendant tous les jours de la semaine et dont dépend la ration de nourriture, impose une sous-alimentation qui va en s'accroissant à mesure que le détenu, s'affaiblissant, peut de moins en moins travailler. Apparaissent alors les maladies de carence, notamment le scorbut, qui imposent l'envoi des détenus dans les camps d'invalides où la mortalité par la faim constitue la règle générale." (Livre Blanc, 173)

Im Kern stand die Kotlowka, das "teuflische Fütterungsprinzip" (Solschenizyn, Gulag 2,144) nach Norm, womit man den Selbsterhaltungstrieb als ökonomischen Anreiz einzusetzen gedachte. Auf der Grundlage einer Mindestration von 300 bis 400 g Brot erhob sich "ein raffiniertes System der differenzierten Brot- und Essenszuteilung, die proportional zur Normerfüllung abgestuft" und mit Sonderzuteilungen und Prämien ergänzt wurde. (Leonhard, 165; nähere Angaben zur Kotlowka finden sich auch bei Conquest, 1990, 334). Für 100 %ige Normerfüllung und für Kontorarbeiter gab es ca. 750 g Brot, für Übernorm- und Schwerarbeiter schließlich in etwa ein kg. Diese Skala schwankte regional und zeitlich. Auch die übrige Ernährung erfolgte nach abgestuft reichhaltigen "Kesseln". "Morgens zwischen 4.30 und 5.30 Uhr wurde Frühstück ausgegeben, das für den ersten Kessel meistens aus dünner Mehlsuppe ('Sawarucha'), Kohl- oder Fischsuppe, für den zweiten Kessel aus dickerer Mehlsuppe oder dünnem Brei (Hafer, Graupen, Erbsen), für den dritten und die höheren Kessel aus dicker, geschmälzter Grütze (Hirse, Buchweizen, Grieß, Haferflocken) bestand. Das Mittagessen konnten die innerhalb der Zone Beschäftigten und die Kontorarbeiter zwischen ein und drei Uhr bekommen; die außerhalb der Zone Arbeitenden faßten es erst nach Arbeitsschluß, also jedenfalls nicht vor fünf Uhr, aber meistens erst gegen acht Uhr abends. Für den Strafkessel bestand das Mittagessen aus fettloser Kohlsuppe und einem Stück Fisch; Frühstück bekamen die 'Drückeberger' gar nicht, Brot nur 200 Gramm. Nichtarbeitende Invaliden und Arbeiter, die 71 bis hundert Prozent geleistet hatten, erhielten den ersten Kessel: Kohlsuppe, Fisch und etwas Grütze. Die Kontorarbeiter bekamen den zweiten Kessel, die administrativen Angestellten den vierten, der die Bezeichnung ATP trug. Die übrigen Arbeiter verdienten sich bei einer Normerfüllung von 101 bis 120 Prozent den zweiten, bei 121 bis 150 Prozent den dritten und bei 150 Prozent den fünften Kessel. Zum fünften Kessel gab es außer Suppe und Fleisch oder Fisch gewöhnlich zweierlei Grütze, Gemüse oder Salat und ein Brötchen." (Leonhard, 166) Das Essen war in der Regel von schlechter Qualität, kalorienarm und lieblos zubereitet. Zucker gab es selten, Fleisch so gut wie nie, stattdessen oftmals Fisch. Nicht, daß es grundsätzlich nicht vorhanden gewesen wäre, doch blieb sehr viel in den Fängen der Lagerverwaltung und des Küchenpersonals hängen.

Die Fütterung bildete die Achse des Lagergeschehens in körperlicher, seelischer und sozialer Beziehung. Um sie war der Alltag, (fast) alles Sinnen und Trachten gruppiert. "Auf der Plattform vor der Küche bildeten sich drei Reihen, an denen die soziale Stufung des Lagerproletariats zu erkennen war. Vor dem ersten Ausschank, über dem Stufe drei geschrieben stand, warteten die kräftigsten und am besten gekleideten Gefangenen, die Stachanows, deren tägliche Arbeitsleistung 125 % der vorgeschriebenen Norm betrug... Zur Stufe zwei gehörten die Gefangenen, die die Norm hundertprozentig erfüllten... An der Spitze dieser Schlange standen meist alte Männer und Frauen; sie gehörten zu Brigaden, deren Arbeitsleistung sich nicht in Prozenten errechnen ließ, und die darum automatisch zur Stufe zwei gehörten. Am jämmerlichsten sahen die von der Stufe eins aus: sie wirkten in ihren zerrissenen Lumpen wie Bettler, und sie wurden auch wie Bettler mit einer Kelle wäßriger Grütze abgespeist. Ihre Gesichter waren vom Leid gezeichnet, sie hatten eine gelbe pergamentene Haut und schwärende, gierig aufgerissene Augen, und ihre Hände umklammerten die Blechnäpfe, als wären die steifen Finger an ihnen festgefroren. Halb ohnmächtig vor Hunger, schoben sie sich auf ihren ausgezehrten Beinen langsam zum Ausschank vor, winselten kläglich um einen Löffel mehr und blickten, wenn sie von dem Ausschank forttraten, neidisch in die Näpfe der zweiten und dritten Stufe. Unter ihnen gab es am häufigsten Streit, und das demütige Plärren verwandelte sich oft in ein schrilles Keifen aus Wut, Neid und Haß. Diese Reihe war immer die längste." (Herling, 44)

Der "Kampf gegen die schwerste Geißel im Lager, den Hunger" (Leonhard, 296) stand obenan. Alles strebte nach dem fünften Kessel, der allein einigermaßen sattzumachen versprach, entweder durch Normübererfüllung oder vermittels bevorzugter Arbeitsplätze (im Lager Küche, Krankenhaus, Bäckerei, Ordnungsdienst; außerhalb Arbeit bei Freien oder in Tierställen). Man behalf sich mit Glaserkitt (der aus Magermilchquark hergestellt war), Tiergedärmen und -knochen, stellte mit Fallen kleinen Wildtieren nach, sammelte Beeren, stahl Feldfrüchte bei der Ernte oder kam in den (sehr seltenen) Genuß von Lebensmittelpaketen. Der Hunger fraß in den Eingeweiden, stopfte die Sinne und machte den Leib schlaff. Er war Quelle des Neids und beständiger Konflikte. Selbst das minderwertigste Essen wurde ausgekostet oder gar zelebriert. Auch für den Kampf um Abfälle war man sich nicht zu schade - was allerdings meist den Anfang vom Ende, nämlich Invalidentum und Verkümmerung, begleitete. Hinter der realen und kargen Nahrung mußte man rasch und gierig hinterher sein, umsomehr schwelgte man in Gesprächen und Phantasie von opulenten Mahlzeiten, reuevoll und sehnsüchtig.

Das zweite Zentrum des Lagerlebens wurde von der Arbeit eingenommen, die ja auch ideologisch und materiell als Sanktion obenan stand. So waren viele Lagertore mit der Inschrift versehen: "Arbeit ist eine Sache der Ehre, des Mutes und des Heldentums." Es verfing zwar nicht sehr, doch mit quasi patriotischen und soldatischen Parolen versuchte man die Seki zu motivieren. Das war um so nötiger, als ihrem Häftlingsdasein ein unrühmliches Ende bevorstand. Denn "Arbeit und Tod, das waren Synonyme im Lager." (Schalamow, 132). Die Häftlinge wurden wie Arbeitstiere nach Einsatzkategorien durchmustert, Muskeln und Zähne geprüft; wenn jemand noch Fleisch auf dem Hintern hatte oder die Faust nicht zwischen seinen Beinen hindurchging, galt er als arbeitstauglich. Häufig mußten Gebäude und Zufahrtsstraßen des Lagers erst unter schweren Bedingungen aus dem Boden gestampft werden. Jeden Morgen zogen die Kolonnen zur jeweiligen Arbeit. "Die erste Brigade, die morgens das Lager verließ, war die der Waldarbeiter, die fünf bis sieben Kilometer bis zu ihrer Arbeitsstelle marschieren mußte. Wenn sie um halb sieben abrückte, kam sie um halb acht an ihrem Arbeitsplatz an. Um fünf Uhr hörte sie mit der Arbeit auf. Der Raswodtschik (Appellführer), der beim Morgenappell gleichsam den Zeremonienmeister spielte, stand mit einer Tafel und einem Stück Kreide genau am Lagerausgang, rief eine Brigade nach der anderen auf und meldete sie dem wachhabenden Offizier. Jenseits des Tors wartete eine Abteilung der 'Wohra' (die Arbeitslagerwachmannschaft), Soldaten mit aufgepflanzten Bajonetten und in langen Mänteln und Pelzmützen. Der erste Offizier übergab dann die Brigade dem sie ständig bewachenden Posten, der aus der Reihe trat, seinen Namen und die Nummer der Brigade rief, die Gefangenen zählte und die Zahl dem Offizier laut wiederholte, wobei er den Empfang von so und soviel Männern für die und die Arbeit bestätigte. Von dem Augenblick an mußte er mit seinem Leben dafür einstehen, daß niemand ausriß; darum sagte er den Gefangenen noch einmal die geheiligte Formel vor: 'Brigade so und so, ich warne euch - ein einziger Schritt nach rechts oder links, und ich jage euch eine Kugel durch den Kopf.' (Dieses "Gebet" der Wache lautet bei Jakir, 59, etwas anders, der Sinn bleibt der gleiche. G.A.) Erst dann gab er das Zeichen zum Abmarsch, brachte sein Gewehr in Anschlag, wobei er den Finger am Abzug hielt, und schickte den Vorarbeiter an die Spitze des Zuges, an dessen Ende er selbst marschierte. Nach der Waldarbeiterbrigade rückte die Sägemühlenbrigade aus, danach kamen die Tischler, die in der Stadt arbeiteten, dann die Erdarbeiter, die Straßenbauer und jene, die in der Lebensmittelzentrale, im Wasser- und Elektrizitätswerk beschäftigt waren. Von den Lagertoren bewegten sich die vor Kälte zitternden Menschenschlangen in alle Richtungen und waren nach wenigen Minuten am Horizont verschwunden." (Herling, 46) Gleichsam zur Verhöhnung spielte dazu die Lagerkapelle. (vgl. Solomon, 104)

Die einzige Abwechslung in diesem Einerlei boten der Hin- und Rückweg, wo man die Augen und Gedanken wandern lassen konnte, und die Pausen. Die mannigfachen "Spielarten der allgemeinen Arbeiten" (Solschenizyn, Gulag 2, zählt sie auf, 183) waren sich alle darin gleich, daß sie von der Norm her ohne Unterschleif nicht zu schaffen waren und körperliche Schwerstarbeit mit unzureichender Ausrüstung verlangten. Als besondere Knochenmühle erwies sich der Bergbau, vor allem von Gold. "Der Moloch malmte" (Schalamow, 96) und vernutzte einen Häftling in drei Wochen. Die Arbeit war ein Alptraum in engen, schlecht abgesicherten Schächten, mit ungeeigneten Kopfbedeckungen, eingehüllt von Gesteinsstaub. Unter diesen Bedingungen und der ständigen Hetze waren Arbeitsunfälle an der Tagesordnung; oft wurden sie nicht als solche anerkannt. Die mangelhafte Behausung und Nahrung taten den Rest, um den Unglücklichen den Garaus zu machen.

Das Prinzip der Ernährung nach Normerfüllung führte dazu, daß die Häftlinge sich selbst antrieben und desolidarisierten. "Für die Norm begeisterten sich nicht allein die Herrn, die sie auferlegten, sondern auch die Sklaven, die sie zu erfüllen trachteten. In jenen Brigaden, in denen die Arbeiter zu Gruppen zusammengefaßt waren, waren die eifrigsten und erklärtesten Antreiber die Gefangenen selber, denn dort wurde die Norm kollektiv errechnet, indem man die Gesamtarbeitsleistung durch die Zahl der Arbeiter teilte. Jedes Gefühl gegenseitiger Hilfsbereitschaft mußte der Jagd nach dem Prozentsatz weichen. Ein unqualifizierter Gefangener, der einer Gruppe guter Arbeiter zugeteilt wurde, konnte nicht erwarten, daß man die geringste Rücksicht auf ihn nahm. Meist zwang man ihn schon nach kurzer Zeit, den Kampf aufzugeben und sich in eine andere Gruppe versetzen zu lassen, in der er dann häufig die schwächeren Kameraden überwachen mußte. Durch all dies wurde das einzige natürliche Band zwischen Gefangenen - ihre Solidarität den Folterern gegenüber - auf eine unmenschliche, gnadenlose Art zerschnitten. Schon wenn sich die Brigaden am Morgen aufstellten, konnte man die ungeheure Grausamkeit dieses Systems erkennen. Bei Brigaden, die die Norm nicht erfüllen konnten, gaben die jüngsten Gefangenen das Marschtempo an; sie wollten damit Zeit sparen, und die älteren und schwächeren konnten sehen, wie sie mitkamen. Diese natürliche Auslese führte zu einer schnellen Verjüngung der betreffenden Brigaden, denn die Alten, die das Tempo nicht durchhielten, verschwanden schließlich ganz von selbst aus ihnen." (Herling, 45f.)

Die Brigade galt ideologisch als Grundform der Umerziehung durch kollektive Arbeit; diente aber vor allem als Instrument der Kontrolle und Antreiberei. Aus ihrem unmittelbaren materiellen Interesse gab es um den Preis der Herabstufung kein Entrinnen. Ihre Aufgabe wurde vom Brigadier geleitet, der seine Leute auch zu bespitzeln hatte. Ihm schuldeten die Arbeiter strikten Gehorsam. Sein Charakter und Verhalten waren darum für die Seki von großer Bedeutung - schlimm für sie, wenn er skrupellos und/oder kriminell war. Ein guter Brigadier, der die Arbeit und sich mit den Lagerautoritäten verstand, über Leistung und Tufta eine gute Norm und manch andere Vergünstigung herausschlug, die Häftlinge nicht drangsalierte, war ein Glück. Waren zu ihm die fast symbiotischen Beziehungen besonders eng - hing doch des Brigadiers Geschick auch davon ab, daß seine Leute mitzogen - standen zwischen den Seki und den Funktionshäftlingen in der Lagerverwaltung Mißtrauen und Mißgunst. Diese waren genauso übel dran wie alle Gefangenen, schlugen aber für sich Vorteile heraus. Die Häftlinge haßten die Lagerleitung und einander ebenfalls. "Wer ist der schlimmste Feind des Sträflings? Sein Nebenmann. Wenn nicht jeder jedermanns Feind wäre, dann wäre alles etwas anders." (Solschenizyn, Denissowitsch, 140) Unter den Umständen zwanghaften Zusammenseins und wechselseitiger Angewiesenheit entstanden unter den Gefangenen ambivalente Gefühle gegenüber ihren Leidensgenossen. Sie konnten sich voller Wut aneinander für die erzwungene Schicksalsgemeinschaft rächen. Die üble(re) Lage anderer ließ Sympathie für sie zu Trost für sich selbst werden. Andererseits ging es allen ähnlich schlecht, was eine begrenzte Kameradschaft oder gar eine verschworene und prekäre Gemeinschaft schuf. Auch Fälle von opferbereitem Einsatz füreinander gab es, aber beispielgebend waren sie nicht. Zu schwer lastete der Druck und zu zahlreich waren die Reibungspunkte. So grassierte z. B. der Antisemitismus (vgl. Kusnezow, Sentaurens, Solomon), wenn auch nicht offiziell propagiert. Er nährte sich aus jahrhundertealten Vorurteilen, etwa der Ukrainer, kam von deutschen Gefangenen, sowjetischen Kollaborateuren oder antikommunistischen Russen (in deren Augen die Juden schuld an der Revolution waren), aber auch von einfachen Funktionären, die auf höhergestellte jüdische Parteigenossen neidisch waren. Gegen Juden kam es darum zu Bösartigkeiten bis zum Mord. Daran beteiligten sich vor allem Kriminelle, die überhaupt auf Kosten der übrigen agierten und untereinander eng zusammenhielten.

Die Urki beraubten, prügelten und erschlugen andere Häftlinge oder Abtrünnige aus den eigenen Reihen (was gelegentlich von der Lagerobrigkeit regelrecht geschürt und organisiert wurde). Unter sich hielten sie auf Hierarchie und Tabus, wie etwa Ablehnung der Arbeit, insbesondere solcher am Lager selbst (Bau am Zaun u.a.). Die 'schweren Jungs', Meisterverbrecher (Sakonniki oder Warsakonniki) hatten unter ihnen das Sagen. Wen sie verfolgten, der war verloren; wen sie anerkannten, der war geschützt und unterstützt. (Vgl. Roland, 133) Sie lebten innerhalb des Lagers ihr eigenes Leben nach spezifischen Gesetzen. "'Was glaubst du'", sagt eine Kriminelle, "'wieviel unser Leben wert ist. Wir sind Verbrecher, Mörder und Diebe. Wir sind Verlorene. Abschaum einer Gesellschaft. Von Kindheit an. Einer Gesellschaft, die uns nie die Chance gab, sie kennenzulernen. Eine wildernde Katze zähmt niemand mehr. Unser Leben ist das Lager, unsere Familie sind die Freunde, die unter den gleichen Verhältnissen groß wurden. Wir helfen uns zu leben, haben Gesetze, die uns stark machen. Sag selbst, sollen wir uns im Lager schinden, arbeiten Jahr um Jahr und dabei älter und älter werden? Für uns Blatnajas gibt es keine Zukunft jenseits der Zäune. Wir leben von heute auf morgen, von Woche zu Woche, von Monat zu Monat, von Jahr zu Jahr. Aber wir wollen in Ruhe leben können. Wir wollen tun, was für uns gut ist. Wir wollen singen, sticken, erzählen und lieben können, ohne von irgendeinem Dummkopf von Posten gejagt und ge- schunden zu werden. Wenn du wüßtest, wie sie uns unserer Freiheit wegen hassen. Viele von ihnen sind schlechter dran als wir. Aber sie fürchten uns. Die Verlorenen sollte man immer fürchten.'" (Roland, 185)

Selbst die Wachen fürchteten die Kriminellen. Im übrigen war auch ihr Dienst reichlich trübe, von der (il)legalen materiellen Seite und mancher Befriedigung, die sie aus dem Gebrauch ihrer Macht ziehen konnten, abgesehen. In gewisser Weise waren sie selbst mitgefangen und verbannt. (vgl. dies., 195, 220) Sie wußten, daß sie eher zufällig auf der anderen Seite des Zauns standen - und sie des öfteren wechselten. Bisweilen standen sie daher auf gutem Fuß mit den Brigaden, legten das Gewehr ab, sahen weg oder plauderten mit den Häftlin- gen. U.a. von Schuldgefühl bewogen, konnten sie manchmal sogar höflich sein. Für die Seki waren diese eher symbolischen Gesten sehr wichtig, und sie achte- ten darauf, mit welchem Wachpersonal sie es zu tun hatten.

In der Regel freilich war das Verhältnis gleichgültig bis feindselig. Die Wa- chen versahen im wesentlichen ungerührt ihren Dienst, aktive Hilfe kam sehr selten vor. Auswahl, Ausbildung und der alltägliche Sadismus hatten sie kon- ditioniert. Wie die Häftlinge wußten sie: 'die da oben' "machen mit dem Ge- setz, was sie wollen" (Solschenizyn, Denissowitsch, 81), mit dem Unterschied allerdings, daß dieses sich gegen die Seki richtete und die Wachen es mit oder ohne persönliche Beteiligung exekutierten. Das betraf nicht nur Arbeit und Unterkunft, sondern auch die zahlreichen Lagerstrafen. Vor allem der Strafiso- lator oder Bunker (Stalins Villa) wurde, obwohl laut Besserungsarbeitsgesetz von 1933 untersagt, für die verschiedensten Vergehen gegen Norm und Diszi- plin verhängt. Conquest (1979, 148f.) zitiert Beispiele einer Zeugin: "'Late- ness in leaving camp for work; talking while going out to work; impertinence to the guards, camp administrators or other free citizens; smoking in the bar- racks; smoking while going out to work; wearing unauthorised clothing (say, private coats or shoes); leaving the place of work without permission; being found with a man, even though it is in a harmless conversation, which it usually is not; entering a house or store in a free settlement; drunkenness; bringing food back into camp; disorder in the barracks; disorderly cot; refusal to work; theft in camp; theft at the place of work; failure to meet labour quota; use of unauthorised place as a latrine; fighting among prisoners (guards who beat prisoners receive no punishment); refusal to take part in extra duty or shock-troop works (udarniki) for the camp, that is, work which must be done after the end of the official twelve-hour working day; leaving the barracks, except to go to the latrine, after the evening roll call; washing laundry in the barracks, washing hair in the barracks; burning holes in clothing, and so forth." Der Isolator war ein lichtloser und kalter Bau, oft auch nur ein Erdloch, und ohne jegliche Ausstattung. Der Häftling mußte in ihm seine Strafe von einem Tag bis zu mehreren Wochen bei einer Hungerration durchstehen. Außerdem gab es eine Vielzahl von Strafeinrichtungen, Kompanien, Baracken oder Zonen mit verschärftem Regime (RURs, BURs, SURs), d.h. schlechterem Essen und Wohnen sowie schwererer Arbeit. (Vgl. Solschenizyn, Gulag 2, 378) Der Aufenthalt in ihnen dauerte meist länger oder immer. Auch zu Erschießungen kam es aus häufig nichtigen, fabrizierten Anlässen, sei es von zentralen Rollkommandos, sei es vom lokalen NKWD. Neben diese 'legalen' Grausamkeiten traten noch die irregulären aber häufigen wie Prügel, den Mücken oder der Kälte aussetzen.

Unter diesen Verhältnissen wurden die Häftlinge gebrochen, umgewandelt und umgebracht. "Das ganze Zwangsarbeitersystem in Sowjetrußland - in all seinen Stadien: Untersuchungen, Verhöre, Gefängnishaft und schließlich Arbeitslager - dient nicht in erster Linie dazu, den Verbrecher zu bestrafen, sondern ihn wirtschaftlich auszubeuten und psychologisch umzuwandeln." (Herling, 73) Jeder einzelne wurde gewissermaßen einer "Großen Säuberung" unterzogen. Bereits die Folterungen hatten weniger (zunächst) ein konkretes Schuldgeständnis zu erreichen als den Gefangenen mit verschiedenen Methoden seiner Individualität zu berauben. Das Geständnis besiegelte das nur und rechtfertigte die Peiniger. (vgl. Heller, 243) 'Fertig' im Doppelsinn war der Angeschuldigte, wenn sein psychischer Apparat zerbrach, ihm Kontext, Zeit und Sinn verloren gingen und die abstruseste Behauptung als wahrscheinlich erscheinen konnte (zum üblichen Hergang der Folter vgl. Medwedew, 184 ff.). Als "neu zusammengesetzter Mensch" (Herling, 75) gestand er nicht nur, sondern fügte sich auch der gewollten Redefinition seiner Rolle und Gegenwart. Viele Berichte zeugen von diesem Stadium der Leere, Gleichgültigkeit und Isolation, dem die meisten verfielen und von dem aus das Lager geradezu als Hoffnung, Rest und Aufbruch des alten Ichs erscheinen konnte. Darin wurde der Häftling genauso enttäuscht wie vom etwa noch mitgeführten Mitleid abgebracht.

Jeder sorgte egoistisch für sich. "Das Lager, in dem die Gefangenen den tiefsten Stand des Menschseins erreicht haben und sich in ihrem Verhalten den anderen gegenüber nur von ihren eigenen grausamen Gesetzen leiten lassen" (ders., 76), zwang ihn dazu. Wenn das geschehen war, der Häftling parierte und die elenderen Leidensgenossen und Verkümmerer mit den Augen der Obrigkeit und stärkerer Mitgefangener als Last und Abfall zu sehen begann, war der neu Zusammengesetzte in praxi lagertauglich. Der Rest war die Routine des Lageralltags, der Erniedrigung und der Ausbeutung. Der Sträfling war nun lagerfungibel. Es gab häufig "Menschen, deren Persönlichkeit sich durch den täglichen Kampf ums Dasein im Lager völlig veränderte. Alles, was früher einmal gewesen war, wurde bei ihnen verdrängt. Es entstand ein neuer Mensch, und dieser Mensch war furchtbar. Es waren hölzerne Marionetten, ohne Bindung, ohne Seelenleben und vor allem ohne Gedächtnis. Diese Menschen dachten nie mehr an die Freiheit, an die menschliche Periode ihres Lebens zurück. Solche Erinnerungen wären für sie eine Belastung gewesen." (Ginsburg, 308f.) Gerade weil sie ein neues Lager(über)ich bilden mußten, verwahrten sie sich heftig gegen einen Riß in ihm, der zum Dammbruch hätte führen können. Denn ab und zu wollte auch das alte Selbst- und Mitgefühl wieder ans Licht. Aber "die erdrückende Mehrheit verhielt sich so: kleinmütig, hilflos, schicksalsergeben." (Solschenizyn, Gulag 1,43) Böses sollten und wollten die Häftlinge einander antun, helfen nicht.

Das neue Leben brachte eine armselig-grobe Physiognomie hervor, harte Gesichter und Seelen. Die scharfe Eingrenzung vermischte sich mit Fatalismus und Resignation, die sich bis zur "selbstmörderisch wirkenden seelischen Indolenz" verdichten konnte, der "tiefsten Tiefe der menschlichen Erniedrigung, in der einem jede Aussicht auf eine Veränderung, selbst zum Besseren hin, gewagt und gefährlich erscheint." (Herling, 205). Die Hoffnung erschien dann als Fessel (vgl. Schalamow, 368), als ihr Letztes die Hoffnungslosigkeit. Der solcherart wirkende Selbst- und Fremdhaß konnte in Entgrenzungswünsche nach dem Tod übergehen. Vor ihm fürchtete man sich andererseits, da er beschleunigt und unberechenbar näherrückte, und so konnte man sich in Angst auflösen. Das allfällige Hinsterben der Menschen, die Schutzlosigkeit und Ohnmacht aller dagegen ließ einen die Ohren und Augen vor den Qualen der Verkümmernden und Sterbenden verschließen. Man wollte das Geschick des Lagertodes verstecken und verleugnen. Zumal die Namenlosigkeit eines Todes, der ohne Ort, Würde, Ruhestatt und Nachricht war, peinigte. Doch eben dies stand am Ende des Weges: das Abkratzen, die mehr oder minder oberflächliche Obduktion, das Wegschaffen und Verscharren der nackten Leichen. Es blieb keine Spur.

In dieser anscheinend unausweichlichen Lagerwelt gab es kaum Lichtblicke. Die Zukunft war verhangen, die Vergangenheit abgeschnitten. Besuche von Angehörigen, zwar formell erlaubt, aber nur schwer zu praktizieren, stießen nicht immer auf Gegenliebe bei den Häftlingen - sie konnten sie ihre Trostlosigkeit nur noch stärker fühlen lassen. Eher versuchten die Seki, innerhalb des Lagers mit seinen Bedingungen über die Runden zu kommen. Neben dem vielfältigen Streben nach und Üben von Blat, d.h. Protektion, Einfluß, Gunstnetz und dem allgemeinen Tauschhandel vor allem zwischen Neuankömmlingen, privilegierten Seki und Freien (oft genug von Dieberei durch- oder ersetzt) trachtete man, der Arbeit der "Allgemeinen" zu entkommen und Ruhe zu gewinnen. Wer dies nicht über Blat oder Lagerfunktionen konnte, strebte vor allem in die Krankheit. Simulantentum und Selbstverstümmelung waren weitverbreitet, verschiedene Methoden der Fiebererhöhung über Blutvergiftung bis zu künstlicher (zeitweiser oder dauernder) Erblindung, Verletzung und Abhacken von Körpergliedern waren bekannt und wurden geübt. Ziel dieser Bemühungen war die Arbeitsbefreiung und das Lazarett, das als Oase der Ruhe, der Sauberkeit und Sattheit galt (nach Herling und Schalamow; Solschenizyn hält allerdings dagegen, der Kontrolle und dem Arbeitszwang sei so nicht zu entgehen gewesen). Selbst bei erfolgreicher Simulation oder Selbstverstümmelung konnte jenes nicht leicht erreicht werden. Die Ärzte, meist selbst Häftlinge, waren zwar durchaus bemüht und hilfreich, ihrerseits aber überwacht und streng an restriktive Vorschriften bezüglich Diagnose und Behandlung gebunden, von ihrer leicht möglichen Korrumpierung abgesehen. Außerdem waren sie gehalten, nur für diejenigen aus ihren kargen medizinischen Vorräten zu schöpfen, für die es sich noch zu 'lohnen' schien, nicht hingegen für erkannte Selbstverstümmler oder hoffnungslose Fälle (mit schwerem Herzfehler, Tbc, Pellagra oder hochgradigen Avitaminosen). Für diese erwies sich das Lazarett häufig nur als Zwischenstation auf dem Weg in die Sterbebaracke. Krankheiten gab es überreichlich. Zu ihnen zählten vor allem Mangelerscheinungen wie Skorbut (gegen den man lediglich den obligaten Fichtennadelsud verabreichte), Avitaminosen (z. B. Nachtblindheit), alimentäre Dystrophie (Muskelschwächung), Durchfall, Wassersucht, weiter allgemeine Demenzerscheinungen und schließlich Arbeitsunfälle und -krankheiten. Der Weg zum Verkümmern war breit.

Auf andere Weise trachteten die Häftlinge, dem Lagerelend durch die Liebe zu entkommen. Trotz aller äußerlichen Gleichbehandlung waren weder Geschlechterdifferenz noch -spannung geschwunden, ja nicht einmal weit abgedrängt worden. Die Frauen lebten und litten wie die Männer, aber - so wird mitgeteilt - ihre Moral war höher, ihr Äußeres und das der Baracken gepflegter, ihr Verhalten 'vernünftiger' und ihre Ernährungsweise 'ökonomischer'. Des offziellen Verbots ungeachtet und obgleich die Seki körperlich schwer belastet und ausgezehrt waren, grassierte der Geschlechtsverkehr in allen möglichen Situationen und Winkeln. Zu den (selten gewährten, von den Urki oder Pridurki aber beanspruchten) Privilegien gehörte der Besuch des Frauenlagers. Der Lebens- oder Liebestrieb erwies sich als unbezwinglich. Die trotz der Promiskuität relativ niedrige Zahl von Lagerkindern (geschätzt zwischen einer halben und einer Million) mag auf das häufige Ausfallen der weiblichen Geschlechtsfunktion zurückzuführen gewesen sein. Wo immer möglich bzw. erzwingbar (von den Kriminellen, Funktionshäftlingen oder Lageroberen) wurden regelrechte Lagerehen geführt; beiden Seiten erleichterten sie das Leben. Die Frauen und ihre Kinder genossen einen gewissen Schutz und etliche Vergünstigungen. Mit zwei Jahren wurden aber die Kinder von den Müttern fort in besondere Heime gebracht. Oft waren dies traumatische Separationen. Ein Wiedersehen nach Verbüßen der Lagerhaft wurde zwar in Aussicht gestellt, trat aber selten ein.

Während es innerhalb des Lagers verschiedene positionelle und situative Möglichkeiten gab, das eigene Los zu bessern, verlassen konnte man es wesentlich schwerer. Beschwerden und Eingaben blieben in der Regel erfolglos. Nichts ging in der Lagerbevölkerung so schnell und gerngeglaubt herum wie die Parascha (wörtl. Abortkübel, im übertragenen Sinn Gerücht) einer allgemeinen oder Teilamnestie aus diesem oder jenem Anlaß - nichts wurde aber auch so oft und grausam enttäuscht. Hingegen waren Strafverlängerungen aus verschiedensten Anlässen an der Tagesordnung. Dem Lagerdasein durch Flucht entkommen zu wollen, erwies sich durchweg als aussichtslos. Das Entweichen selbst bot noch die geringste Schwierigkeit - aber was dann? Die Lager befanden sich in der Regel in unwirtlichen Regionen, in denen man sich kaum ernähren konnte; die Beraubung von Einheimischen und Transporten konnte nicht lange unentdeckt bleiben. Mit Unterschlupf war bei dem allgemeinen und speziell gegenüber Sträflingen geschärften Mißtrauen nicht zu rechnen. Was Hunger und Isolierung nicht zuwege bringen mochten, schaffte schließlich das mörderische Klima. Waghalsige Fluchtgeschichten gab es viele, banal und/oder tragisch endeten sie fast alle. Bei Schalamow finden sich etliche zusammengetragen.

Nur auf zwei Wegen konnte man das Lager wirklich verlassen: als Toter oder als Entlassener. Die Freilassung wurde von den Seki aber nicht einhellig begrüßt. Nicht nur kam sie oft erst so spät, daß sie kaum mehr eine Regung auszulösen vermochte. Der Häftling war inzwischen körperlich und seelisch derart ans Lagerleben gewöhnt (worden), daß er ans halb verschüttete frühere Dasein sich anzuknüpfen nicht mehr getraute. Die Zwangsserie lockerte nicht leicht ihren Griff. Ohnedies erwartete den Entlassenen häufig nicht die 'große' Freiheit, sondern die halbe der Verbannung. Für die Ex-Gefangenen (und häufig späteren Siedler) hatte das auch Vorteile: sie kannten sich in der größeren Zone aus, wurden als Arbeitskräfte gebraucht, lebten einigermaßen gesichert und trugen dort einen geringeren Makel als sonst irgendwo im Land oder gar im alten Lebensbereich. (Vgl. Leonhard, 324, 326f., 386) Man tat indes gut daran, sich unter der Kontroll- und Entscheidungsgewalt des NKWD nicht allzu frei zu fühlen. "Wer einmal in Haft war, blieb für immer im Visier des Geheimdienstes. Der Kreis der Angst öffnete sich nie. Man saß im Gefängnis und wartete aufs Lager. Dann kam man ins Lager und wartete auf die Freiheit. Dann endlich war man in Freiheit, und man fürchtete wieder das Gefängnis." (Hildebrandt, 237; vgl. die anschauliche Schilderung dieses Angstkreises bei Sentaurens)

"There - row on row, according to years,
Kolyma, Magadan,
Vorkuta and Narym
Marched in invisible columns.

The region of eternal frost
Wrote men off into eternity,
Moved them from the category of 'living'
To that of 'dead' (little difference between them) -

Behind that barbed wire
White and grizzled -
With that Special Article of the law code
Clipped to their case files.

Who and what for and by whose will -
Figure it out, History."

(Sowjetischer Dichter, zit. bei Conquest, 1990)

"So lebt man also dahin, den Kopf gesenkt, und hat keine Zeit, darüber nachzudenken, wie man reingekommen ist und wann man wieder rauskommen würde." (Solschenizyn, Denissowitsch, 81f.) Ob freigelassen oder im Lager geblieben, die Haft und Zwangsarbeit hatte die Seki nach geraumer Zeit sozialmoralisch gewandelt und verdorben. "Grob und grausam ist der Leiter, verlogen der Erzieher, gewissenlos der Arzt, doch all das ist nichts im Vergleich zu der Kraft der Verderbnis der Gaunerwelt. Jene sind dennoch Menschen, und ab und zu kommt das Menschliche in ihnen zum Vorschein. Die Gauner aber sind keine Menschen. Der Einfluß ihrer Moral auf das Lagerleben ist grenzenlos und allseitig. Das Lager ist die negative Schule des Lebens im ganzen. Nichts

Nützliches trägt einer von dort hinaus, weder der Häftling selbst noch sein Lagerleiter noch sein Wachposten noch die unfreiwilligen Zeugen - die Ingenieure, Geologen und Ärzte - noch die Vorgesetzten noch die Untergebenen." (Schalamow, 60) Die Zeit war vertan, die Arbeit verhaßt und Anstand überflüssig oder schädlich geworden. Die Moral wurde zerschlissen, Mitgefühl und Mut zerschnitten. Willkür und die Herrschaft des Faustrechts hinterließen eine Wüste. Die politische Ökonomie der Sklavenarbeit brachte Pfusch hervor, das Selbst- und Sozialverhältnis der Häftlinge verkümmerte unter dem Druck der Gewalt, ihre politische Psychologie tendierte zur Anpassung, Angst und Kleinmütigkeit. Es war nicht das einzige Resultat, aber sicher das folgenreichste neben den unter riesigen Opfern erstellten 'Kathedralen' der stalinistischen Zwangsarbeit.

6. Aufbegehren und Auflösung

Unter der mehrfachen Last der Kriminellen und der Lagerobrigkeit, des Klimas und der Arbeit fristeten die Häftlinge ein mühsames Leben, das sie eher verlieren als bewahren konnten. Den Lagerstumpfsinn durchzuhalten war das oberste Bestreben. "Widerstand gegen das schreckliche Grauen" (Ginsburg, 311) fühlten viele, zum Erfolg führen konnten ihn nur wenige. Der Erhalt der Selbstachtung war dafür wesentlich, die Objektivierung der Peiniger ('das sind keine Menschen') oder die Genugtuung über das jeweils relativ leichtere Los. "Geduld und Glück sind es, die uns immer gerettet haben. Es sind die beiden Wale, auf denen die Häftlingswelt ruht." (Schalamow, 281)
Es gab verschiedene Taktiken des Überlebens. Die wichtigste Regel lautete: Weg von den Allgemeinen (der Außenarbeitsbrigaden). Auf Dauer konnte nur ein kleiner Funktionsposten im Lager helfen. Man mußte sich in die Zwangsarbeit fügen, aber sie nach Kräften unterlaufen, falls man ihr nicht erliegen wollte. Wenn einer vor einem starb, verlängerte sich die eigene Lebensfrist ein wenig: Du stirbst heute, ich morgen. Da war jeder auf sich gestellt und, falls er überlebte, "became fantastically skilled in the arts of survival." (Conquest, 1990, 319) Eine Art sechster Sinn für Gefahren und Chancen begleitete den Veteranen. "So wächst auf dem riesigen Territorium Rußlands beim gefährdeten Individuum ein neues Element zu hypertrophischen Dimensionen heran: die metaphysische Fähigkeit, drohende Gefahren zu wittern. Diese Fähigkeit hat sich während vieler Jahre der Angst, Furcht und Frustration im Unterbewußten von Männern und Frauen entwickelt..., wurde die sensorische Wahrnehmung unsichtbarer Bedrohung zu einer Frage über Leben und Tod. Der Tod war nie

sehr weit weg. Er lauerte in den unabgestützten Stollen der Bergwerke, in der unvorstellbaren Kälte, hinter dem Abzug der Pistole eines launischen Aufsehers. Der Mensch mußte die ganze Oberfläche seines Körpers in Augen und Ohren verwandeln. Er mußte ahnen und erraten, um am Leben zu bleiben." (Solomon, 96)

Für das Überleben existierten gewisse Regeln, Notbehelfe und Sensibilitäten, ein russisches Roulette neuer Art blieb es immer. Frauen, so wird einhellig berichtet, hielten sich trotz zusätzlicher sexueller Angriffe besser. Intellektuelle hatten es schwerer mit dem rauhen Alltag als Arbeiter und Bauern. Überzeugungen, seien sie politische oder religiöse, halfen die Lagerzeit zu überstehen. Ungeachtet der Abschmelzung der Person auf ihren egoistischen Kern gab es nicht nur Kameradschaft (= pragmatische Freundschaft), sondern auch Solidarität und Hilfe. "Alle, die überlebt haben - erinnern sie sich nicht jenes anderen, der ihnen im Lager in schwerer Stunde die rettende Hand hingestreckt hat? Ja, die Lager waren auf Zersetzung berechnet und ausgerichtet. Aber das heißt nicht, daß es gelang, *jeden* zu brechen." (Solschenizyn, Gulag 2, 569) Über ein Alltagsnetz des Überlebens hinaus gab es selten aktiven Widerstand.

Dennoch kam es im Lager immer wieder zu kleinen Revolten, die dem (Selbst)Behauptungswillen aufhalfen. Solomon (253) berichtet vom Widerstand einer Gruppe von Nonnen, die in Arbeits- und Hungerstreik traten, die fotografische 'Behandlung' verweigerten und schließlich obsiegten. Kleinere Häftlingsgruppen verbarrikadierten sich in den Baracken und forderten "besseres, vitaminreicheres und ausreichendes Essen, Zusammenlegung von Männern und Frauen, Schießverbot für die Wache und mehr Menschlichkeit." (Hildebrandt, 195) Von Hungerstreiks wird schon aus den 30er Jahren berichtet. Sie drangen damit nicht durch, wurden überwältigt und "weggeräumt", d.h. im Lagerjargon erschossen. Hildebrandt berichtet auch von einer spontanen Erhebung der "Norilsker" (286f.) des großen Aufstandes in einem anderen Lager; mehr als die Obrigkeit herausfordern und mutiges Beispiel geben konnten sie nicht.

Nach dem Ende des Krieges, seiner Anspannung und Hoffnung begann eine schier ununterbrochene Kette von großen Aufständen, die das Lagersystem erschütterten. Die Nachrichten davon waren und sind rar. Hunderttausende von Häftlingen waren an ihnen beteiligt, die sich gelegentlich zum Marsch auf regionale Zentren wie Magadan oder Workuta sammelten und die Produktion lahmlegten. Kosyk (45f.) gibt für den Zeitraum von 1946 bis 1957 Dutzende von länger dauernden Streiks und Aufständen vor allem in den sibirischen und kasachischen Lagern an. Die näheren Gründe dafür liegen im Ende des "Großen Hungers", der seinen Höhe- und Wendepunkt 1947/48 erreicht und die Häftlinge dissoziiert und deprimiert hatte. Auf der Grundlage genereller Verbesserung der Lebensbedingungen auch im Lager nach der Wiederaufbauperiode fand bereits 1948 ein Aufstand noch eher militärischen Typs statt. Er wurde niedergeschlagen, aber die Stimmung hatte sich geändert. Des weiteren setzte sich nach den Wellen der politischen Gegner, der Bauern, der Partei- und Staatskader und der Kriminellen in den 30er Jahren nun mit dem Zustrom neuer Gruppen die Lagerbevölkerung neu zusammen. Die Balten, Polen, Ukrainer, ehemaligen Soldaten aus deutscher Gefangenschaft und deutschen Kriegsgefangenen bildeten ein zwar vielfach gespaltenes, aber auch explosives Gemisch. Sie waren autonomer, erfahrener und selbstbewußter als ihre Vorgänger. Die Gegenmaßnahmen des MWD - bessere Lagerbedingungen, häufige Überstellungen und die Trennung von Politischen und Kriminellen - konnten den Prozeß nur verzögern, ja förderten ihn sogar. Durch den Austausch von Häftlingsgruppen kam eine überregionale Kommunikation zustande. In den späten 40er Jahren begann die Zusammenarbeit zwischen den Autoritäten und den Kriminellen, die verläßlichste Gewaltachse des Lagerlebens, zu knirschen. Im inneren Kampf zwischen Blatuye (Schwerverbrechern) und Suki (wörtlich: Huren) um die Einstellung zur Kollaboration mit den Lagerbehörden zerfiel allmählich auch die kriminelle Kommune. Ab 1947/48 war eine zunehmende Selbstorganisation der Politischen zu verzeichnen, die sich zunächst gegen die Herrschaft der Kriminellen wandte. Sie setzten mehr medizinische Versorgung, Nahrung und Hygiene durch. Nur größere Massenaktionen schienen einigermaßen Aussicht auf Erfolg zu haben. Doch selbst ein so meisterhaft geplanter und durchgeführter Massenausbruch, wie ihn Schalamow (202-209) für die Kolyma schildert, endete mit dem Tod fast aller Beteiligten. Andere Aufstandsformen waren nötig. Vielfach bildeten sich geheime Widerstandszirkel politischer, militärischer oder informeller Art. Diese setzten sich international zusammen und entwickelten sich zu quasi gewerkschaftlichen Organisationen. Immerhin waren die Häftlinge auch als Arbeiter angesprochen und seit 1950 entlohnt worden (um die Produktivität zu erhöhen), arbeiteten häufig neben und mit 'freien' Arbeitern. Als besonderer Teil der sowjetischen Arbeiterklasse verlangten sie zunehmend gerechte Leistung und Entlohnung. Die spezifische Gewalterfahrung der Zwangsarbeit ließ sie prononciert gegen Informanten, Brigadiere und Vorarbeiter vorgehen.

Die politische Krise und (zaghaften) Reformen im Gefolge von Stalins Tod 1953 sowie der Aufstand in der DDR lösten in den Lagern Unruhe und ausgedehnte Revolten aus. Die Autoritäten und Wachen wurden unsicher. Im Zuge einer Amnestie erlangten binnen Jahresfrist eine Million Gefangene die Freiheit (aber es kamen auch 600.000 neue). Forderungen, Verlauf und Folgen waren überall ähnlich. Die Häftlinge erhoben "two kinds of demands: specific demands, pertaining to the prisoners, and general demands, concerning the peoples of the occupied, subjugated countries. " Die ersteren umschlossen: "revision of sentences, amnesty for prisoners who were still minors and for the aged, extension of the amnesty to political prisoners, improvement of the food rations, a working-day of 8 hours, removal of bars from the windows of the huts, improvement of working conditions, increased pay, removal of the numbers sewn onto the garments worn by the prisoners, and the right to correspond with one's family more frequently and in one's national language, etc." Die zweite Kategorie von Forderungen betraf die Beendigung der Massendeportationen aus den nichtrussischen Republiken. (Kosyk, 66) Diese schienen indes nicht überall und/oder nicht in erster Linie erhoben worden zu sein.

Es begann im Frühjahr 1953 mit dem Aufstand von Norilsk, in dem die Ukrainer eine zentrale Rolle spielten. Wie auch später entledigte man sich zuerst der Informanten der Lagerverwaltung. "This method of disposing of informers had various aims and far-reaching consequences. It undermined the control of the administration as regards the affairs of the camp; it caused alarm amongst the helpers and agents of the administration and put them on their guard; and, lastly, it made the other prisoners realize the daring and efficiency" des führenden Kerns. (Kosyk, 56) Häufig setzte man die kleinen Stützen der Lagermacht auch zu nützlichen Arbeiten wie Barackenreinigung oder Anfertigung von - übrigens sowjetloyalen - Spruchbändern ein. Unter Anleitung geheimer Rädelsführer kam es zum Generalstreik, an dem über 50 000 Häftlinge (die Zahlen differieren; Graziosi gibt, auch für die anderen Aufstände, niedrigere an) teilnahmen, die das gesamte Norilsker Industriegebiet blockierten und Versorgungsengpässe im Land hervorriefen. Interventionen und Verhandlungen der regionalen Lagerleitung und Moskauer Emissäre fruchteten nichts, aber es gelang ihnen zeitweise, die Aufständischen auseinanderzudividieren und einzelne Lager zu stürmen. Damit brach aber erst die offene Erhebung aus. Sie dauerte fünf Wochen, während derer die Häftlinge die Lager besetzt hielten, von den Behörden versorgt werden mußten und beharrlich das Erscheinen einer bevollmächtigten Regierungskommission aus Moskau verlangten. Indessen beliefen sich die Verluste durch den Streik auf 60 Millionen Rubel täglich. Die Regierungskommission, verunsichert durch die Lage im Land und besorgt um die Loyalität der freien Arbeiter und der Soldaten, machte Teilzugeständnisse; schließlich stellte sie ein Ultimatum, nach dessen Ablauf MWD-Truppen die Ordnung mit Gewalt und hohen Opfern (etwa tausend tote Häftlinge) wiederherstellten. Der Kampf ging aber selbst dann noch in anderen Lagern weiter und zog Kreise bis in die Stadt Norilsk. Die Anführer wurden mit öffentlicher Bekanntmachung gehängt oder in Arbeitsvernichtungslager deportiert, die anderen ins Lager zurückgebracht und milder bestraft. Ein Chefdenunziant, der bei der Ermittlung jener geholfen hatte, verfiel der Feme und wurde trotz aller Schutzmaßnahmen wenig später erdolcht. Der regionale Gulag-Chef, General Derewenko, fiel bald darauf in Ungnade und brachte sich selbst um. Mit seinem Tod "ging eine Epoche der Rücksichtslosigkeit und Tyrannei zu Ende." (Solomon, 270)

Mit dem Sturz Berijas schwankten die Linien des MWD noch stärker; viele Soldaten zeigten sich nun den Häftlingen gewogen. Der Aufstand in Workuta begann im Juli 1953, ausgelöst von Neuankömmlingen aus Karaganda, die gegen die schweren Arbeitsbedingungen protestierten. Sie legten die Arbeit nieder. Der Streik war sorgfältig vorbereitet und organisiert, in jedem Lager gab es Leitungsgruppen. Nach kurzer Zeit befanden sich alle Lager in Workuta, dem Kohlenzentrum des Landes, im Ausstand. 50 Bergwerke mit 100 000 Häftlingen standen still. Die dadurch und infolge der Vorgänge in Moskau unsicher gewordene Verwaltung begann zu verhandeln. Sie bot ein Reformprogramm an, das den o.g. Forderungen der Sträflinge entgegenkam. (vgl. Lewytzkij, 286) Das gewählte Streikkomitee verlangte aber direkte Unterhandlungen mit Vertretern der Partei- und Staatszentrale. Damit lief sich der Streik fest und wurde schließlich blutig niedergeschlagen. In weiteren Aufständen in Rußland und Kasachstan fand er aber Widerhall, etwa in Komi im Herbst 1953, wo eine Gruppe von Verschworenen, die "Ledermützen", die Leitung innehatte. Von tausenden Beteiligten sollen nur drei die Revolte überlebt haben. (vgl. Sentaurens, 345-349)

Als letztes ermittelbares Beispiel soll der Aufstand im Lager mit Spezialregime Kingir (Kasachstan) erwähnt werden. Die Häftlinge unter der Führung einer geheimen Leitung legten einen besonders ausgearbeiteten Forderungskatalog vor. (vgl. Lewytzkij, 287; Solschenizyn, 3) Hier zogen die Kriminellen mit den Politischen an einem Strang. Ca. 8000 Häftlinge beherrschten die Lager. Zwischen Verhandlungen und MWD-Überfällen richteten sie eine Selbstverwaltung auf und bereiteten die Verteidigung vor. Über einen eigenen Rundfunksender und eine Delegation der Stadt Kingir nahm die Häftlingskommune Kontakt mit der Umwelt auf. Nach etwa einem Monat wurde aber der Aufstand von 2000 Soldaten mit Panzerunterstützung niedergeschlagen. Wieder gab es viele Tote und Deportationen nach Kolyma.

Der Funke war aber nicht mehr auszutreten. Trotz der großen Entfernungen und strikter Geheimhaltung trat er gleichzeitig an den verschiedensten Orten auf. Der Höhepunkt des unbestrittenen Lagerregimes war - im Zenit seines quantitativen Umfangs - überschritten. Im Gefolge der Revolten waren Veränderungen unausbleiblich; in der Sowjetunion hatte die Chruschtschow-Ära begonnen. Kleinere Erleichterungen des Lagerlebens - Entfallen der Nummern, gitterlose Fenster, besseres Essen und mehr Kontakte mit den Angehörigen, Reduzierung der Arbeitszeit - wurden angeordnet, von den lokalen Autoritäten allerdings oft unterlaufen und später vielfach zurückgenommen. 1955 wurden die Lager unter staatsanwaltschaftliche Aufsicht gestellt. Breite Amnestien und Rehabilitierungen betrafen nach offiziellen Angaben 1957 fast drei Viertel der Lagerbevölkerung; der Anteil der politischen Gefangenen soll auf 2 % gesunken sein. Andererseits wurden die Besserungs- und Arbeitskolonien ausgebaut, und auch die Häftlingszahlen stiegen nach dem Ungarnaufstand wieder an.

Die Bedeutung des krassen außerökonomischen Zwangs als Entwicklungs- und Disziplinierungsmittel begann jedoch unwiderruflich zu sinken. Die Nomenklatura der Bürokratie machte sich von der Kuratel der Sicherheitsorgane freier und fing an zu spüren, daß der Modernisierung der sowjetischen Gesellschaft der immer kontraproduktiver werdende Terror entgegenstand. Ohne die massiven Häftlingsaufstände hätte sie diese Lektion langsamer gelernt. Mitglieder einer Generation, welche Krieg und Sieg die nachher wieder scharf angezogenen Zügel umso stärker empfinden ließen, begehrten auf. Die mehr oder minder spontanen und nur ad hoc organisierten Lagerrevolten standen in diesem Zusammenhang. Obwohl sie eher gewerkschaftlicher Natur waren und auf bessere Arbeits- und Lebensbedingungen, nicht hingegen auf die Abschaffung des Lagersystems zielten, berührten sie das Regime an einer empfindlichen politischen Stelle. Wenngleich dieses mit Gewalt Herr der Lage wurde, war der Anfang vom Ende der Zwangsarbeit doch eingeläutet und damit ein Eckpfeiler des stalinistischen Terrors weggebrochen. Auch die Isolation und das Beschweigen der Lager und ihrer Insassen veringerten sich.

Es spricht vieles dafür, daß "alle Versuche, die wirtschaftliche Entwicklung Rußlands zu rationalisieren, durch den Terror vernichtet wurden", der sie doch forcieren sollte, und es kann erwartet werden, daß die Analyse "den Mythos begraben wird, Terror und ungeheure Verluste an Menschenleben seien der Preis gewesen, der für eine schnelle Industrialisierung nun einmal gezahlt werden mußte. Wirklichen Fortschritt gab es erst nach Stalins Tod." (Hannah Arendt, 1970, 98) Die historische Betrachtung der Sklaverei, die verschwand, als sie unökonomisch geworden war, und der freien Lohnarbeit Platz zu machen hatte, ließ (nicht nur Leonhard, 387) "hoffen, daß auch in der Sowjetunion das Zwangsarbeitersystem ausstirbt, wenn es nicht mehr rentabel ist. Die Zeit ist wohl nicht mehr fern, da die sowjetische Industrialisierung zu einem gewissen Abschluß gekommen sein wird. Der Ausbau einer eigenen Industrie in dem zur Zeit der Revolution noch im frühkapitalistischen Stadium befindlichen Lande, der von denselben Härten begleitet gewesen ist wie die 'ursprüngliche Akkumulation' in den westlichen Ländern und daher die historische Rolle des europäischen Frühkolonialismus - in der Form der inneren Kolonisation - vertritt, wird in wenigen Jahren vollendet sein; damit entfällt dann auch die Notwendigkeit, in großem Maßstab Zwangsarbeit zu verwenden." Wie plausibel die von der Autorin bemühte historische Gesetzmäßigkeit insoweit sein mag, ihre Aufhebung und damit die weitere Entwicklung der ehemaligen Sowjetunion vollzieht sich jedenfalls nicht in der von ihr erhofften sozialistischen Form. Die stalinistische Formation als "vorbürgerliches, steckengebliebenes Übergangsregime zur Moderne" (Kurz, 21) und die in sie eingefügten sowjetischen Zwangsarbeitslager stehen damit erneut und verschärft zur Debatte.

IV Die unterschiedliche Gemeinsamkeit des Elends.

KZ und GULAG. Elemente eines Vergleichs

In der Entwicklung zur und innerhalb der Moderne waren und sind es tiefreichende gesellschaftliche Krisen, welche die terroristische Konfliktlösung über Lagersysteme hervorriefen. Insoweit waren und sind diese als allgemeine Möglichkeit in jener enthalten. Sie verwirklich(t)en sich je nach Grad und Zuspitzung der vorhandenen gesellschaftlichen Konflikte und vor allem dann, wenn Alternativen blockiert sind oder erscheinen. Auf ähnliche Problemlagen haben andere Sozietäten und Kräftekonstellationen andere Auswege gesucht, denken wir etwa an den New Deal in den USA, und auch in Deutschland wie in der Sowjetunion wurde in den 20er Jahren politisch um mögliche Antworten gerungen. Das bloße Vorhandensein einer krisenhaften Lage reicht für sich genommen nicht hin. Erst wenn sie unlösbar ist oder den Kontrahenten so erscheint und eine historisch-politische Affinität zu autoritären bis diktatorischen Regelungsformen gegeben ist, schlagen die Lager von einer allgemeinen Möglichkeit dieses Jahrhunderts in konkrete Existenz um.

Die disziplinarischen Bestände der heraufziehenden und entfalteten Industrialisierung sowie etatistischer Regulierung werden unter faschistischen bzw. staatssozialistischen Auspizien in die Lager transportiert und terroristisch transformiert. Das sind vor allem das Machtdispositiv des Staates, die Abstraktion der Herrschaftszwecke, die serielle Zwangsmasse, die Regulierung der Körper, Sinne, Köpfe und Bewegungen, die Sortierung und Sanktionierung der Herrschaftsobjekte, die handlungsleitende Potenz und maschinale Exekution vereinseitigender Ideologie sowie der Aggressionstransfer heteronomer Individuen an übergeordnete Instanzen. Aus diesen Ingredienzen besteht die Alchimie des Terrors, der sich unter bestimmten Umständen aktualisiert und in den Lagern seinen destruktiven Charakter entfaltet. In bezeichneter Hinsicht stellen diese in mörderischer Form ein negatives Entwicklungspotential der Moderne

187

dar, gleichsam den dunklen Konterpart ihrer Errungenschaften. Dessen Verwirklichung hat ihn als Sackgasse ausgewiesen, von innen und/oder außen ans Ende gelangend. Das grausame Experiment hat bis zu seinem Scheitern nicht nur ungeheure Opfer gekostet, es ist auch vor Wiederholungen in dieser oder ähnlicher Form keineswegs gefeit. Die mörderische Dialektik der Diktatur hat moralisch-menschlich und politisch ihre eigenen Grundlagen untergraben. Selbst wenn sie sich nicht mehr oder nur in schwächeren Formen erhebt, bleibt sie ein Lehrstück im Horizont des 20. Jahrhunderts, auf deren Landkarte die Archipele SS und Gulag für immer eingezeichnet sind.

Die Krisen- und Gewaltgeschichte der Moderne hat in den nationalsozialistischen Konzentrationslagern und den stalinistischen Arbeitslagern ihre eklatantesten Lösungs-, d. h. Tötungsmodelle geliefert. "Als besondere politische Strukturen sind sie einmalig in ihrer Fähigkeit, Grausamkeit mit dem Rationalismus, das Abnorme mit der Normalität, das Böse mit dem Banalen zu kombinieren." (Gadshijew, 59) In dieser geschichtlichen Bestimmung sind sie gleich, gewissermaßen Äste desselben Entwicklungsstammes. Als solche weisen sie gemeinsame Züge auf. Ins Lager kam man auf Grund institutionell zugewiesener Kriterien, deren Geltung sich auf Gesinnung und Handlung der Betroffenen beziehen konnte, aber nicht mußte. Die verordnete Zuschreibung des Vergehens gipfelte in der unentrinnbaren kategorialen Feindbestimmung nach - 'rassischen', nationalen, religiösen, politischen und sozialen - Eigenschaften, die nicht oder nur bedingt im Entscheidungsbereich der Opfer lagen. Die von ihren bisherigen Lebensbezügen jäh getrennten Personen wurden ihres Rechts und ihrer Würde gänzlich beraubt und in all ihren Lebensäußerungen fremdbestimmt. Aus Individuen wurden Mitglieder der Lagermasse, aus Personen reaktive Automaten diktierter Zwecke. Im Zentrum des Prozesses stand die Verwertung der Lagerinsassen als Todesopfer, Produzenten oder Herrschaftsobjekte im Medium der absoluten Macht. Mit dem Eintritt ins Lager begann die herkömmliche Person zu erlöschen, noch ohne und ehe sie körperlich zugrunde ging. Ihr Sein und ihr Nichtsein verschoben sich im reziproken Verhältnis, je mehr desto länger der Lageraufenthalt währte. Die zersprengten Sozialverhältnisse wichen der neuen Lagerordnung umfassenden Zwangs. Rituell und seriell dissoziierte die Lagergewalt die Sozialität der Personen und zementierte sie zugleich in ihren Zweckformen. Die Opfer konnten erstarren, sich anpassen, ihr Selbst vom Erlebten abspalten, mittun oder sich zur Wehr setzen - dem Gefängnis der totalen Institution blieben sie allemal und unauslöschlich verhaftet. Deren Wirkungsradius reichte weit über die Lagergrenzen hinaus. In beiden Richtungen verschränkten sich die Gesellschaft und ihr extremer Zwangsapparat, der wie ein Brennglas die herrschenden Kräfte und Tendenzen destruktiv bündelte, die er wiederum an die Umgebung transmittierte. Ursache und Wirkung des engeren und des weiteren Terrors bedingten und bestärkten sich wechselseitig.

Aber die Archipele, so vergleichbar sie in vielem sind, unterscheiden sich doch zugleich derart, daß sie keinesfalls über das gemeinsame abstrakte Gewaltverhältnis hinaus gleichgesetzt werden dürfen. Zunächst trennt sie ihr jeweiliger historischer Kontext. Die KZs waren Instrumente einer aggressiven und expansiven Diktatur auf kapitalistischer Grundlage und fungierten als System vorrangig der Brechung und Vernichtung ihrer Opfer. Der Gulag verdankte sich den ökonomischen und politischen Projektierungen der stalinistischen Entwicklungsdiktatur auf staatssozialistischer Grundlage und hatte in erster Linie die Auspressung der Opfer zum Ziel. "Es gab weder den Willen zur Massentötung, keine auch nur annähernd vergleichbare Folter und keine Vernichtung durch Arbeit." (Schoeller) Während im ersten Fall Demütigung und Tod der Insassen beabsichtigt waren, wurde im zweiten das Massensterben billigend bis achselzuckend in Kauf genommen; künstliche Knappheit und gezielte Willkür standen auf der einen Seite, die lagermäßig noch verschärfte allgemeine Kargheit der Arbeits- und Lebensbedingungen auf der anderen. An Systematik, Perfektion und Schärfe war die Organisation der Konzentrationslager der des Gulag weit überlegen, wo eher ungeschlachte und dumpfe Roheit herrschte. Hierin reflektierte sich nicht nur die unterschiedliche Zwecksetzung, sondern auch der jeweils erreichte Grad industrieförmiger Disziplin. In den KZs durchsetzt die Staffel der absoluten Macht das Lager von oben bis unten; sie bestimmte, wann wer wie wo lebte und starb. Im Gulag stellte die Obrigkeit den Rahmen der Lagerproduktion und -gesellschaft; die Herrschaft aber hatte sie mit den Kriminellen zu teilen. Gegenüber dem aufgefächerten Kontinuum der Gewalt zwischen SS und Häftlingen handelte es sich hier um ein Dreieck aus Natschalniki, Urki und Seki. Auch dies bildete noch im terroristischen Milieu die unterschiedliche gesellschaftliche Synthesis ab.

Gemäß dieser Machtverteilung, der obwaltenden Ideologie der Besserungsarbeit und der Ansprache wie Behandlung der Lagerinsassen als Produzenten waren die Häftlinge nicht durchweg und von vornherein zu erledigende Feinde. Der Trichter des Gulag war so weit und ungenau gefaßt, daß sich fast jeder früher oder später in ihn geworfen sehen konnte. Das modifizierte seine Abschreckungsfunktion gegenüber jener der KZs. Die Aufspaltung in Gewaltapparat, designierte Bösewichter und Gehorsam bis Zustimmung der Bevölkerung funktionierte im Gulag nur unscharf und immer wieder verschoben. Schließlich verschlang er ja auch periodisch große Teile der Nomenklatura und der leitenden Kader von Wirtschaft und Militär, darunter viele überzeugte Kommunisten. Machthaber und Wächter konnten von einem zum anderen Tag Häftlinge oder Exekutionsopfer werden. Aus diesen Gründen war die Gegneransprache von beiden Seiten ungleich diffuser als im rigiden Herren-Schädlinge-System der SS. Dementsprechend unterschiedlich verhielten sich die Wachen, als penible Bürokraten und ausgeprägte Killer in den KZs, als eher gleichgültige und korrupte, nicht selten aber auch in den Grenzen des Systems 'menschliche' im Gulag. In diesem behaupteten sich auch mehr oder minder verkümmerte Formen von Autonomie, bei den Kriminellen und bei den Allgemeinen. Sie zeigten sich in Relikten rechtsförmiger Prozeduren im Lager, etwa den vielen Eingaben, Beschwerden und auch Freilassungen, sowie in der nicht unterdrückbaren Rolle der Sexualität. In all dem bestätigt sich der Charakter des Gulag nicht als intentionales Vernichtungssystem sondern als industrielle Zwangsarbeitsarmee mit mörderischen Folgen.

Abweichend verlief auch die Dynamik der Lagerorganisationen. Das KZ-System brach zusammen, weil die diktatorisch angespannten - und eben auch untergrabenen - Ressourcen des Nationalsozialismus der Gegnerallianz kriegerisch nicht gewachsen waren. Es hätte eine 'größere Zeit' erst noch vor sich gehabt. Die Überlebenden taumelten in die Freiheit, die ihnen trotz eigenen Widerstands im wesentlichen von außen gebracht wurde. Den Gulag erschütterten schwere Revolten der Häftlingsproletarier. Die politischen und gesellschaftlichen Veränderungen in der Sowjetunion nach Stalin gruben ihm das Wasser ab. Die Zwangsarbeit hatte sich überlebt und begehrte auf. Noch im Verschwinden der Schandmale dieses Jahrhunderts zeigt sich die unterschiedliche Länge und Dichte des Schattens, in dem sie standen. Mit den Umständen steigen, fallen und wandeln sich die Formen der Gewalt. Diejenigen des Lagerterrors haben sich in die Stammgeschichte moderner Gesellschaften eingeschrieben und stehen aller gegenwärtigen und künftigen Politik am und im Weg. Sie genau anzusehen, ist unvermeidlich und unverzichtbar, auch und gerade im Namen menschlicher Hoffnung auf Leben und Glück.

Literatur

Aaron, Frieda W. (Hrsg.): Bearing the Unbearable. Yiddish and Polish Poetry in the Ghettos and Concentration Camps. State University of New York, Albany 1990.

Adler, H.G.: Theresienstadt 1941-1945. Das Antlitz einer Zwangsgemeinschaft. Geschichte, Soziologie, Psychologie. J.C.B. Mohr, Tübingen 1960.

Adler, H.G./Langbein, Hermann & Lingens-Reiner, Ella (Hrsg.): Auschwitz. Zeugen und Berichte. EVA, Frankfurt 1962.

Adelsberger, Lucie: Auschwitz. Ein Tatsachenbericht. Lettner, Berlin 1956.

Amery, Jean: Jenseits von Schuld und Sühne. Bewältigungsversuche eines Überwältigten. dtv, München 1988.

Andersch, Alfred: Der Vater eines Mörders. Diogenes, Zürich 1980.

Antelme, Robert: Das Menschengeschlecht. Als Deportierter in Deutschland. C. Hanser, München 1987.

Antoni, Ernst: KZ - Von Dachau bis Auschwitz. Röderberg, Frankfurt 1979.

Apitz, Bruno: Nackt unter Wölfen. Röderberg, Frankfurt 1984.

Arendt, Hannah: Eichmann in Jerusalem. Ein Bericht von der Banalität des Bösen. Piper, München 1964.

dies.: Macht und Gewalt. Piper, München 1970.

dies.: Nach Auschwitz. Essays & Kommentare 1. Tiamat, Berlin 1989.

Armanski, Gerhard: Die innersowjetische Kritik am Verlauf der Oktoberrevolution bis zum endgültigen Unterliegen Trotzkis. Diplomarbeit am FB 15 der Freien Universität, Berlin 1969.

Arndt, Ino: Das Frauenkonzentrationslager Ravensbrück, in: Dachauer Hefte 3/1987, 125-157.

Arnould, Roger: Les témoins de la nuit. F.N.D.I.R.P., Paris o.J.

Bachl, Gottfried/Rombold, Günter, Text zu Friedl, Herbert: Auch Dinge haben ihre Tränen. (s.u.)

Balling, Adalbert R./Abeln, Reinhard: Speichen am Rad der Zeit. Priester in Dachau. Herder, Freiburg 1985.

Barthel, Karl: Die Welt ohne Erbarmen. Bilder und Skizzen aus dem KZ. Greifenverlag, Rudolfstadt 1946.

Bastiaans, J.: The Psychosomatic Consequences of Man-Made Disaster, in: Stress und Anxiety, Vol. 9/1985.

Baum, Bruno: Widerstand in Auschwitz. Kongress-Verlag, Berlin 1957.

Baum, Rainer C.: The Holocaust - Anomic Hobbesian "State of Nature", in: Zeitschrift für Soziologie 4/1978, S. 303-326.

Bauman, Zygmunt: Modernity and the Holocaust. Polity Press, Cambridge 1989.

Beland, Hermann: Religiöse Wurzeln des Antisemitismus, in: Psyche 5/1991, S. 448-470.

Benz, Wolfgang (Hrsg.): Dimension des Völkermords. Die Zahl der jüdischen Opfer des Nationalsozialismus. Oldenbourg, München 1991.

Benz, Wolfgang: Rassenkrieg gegen Kinder in Ghetto und KZ, in: Jahrbuch für Antisemitismusforschung, Frankfurt 1992, S. 183-190, Campus.

Berufsverband Bildender Künstler Schwaben-Nord und Augsburg: Kinderzeichnungen aus dem Konzentrationslager Theresienstadt (Ausstellungskatalog), Augsburg 1990.

Bettelheim, Bruno: Individual and Mass Behavior in Extreme Situations, in: The Journal of Abnormal and Social Psychology 4/1943, S. 417-452.

ders.: Erziehung zum Überleben. Zur Psychologie der Extremsituation. dtv, München 1985.

Bettelheim, Bruno: Aufstand gegen die Masse. Die Chance des Individuums in der modernen Gesellschaft. Fischer, Frankfurt 1989.

Biagi, Enzo: Lubjanka oder Die Gewöhnung an den Tod. Rowohlt, Berlin 1991.

div.: Biedermann und Schreibtischtäter. Beiträge zur nationalsozialistischen Gesundheitspolitik: 4, Rotbuch, Berlin 1987.

Bielawski, Heinrich: Der Hölle entronnen. The World of Books, London 1989.

Bilder - die nicht vergessen lassen. Fünf italienische Künstler in deutschen KZs. Barbiera - Belgiojoso - Carpi - Music - Slama. SOAK, Hannover 1987.

Birenbaum, Halina: Die Hoffnung stirbt zuletzt. Padligur, Hagen 1989.

Bittermann, Klaus: Revolt in Sobibor (Besprechung des Dokumentarfilms von Lily van den Bergh und Pavel Kogan, NL), in: Konkret 7/1991.

Bloch, Herbert A.: The Personality of Inmates of Concentration Camps, in: The American Journal of Sociology Bd. 52/1947.

Bluhm, Hilde O.: How Did They Survive? Mechanisms of Defense in Nazi Concentration Camps, in: American Journal of Psychotherapy, Vol. 2, 1948, S. 3-32.

Bondy, Curt: Problems of Internment Camps, in: The Journal of Abnormal and Social Psychology 4/1943, S. 453-475.

Botz, Gerhard/Pollak, Michael (Hrsg.): Survivre dans un camp de concentration. Entretien avec Margareta Glarsson, in: Actes de la recherche en sciences sociales Nr. 41 (1982), S. 3-28.

Bowden, Tim: Changi Photographes. George Aspinall's Record of Captivity. Australian Broadcasting Corporation, Sydney 1984.

Brandt, Heinz: Ein Traum der nicht entführbar ist. Mein Weg zwischen Ost und West. Verlag europäische Ideen, Berlin 1977.

Brecht, Arnold: The Concentration Camp, in: Columbia Law Review 6/1950, S. 761-782.

Breitman, Richard: The Architect of Genocide. Himmler and the Final Solution. Knopf, New York 1991.

Brennstedt, Arndt: Wer starb in Fünfeichen? Hungerlager in der SBZ 1945-1950. ARD, 24.11.1991, 22.30-23.15 Uhr.

(Aussage von) Broad, Pery, einem SS-Mann der Politischen Abteilung im Konzentrationslager Auschwitz. Oswiecim 1969.

Brodsky, Louis Daniel/Heyen, William: Falling From Heaven. Holocaust Poems of a Jew and a Gentile. Time Being, St. Louis 1991.

Bronsek, Karl: "... Wir werden verlieren, aber ihr kommt auch dran!" Zur Befreiung Mauthausens. Häftlingswiderstand - Liquidierungspläne - Rettermythos, in: Zeitgeschichte 17-1989/90, S. 114-125.

Broszat, Martin: Nationalsozialistische Konzentrationslager 1933-1945, in: Buchheim, H. u.a.: Anatomie des SS-Staates. Walter, Olten und Freiburg 1965.

Brynych, Zbzmek: Transport vom Paradies [Film]. Tschechoslowakei 1962.

Brzezicki, Eugeniusz u.a.: Die Funktionshäftlinge in den Nazi-Konzentrationslagern. Eine Diskussion, in: Auschwitz-Hefte 1/1987, S. 231-239.

Buchheim, Hans: Die SS - das Herrschaftsinstrument, in: ders./Broszat, Martin u.a.: Anatomie des SS-Staates, Bd. 1, S. 15-211. dtv, München 1989[5].

ders.: Befehl und Gehorsam, in: a.a.O., S. 215-318.

Bürger, Hilde: Bezwingt des Herzens Bitterkeit. Waldkircher Verlagsgesellschaft, Waldkirch 1991.

Bujak, Adam u.a.: Auschwitz-Birkenau. "Eine Erinnerung, die brennt, aber sich niemals verzehrt". Herder, Freiburg u.a. 1989.

Buszko, Jósef (Hrsg.): Auschwitz - faschistisches Vernichtungslager. Interpress, Warszawa 1989.

Canetti, Elias: Masse und Macht. Fischer, Frankfurt 1985.

Caplan, Sophie: Psychological and Spiritual Resistance in Nazi Concentration Camps: The Example of Rabbi Benjamin Gottschall, in: The Australian Journal of Politics and History 1/1985, S. 109-127.

Cernyak-Spatz, Susan E.: German Holocaust Literature. Peter Lang, N.Y. u.a. 1985.

Chládková, Ludmila: Ghetto Theresienstadt. Nase vojoko, Terezin 1991.

Chodoff, Paul: The German Concentration Camp as a Psychological Stress, in: Archives of General Psychiatry. Jan. 1970, S. 78-87.

Cohen, Asher: La Shoah. Cerf, Paris 1990.

Cohen, Elie A.: Human Behavior in the Concentration Camp. Jonathan Cape, London 1954.

Coleman, Fred: Could Stalinism return to Russia?, in: Newsweek, 13. Juli 1992, S. 21-23.

Commission Internationale Contre Le Régime Concentrationnaire. Livre Blanc Sur Les Camps de Concentration Soviétiques. Le Pavois, 1951.

193

Conquest, Robert: Kolyma: The Arctic Death Camps. Oxford University Press, Oxford u.a. 1979.

ders.: The Great Terror. A Reassessment. Hutchinson, London u.a. 1990.

Cormier, Bruno-M.: De l'histoire des hommes et du génocide, in: Annales internationales de criminologie. Montreal 1965, S. 247-269.

Costanza, Mary S.: Bilder der Apokalypse. Kunst in Konzentrationslagern und Ghettos. Kindler, München 1983.

Council of Jewish Communities in the Czech Lands: Terezin, Prag 1965.

Czech, Danuta: Kalendarium der Ereignisse im Konzentrationslager Auschwitz-Birkenau 1939-1945. Büchergilde Gutenberg, Frankfurt 1989.

Dadrian, Vahaku N.: The Convergent Aspects of the Armenian and Jewish Cases of Genocide. A Reinterpretation of the Concept of Holocaust, in: Holocaust and Genocide Studies 2/1988, S. 151-169.

Davidson, Shamai: Group Formation and its Significance in the Nazi Concentration Camps, in: Israel Journal of Psychiatry and Related Sciences 1-2/1985, S. 41-50.

Day, Holliday T. (Hrsg.): Power: Its Myths and More in American Art 1961-1991. Indianapolis Museum of Art, Bloomington 1991.

Decèze, Dominique: L'esclavage concentrationnaire. F.N.D.I.R.P., Paris 1976[2].

Des Pres, Terrence: The Survivor. An Anatomy of Life in the Death Camps. Oxford University Press, New York 1976.

Deutschkron, Inge: Ausgeschlagene Erbschaft - eine Deutschstunde. In: Der Tagesspiegel, 14.04.1992.

Dicks, Henry V.: Licensed Mass Murder. A Socio-Psychological Study of some SS Killers. Sussex Univ. Press, Sussex 1972.

Dieckmann, Götz: Existenzbedingungen und Widerstand im Konzentrationslager Dora-Mittelbau unter dem Aspekt der funktionellen Einbeziehung der SS in das System der faschistischen Kriegswirtschaft. Diss.Phil. Berlin (DDR) 1968.

Dietrich, H.P.: Die Schleuse. Die Erlebnisse der Jüdin Alice Randt im Ghetto Theresienstadt. Gauke, Hann. Münden 1974.

Dimsdale, Joel E.: Coping - Every Man's War, in: American Journal of Psychotherapy 3/1978, S. 402-413.

Donat, Alexander: The Holocaust Kingdom. A Memoir. Holt, Rinehart and Winston, New York u.a. 1965[2].

Dreifuss, Gustav: Psychotherapy of Nazi Victims, in: Psychotherapy Psychosomatic 34/1980.

Dreitzel, Hans Peter: Die gesellschaftlichen Leiden und das Leiden an der Gesellschaft. Enke, Stuttgart 1968.

Drobisch, Klaus u.a.: Juden unterm Hakenkreuz. Verlag der Wissenschaften, Berlin 1973.

Dunin-Wasowicz, Krzysztof: Resistance in the Nazi concentration camps. Polish Scientific Publishers, Warschau 1982.

194

Durand, Pierre: La chienne de Buchenwald. Messidor/Temps Actuels, Paris 1982.

Duras, Marguerite: Der Schmerz. Knaur, München 1989.

Egen, Horst: Kinder in der Ausnahmesituation. Zeichnungen jüdischer Kinder aus Theresienstadt, in: ders.: Kinderzeichnungen und Umwelt. Abhandlungen zur Philosophie, Psychologie und Pädagogik, Bd. 38, Bouvier, Bonn 1977.

Einstein, Siegfried: Eichmann - Chefbuchhalter des Todes. Röderberg, Frankfurt 1961.

Eitinger, Leo: KZ-Haft und psychische Traumatisierung, in: Psyche, 2/1990, S. 118-132.

Eley, Geoff: Wilhelminismus, Nationalismus, Faschismus. Zur historischen Kontinuität in Deutschland. Westfälisches Dampfboot, Münster 1991.

Elias, Ruth: Die Hoffnung erhielt mich am Leben. Mein Weg von Theresienstadt und Auschwitz nach Israel. Piper, München/Zürich 1991[5].

Erez, Tsvi: Hungary - Six Days in July 1944, in: Holocaust and Genocide Studies 1/1988, S. 35-53.

Eschwege, Helmut (Hrsg.): Kennzeichen J. Bilder, Dokumente, Berichte zur Geschichte der Verbrechen des Hitlerfaschismus an den deutschen Juden 1933-1945. Deutscher Verlag der Wissenschaften, Berlin 1966.

Fackenheim, Emil L.: Holocaust and Weltanschauung: Philosophical Reflections on Why They Did It, in: Holocaust and Genocide Studies, 2/1988, S. 197-208.

Fadin, Andrej: Russland ohne Mythen. Oder: der schwierige Weg der Selbsterkenntnis, in: Freitag, 03.07.1992, S. 8.

Faßler, Manfred: Geschichte als Zucht - Modernität und Nationalsozialismus, in: Gürtler/Schröder, a.a.O., S. 56-68.

Feibleman, James Kern: The Destroyers. The Underside of Human Nature. Lang, New York 1987.

Feig, Konnilyn G.: Hitler's Death Camps. The Sanity of Madness. Holmes & Meier Publ., New York 1981.

Fenner, Jocelyne: Le Goulag des Tsars. Tallandier, Paris 1986.

Fink, Matthias: Aufstand in Treblinka. Bayern 2 Wort, 28.7.1993, 20.05 Uhr.

Frank, Lia: Licht in die Stunden gestreut. Buchverlag Kasachstan, Alma Ata 1990.

Frankl, Viktor E.: Psychologie und Psychiatrie des Konzentrationslagers, in: Psychiatrie der Gegenwart, Bd. III: Soziale und Angewandte Psychiatrie, S. 743-759. Springer, Berlin u.a. 1961.

ders.: ... trotzdem Ja zum Leben sagen. Ein Psychologe erlebt das Konzentrationslager. Kösel, München 1977.

Französisches Büro des Informationsdienstes über Kriegsverbrechen (Hrsg.): Konzentrationslager. Dokument F 321. 2001, Frankfurt 1988.

Freythof, August: L'enfer existe. J'en suis revenu. Rescapé de Flossenbürg. Editions Duculot, Paris 1985.

Friedl, Herbert (Bilder); Bachl, Gottfried/Rombold, Günter (Text): Auch Dinge haben ihre Tränen. Tyrolia, Innsbruck 1988.

Friedländer, Saul: Die Genese der "Endlösung", in: Wolfgang Benz (Hrsg.): Jahrbuch für Antisemitismusforschung 1. Campus, Berlin/New York 1991, S. 166-181.

Gadshijew, Kamaludin: Totalitarismus als Phänomen des 20. Jahrhunderts, in: Gesellschaftswissenschaften (hrsg. von der Akademie der Wissenschaften Rußlands) 1/1993, S. 48-65.

Garlinski, Jozef: Fighting Auschwitz. The Resistance Movement in the Concentration Camp. J. Friedman Publishers, London 1975.

Garrelt, Richard: P.O.W. (Prisoners of War). David & Charles, London 1981.

Gellner, Ernest: Nationalismus und Moderne. Rotbuch, Berlin 1991.

Gerstein, Kurt: Bericht, in: Dokumentation zur Massenvergasung. Schriftenreihe der Bundeszentrale für Heimatdienst 9/1956, S. 6-15.

Ginsburg, Jewgenija Semjonowna: Marschroute eines Lebens. Rowohlt, Reinbek 1967.

Giordano, Ralph: Wenn Hitler den Krieg gewonnen hätte. Die Pläne der Nazis nach dem Endsieg. Knaur, München 1991.

Glarsson, Margareta: Ich will reden. Tragik und Banalität des Überlebens in Theresienstadt und Auschwitz. Molden, Wien u.a. 1981.

Glazar, Richard: Treblinka - Die Falle mit dem grünen Zaun, in: Dachauer Hefte 5/1988, S. 253-276.

Glicksman, W.: Social Differentiation in the German Concentration Camps, in: YIVO Annual of Jewish Social Science, Vol. 8, 1953, S. 123-150.

Gloger, Katja (Text)/Burkasch, Hans-Jürgen (Fotos): Der lange Schatten des Genossen Stalin, in: Stern 49/1990, S. 42-65.

Glucksmann, André: Köchin und Menschenfresser. Über die Beziehungen zwischen Staat, Marxismus und Konzentrationslager. Wagenbach, Berlin 1974.

Goguel, Rudi: Cap Arcona. Röderberg, Frankfurt 1982[2].

Gold, Jack: Sobibor [Film], USA 1987.

Goldhagen, Daniel: The 'Cowardly' Executioner: On Disobedience in the SS, in: Patterns of Prejudice 2/1985, S. 19-32.

Goldstein, Jacob u.a.: Individuelles und kollektives Verhalten in Nazi-Konzentrationslagern. Soziologische und psychologische Studien zu Berichten ungarisch-jüdischer Überlebender. Campus, Frankfurt/New York 1991.

Goldstein, Maurice: La réalité d'Auschwitz dans l'oeuvre de Primo Levi, in: Bulletin Trimestriel de la Fondation Auschwitz 17/1988, S. 16-33.

Grabitz, Helge: NS-Prozesse. Psychogramme der Beteiligten. C.F. Müller, Heidelberg 1985.

Graml, Hermann: Irregeleitet und in die Irre führend. Widerspruch gegen eine 'rationale' Erklärung von Auschwitz, in: Wolfgang Benz (Hrsg.): Jahrbuch für Antisemitismusforschung 1, S. 286-295, Campus, Frankfurt/New York 1991.

Graziosi, Andrea: The Great Strikes of 1953 in Soviet Labor Camps in the Accounts of their Participaat, in: Cahiers du Monde Russe et Soviétique 4/1992, S. 419-445.

Gschwendtner, Andrea: Der Menschenforscher. Bayern 2 Wort, 27.7.1993, 22.35 Uhr.

Gürtler, Sabine/Schröder, Hartmut (Hrsg.): Parabel. Ende der Geschichte. Abschied von der Geschichtskonzeption der Moderne. edition liberación, Münster 1986.

Guterman, Stanley S.: Alternative theories in the study of slavery, the concentration camp, and personality, in: British Journal of Sociology 2/1975, S. 186-202.

Haas, Peter J.: The Morality of Auschwitz: Moral Language and the Nazi Ethic, in: Holocaust and Genocide Studies 4/1988, 383-393.

Habermas, Jürgen: Der philosophische Diskurs der Moderne. Suhrkamp, Frankfurt 1988.

Halivni, Tzipora Hager: The Birkenau Revolt: Poles Prevent a Timely Insurrection, in: Jewish Social Studies, Vol. XLI, 1979, S. 123-154.

Hartmann, Dieter-Dirk: Herzversagen. Psychoanalyse eines Lagerkommandanten (Franz Stangl), in: Psychologie heute 8/1981, S. 42-45.

Haulot, Arthur: Lagertagebuch 1943-1945, in: Dachauer Hefte 1/1985, S. 129-201.

Heigl, Peter: Konzentrationslager Flössenbürg. Mittelbayerischer Verlag, Regensburg 1989.

Heim, Susanne/Aly, Götz (Hrsg.): Bevölkerungsstruktur und Massenmord. Neue Dokumente zur deutschen Politik der Jahre 1938 - 1945. Beiträge zur nationalsozialistischen Gesundheits- und Sozialpolitik: 9. Rotbuch, Berlin 1991.

Heller, Michel: Stacheldraht der Revolution. Seewald, Stuttgart 1975.

Hellerich, Gerd: Die Nekrophilie moderner Lebenswelten - Ein Versuch, in: Psychologie & Gesellschaftskritik 48/1988, S. 51-59.

Herbert, Ulrich: Lagerleben. Über die Dynamik eines Provisoriums, in: Journal für Geschichte 2/1987, S. 26-35.

ders. (Hrsg.): Europa und der "Reichseinsatz". Ausländische Zivilarbeiter, Kriegsgefangene und KZ-Häftlinge in Deutschland 1938-1945. Klartext, Essen 1991.

ders.: Arbeit und Vernichtung. Ökonomisches Interesse und Primat der "Weltanschauung" im Nationalsozialismus, in: ders. (Hrsg.), Europa und der "Reichseinsatz". Ausländische Zivilarbeiter, Kriegsgefangene und KZ-Häftlinge in Deutschland 1938-1945. Klartext, Essen 1991, S. 384-426.

Herling, Gustav: Welt ohne Erbarmen. Rote Weißbücher, Köln 1953.

Hildebrandt, Georg: Wieso lebst du noch? Ein Deutscher im GULag, Abend, Stuttgart 1990.

Hilberg, Raul: Sonderzüge nach Auschwitz. Dumjahn, Mainz 1981.

ders.: Die Vernichtung der europäischen Juden. Die Gesamtgeschichte des Holocaust. Olle & Wolter, Berlin, Lizenzausgabe Büchergilde Gutenberg, Frankfurt 1982.

ders.: Wer waren die Täter?, in: links 2/1991, S. 19-26.

Hilsenrath, Edgar: Die unsichtbaren Lager. Das Verschwinden der Vergangenheit im Gedenken. Rowohlt, Reinbek 1993.

Hobhouse, Emily: Bericht über die Zustände in den südafrikanischen Lagern der Boerenfrauen und -kinder. Berlin 1902.

Hoefer, Carl-Hellmut: Die Konzentrationslager-Haft im Lichte einer Phänomenologie der Entfremdung, in: Zeitschrift für klinische Psychologie, Psychopathologie und Psychotherapie 4/1983, S. 333-351.

Höss, Rudolf: Kommandant in Auschwitz. Autobiographische Aufzeichnungen, hrsg. von Martin Broszat. dtv, München 1989[12].

Jackson, Desmond: What Price of Surrender? A Story of the Will to Survive. Allen & Unwin, Sydney u.a. 1989.

Jagoda, Zenon u.a.: Opfer und Peiniger, in: Auschwitz-Hefte 1/1987, S. 53-88.

dies.: Das Überleben im Lager aus der Sicht ehemaliger Häftlinge von Auschwitz-Birkenau, in: a.a.O., 1/1987, S. 13-51.

Jagoda, Zenon/Klodzinski, Stanislaw/Maslowski, Jan: "Die Nächte gehören uns nicht ...", Häftlingsträume in Auschwitz und im Leben danach, in: Auschwitz-Hefte 2/1987, S. 189-239.

Jagoda, Zenon/Klodzinski, Stanislaw: "bauernfuss, goldzupa, himmelautostrada". Zum "Krematoriumsesperanto", der Sprache polnischer KZ-Häftlinge, in: Auschwitz-Hefte 2/1987, S. 241-260.

Jakir, Peter: Kindheit in Gefangenschaft. Insel, Frankfurt 1972.

Joung, James E.: Beschreiben des Holocaust. Darstellung und Folgen der Interpretation. Jüdischer Verlag, Frankfurt 1992.

Jüdisches Museum Frankfurt: Vom Bauhaus nach Terezin. Friedl Dicker-Brandeis und die Kinderzeichnungen aus dem Ghetto-Lager Theresienstadt. Frankfurt 1991.

Jüdisches Museum Prag: Detská kresba z koncentracniho tábora Terezin (Postkartensatz), Prag o.J.

dass.: Kinderzeichnungen aus dem Konzentrationslager Theresienstadt, Prag o.J.

Junge, Heinz: Die Mörder sind noch unter uns! Verlag Dienst der Freiheit, Dortmund 1965.

Kaienburg, Hermann: "Vernichtung durch Arbeit". Der Fall Neuengamme. Dietz, Bonn 1990.

Kalisch, Shoshana (with Barbara Meister): Yes, We Sang! Songs of the Ghettos and Concentration Camps. Harper & Row, New York 1985.

Kaminski, Andrzej J.: Konzentrationslager 1896 bis heute. Geschichte, Funktion, Typologie. Piper, München/Zürich 1990.

Kautsky, Benedikt: Teufel und Verdammte. Erfahrung und Erkenntnisse aus sieben Jahren in deutschen Konzentrationslagern. Büchergilde Gutenberg, Zürich 1946.

Kárny, Miroslav: Theresienstadt und Auschwitz, in: 1999, 3/1989, S. 9-26

Katz, Fred E.: A sociological perspective to the Holocaust, in: Modern Judaism 3/1982, S. 273-296.

Kirstein, Wolfgang: Das Konzentrationslager als Institution totalen Terrors. Das Beispiel des KZ Watzweiler. Centaurus, Pfaffenweiler 1992.

Klee, Ernst: "Den Hahn aufzudrehen war ja keine große Sache". Vergasungsärzte während der NS-Zeit und danach, in: Dachauer Hefte, 4/1988, S. 1-21.

Klein, Judith: "An unseren Schläfen perlt die Angst." Traumberichte in literarischen

Werken über das Grauen in Ghettos und Lager, in: Psyche 6/1991, S. 506-521.

Klejn, Lew S.: Verkehrte Welt: In Breshnews Lagern. Aufbau, Berlin 1991.

Klodzinski, Stanislaw/Maslowski, Jan: Vernichtung durch Arbeit. Zur Pathologie der Arbeit im Konzentrationslager, in: Auschwitz-Hefte 2/1987, S. 135-148.

Klonovsky, Michael/von Flocken, Jan: Stalins Lager in Deutschland 1945-1950. Ullstein, Frankfurt u.a. 1991.

Knopp, Guido/Piechowiak, Ralf: Kinder des Feuers. Die Zwillinge von Auschwitz. ZDF, Mainz 1992 (15.03.).

Kogon, Eugen: Der SS-Staat. Das System der deutschen Konzentrationslager. Kindler, München 1974.

Kolb, Eberhard: Bergen Belsen. Geschichte des "Aufenthaltslagers" 1943-1945. Verlag für Literatur und Zeitgeschehen, Hannover 1962.

Koniecny, Alfred: Das Konzentrationslager Groß-Rosen, in: Dachauer Hefte 5/1989, S. 15-27.

Konzentrationslager Auschwitz in den Augen der SS (Höss, Broad, Kremer), Katowice 1981.

Kosterina, Nina: Tagebuch. Moskau 1936-1941. Neue Kritik, Frankfurt 1981.

Kosyk, Volodymyr: Concentration Camps in der UdSSR. Ukrainian Publishers, London 1962.

Kraus, Ota/Kulka, Erich: Die Todesfabrik Auschwitz. Dietz, Berlin 1991.

Krause, Rolf: Über Auschwitz schreiben, in: Wissenschaftsberichte aus der Universität Hamburg. Hamburg 1989, S. 31-35.

Krause-Vilmar, Dietfried: Das Lager als Lebensform des Nationalsozialismus, in: Pädagogische Rundschau 1/1984, S. 29-38.

Krausnick, Helmut: Zur Zahl der jüdischen Opfer des Nationalsozialismus, in: Das Parlament, BXXXII, 11.08.1954.

Kühnrich, Heinz: Der KZ-Staat. Die faschistischen Konzentrationslager 1933-1945. Dietz, Berlin 1983.

Kurz, Robert: Der Kollaps der Modernisierung. Vom Zusammenbruch des Kasernensozialismus zur Krise der Weltökonomie. Eichborn, Frankfurt 1991.

Kusnezow, Eduard: Lagertagebuch. Aufzeichnungen aus dem Archipel des Grauens. List, München 1974.

Kuss, Horst: Aussonderung, Konzentration, Vernichtung. Zur Geschichte der nationalsozialistischen Konzentrationslager und der Vernichtung des europäischen Judentums. Ergebnisse und Fragen der zeitgeschichtlichen Forschung seit 1981, in: Neue Politische Literatur 3/1989, S. 375-408.

Kuzmics, Helmut/Mörth, Ingo (Hrsg.): Der unendliche Preis der Zivilisation. Zur Kultursoziologie der Moderne nach Norbert Elias. Campus, Frankfurt/New York 1991.

Kuzmics, Helmut: Der Preis der Zivilisation. Die Zwänge der Moderne im theoretischen Vergleich. Campus, Frankfurt/New York 1989.

Lagergemeinschaft Buchenwald-Dora (Hrsg.): Buchenwald. Ein Konzentrationslager. Röderberg, Frankfurt 1984.

Langbein, Hermann: ... nicht wie die Schafe zur Schlachtbank. Widerstand in den nationalsozialistischen Konzentrationslagern. Fischer, Frankfurt 1980.

ders.: Arbeit im KZ-System, in: Dachauer Hefte 2/1986, S. 3-12.

ders.: Menschen in Auschwitz. Europa, Wien 1987.

Lanzmann, Claude: Shoah [Film]. Fayard, Paris 1985.

Laqueur, Renata: Schreiben im KZ. Tagebücher 1940-1945. Donat, Bremen 1992.

Le Chène, Evelyn: Mauthausen: The History of a Death Camp. Chivers Press, London 1971.

Lehmann, Reinhold: Du wirst leben und dich rächen. Die Geschichte des Juden Zuri Michaeli. List, München/Leipzig 1992.

Leonhard, Susanne: Gestohlenes Leben. Als Sozialistin in Stalins Gulag. Athenäum, Frankfurt 1988.

Leusch, Peter: Der Philosoph des technischen Zeitalters. Zum Tode von Günther Anders, in: Freitag, 01.01.1993.

Levi, Primo: Ist das ein Mensch? Büchergilde Gutenberg, Frankfurt/Wien 1988.

ders.: Die Untergegangenen und die Geretteten. C. Hanser, München/Wien 1990.

ders.: Atempause. Büchergilde, Frankfurt 1988.

Lewytzkij, Borys: Die rote Inquisition. Die Geschichte der sowjetischen Sicherheitsdienste. Societäts-Verlag, Frankfurt 1967.

Lichtenstein, Heiner: Warum Auschwitz nicht bombardiert wurde. Bund, Köln 1980.

Liessmann, Konrad Paul: Günther Anders zur Einführung. SOAK/Junius, Hamburg 1988.

Lingens, Ella: Als Ärztin in Auschwitz und Dachau, in: Dachauer Hefte, 4/1988, S. 22-58.

Littell, Franklin H.: Holocaust and Genocide: The Essential Dialectic, in: Holocaust and Genocide Studies 1/1987, 95-104.

Löwenthal, Leo: Individuum und Terror, in: Merkur 1/1982.

Lohauß, Peter: Zu Stephen Toulmins "Kosmopolis", in: Prokla 88/1992, S. 451-460.

Lord Russell of Liverpool: Geißel der Menschheit. Volk und Welt, Berlin 1956.

Lorenz, Richard: Sozialgeschichte der Sowjetunion I 1917-1945. Suhrkamp, Frankfurt 1976.

Luchterhand, Elmer: Prisoner Behavior and Social System in the Nazi Concentration Camp, in: International Journal of Social Psychiatry 13 /1967, S. 245-263.

Ludwig, Volker/Michel, Detlef: Ab heute heißt du Sara. Berlin 1989.

Lüdtke, Alf (Hrsg.): Herrschaft als soziale Praxis. Historische und sozial-anthropologische Studien. Vandenhoeck & Ruprecht, Göttingen 1991.

Lundholm, Anja: Das Höllentor. Bericht einer Überlebenden. Rowohlt, Reinbek 1991.

Lustiger, bei Bujak (s.o.).

Lustigman, Mike: The Fifth Business: The Business of Surviving in Extremity, in: the human context, Vol. VII/1975, S. 426-447.

Madajczyk, Czeslaw: Das Drama von Katyn. Dietz, Berlin 1991.

Mann, Daniel: Spiel um Zeit [Film]. USA 1980.

Mannheimer, Max: Theresienstadt - Auschwitz - Warschau - Dachau. Erinnerungen, in: Dachauer Hefte 1/1985, S. 88-128.

Margolina, Sonja: Interview, in: Freitag, 22.01.1993.

Markovic, Garan: The Last Gulag (The Naked Island) [Filmtreatment]. Paris 1992.

Matz, Reinhard: Der Nazi & der Friseur. Fischer, Frankfurt 1979.

Meier, Christian: Vierzig Jahre nach Auschwitz. Deutsche Geschichtserinnerung heute. München: Beck, 1990^2.

Michelson, Frida: I Survived Rumbuli [Lettland]. Holocaust Library, New York 1979.

Mosse, George L.: The Nationalization of the Masses. Political Symbolism and Mass Movements in Germany from the Napoleonic Wars through the Third Reich. Cornell, Ithaca/London 1991.

Mostowicz, Arnold: Der blinde Maks oder Passierschein durch den Styx. Transit, Berlin 1992.

Müller, Filip: Sonderbehandlung. Drei Jahre in den Krematorien und Gaskammern von Auschwitz. Steinhausen, München 1979.

Müller, Hanno (Hrsg.): Recht oder Rache? Buchenwald 1945-1950. dipa, Frankfurt 1991.

Müller-Münch, Ingrid: Die bayerische Wäscherin. Porträt einer Aufseherin in Majdanek, in: Dachauer Hefte 3/1987, 253-256.

Nelson, Hank: Prisoners of War. Australians under Nippon. Australian Broadcasting Corporation, Crows Nest 1990.

Neurath, Paul Martin: Social Life in the German Concentration Camps Dachau and Buchenwald. Ph.D.Diss., Columbia University 1951.

Niemann, Heinz: Vorlesungen zur Geschichte des Stalinismus. Dietz, Berlin 1991.

Nove, Alec: An Economic History of the U.S.S.R. Penguin, Harmondsworth 1969.

Pakula, Alan: Sophie's Choice [Film], USA 1982.

Paul, H.: Bemerkungen zum menschlichen Verhalten unter extremen Lebensverhältnissen, in: Ärztliche Praxis 16.07.1960.

Pawelczynska, Anna: Values and Violence in Auschwitz. A Sociological Analysis. University of California Press, Berkeley/Los Angeles 1979.

Percow, Alex: The Russians. True Stories of the Slave-Labor Camps in Soviet-Land, and of the Brutalized Men and Women on Both Sides of the Barbed Wire. Greenwich Book Publishers, New York 1957.

Peukert, Detlev: Volksgenossen und Gemeinschaftsfremde. Anpassung, Ausmerze und Aufbegehren unter dem Nationalsozialismus. Bund, Köln 1982.

Philipp, Michael (Hrsg.): Gurs - ein Internierungslager in Südfrankreich 1939-1943. Hamburger Institut für Sozialforschung, Hamburg 1991.

Pieck, Henri: Buchenwald. Zeichnungen aus dem Konzentrationslager. Röderberg, Frankfurt 1981.

Pingel, Falk: Häftlinge unter SS-Herrschaft. Widerstand, Selbstbehauptung und Vernichtung im Konzentrationslager. Hoffmann & Campe, Hamburg 1978.

ders.: Die Konzentrationslager, in: Peter Meyers u.a. (Hrsg.): Der Nationalsozialismus in der politischen Bildung. Vandenhoeck & Rupprecht, Göttingen 1979.

Piper, Franciszek: Die Zahl der Opfer von Auschwitz. Verlag Staatliches Museum, Oswiecim 1993.

Plant, Richard: Rosa Winkel. Der Krieg der Nazis gegen die Homosexuellen. Campus, Frankfurt 1986.

Poliakov, Léon (Hrsg.): Auschwitz. Gallimard-Julliard, Paris 1964.

Political Imprisonment in the People's Republic of China. An Amnesty International Report. Amnesty International 1978.

Pollak, Michael: Die Grenzen des Sagbaren. Lebensgeschichten von KZ-Überlebenden als Augenzeugenberichte und als Identitätsarbeit. Campus, Frankfurt/New York 1988.

Popitz, Heinrich: Prozesse der Machtbildung. Mohr, Tübingen 1968[3].

Pozner, Vladimir: Descente aux enfers. Récits de Déportés et de SS d'Auschwitz. Julliard, Paris 1980

Radil-Weiss, Tomas: Men in Extreme Conditions: Some Medical and Psychological Aspects of the Auschwitz Concentration Camp, in: Psychiatry 46/1983, S. 247-258.

Rauchfleisch, Udo: Allgegenwart von Gewalt. Vandenhoeck & Ruprecht, Göttingen 1992.

Raupach, Hans: Geschichte der Sowjetwirtschaft. Rowohlt, Hamburg 1964.

Resnais, Alain: Nacht und Nebel [Film]. Frankreich 1955.

Rohde-Dachser, Christa (Hrsg.): Beschädigungen. Psychoanalytische Zeitdiagnosen. Vandenhoeck & Ruprecht, Göttingen 1992.

Roland, Ursula: Wie eine Feder im Wind. Meine Zeit in Stalins Lagern. Rowohlt, Berlin 1991.

Rossi, Jacques: Le manuel du Goulag, in: Les Temps Modernes 1/1993, S. 13-42.

Rousset, David: L'Univers Concentrationnaire. Les Editions de Minuit, Paris 1965.

Rovan, Joseph: Geschichten aus Dachau. Deutsche Verlags-Anstalt, Stuttgart 1989.

Rozanski, Zeneon: Mützen ab. Eine Reportage aus der Strafkompanie des KZ Auschwitz. Bibliotheks- und Informationssystem der Universität, Oldenburg 1991 (Reprint).

Rutkowski, Adam: An Attempted Uprising of the Jewish Women Prisoners in the Budy Camp?, in: Yad Vashem Studies XVIII/1987, S. 259-274.

Ryn, Zdzislaw: Suicides in the Nazi Concentration Camps, in: Suicide and Life-Threatening Behavior, Vol. 16 (4)/1986, S. 419-433.

Ryn, Zdzislaw u.a.: An der Grenze zwischen Leben und Tod. Eine Studie über die Erscheinung des "Muselmanns" im Konzentrationslager, in: Auschwitz-Hefte 1/1987, S. 89-158.

ders.: Between Life and Death: Experiences of Concentration Camp Mussulmen During the Holocaust, in: Genetic, Social and General Psychology Monographs 1/1990, S. 7-19.

ders.: Hunger im Konzentrationslager, in: Auschwitz-Hefte 1/1987, S. 241-259.

202

Ryn, Zdzislaw/Klodzinski, Stanislaw: Zur Psychopathologie von Hunger und Hungererleben im Konzentrationslager, in: Auschwitz-Hefte 2/1987, S. 113-133.

dies.: Tod und Sterben im Konzentrationslager, in: Auschwitz-Hefte 1/1987, S. 281-328.

Schalamow, Warlam: Geschichten aus Kolyma. Ullstein, Frankfurt u.a. 1983.

Scharrer, Adam: Der Landsknecht. Biographie eines Nazi. Moskau 1934, in: Gesammelte Werke, Bd. VIII, S. 250-365. Aufbau, Berlin 1979.

Schiller, Ulrich (Text)/Sandler, Asir (Fotos): Blicke in den Gulag, in: Zeit-Magazin 22/1990, S. 54-65.

Schmolling, Paul: Human Reactions to the Nazi Concentration Camps: A Summing Up, in: Journal of Human Stress, Fall 1984, S. 108-120.

Schmorak, Don B. (Hrsg.): Sieben sagen aus. Zeugen im Eichmann-Prozeß. arani, Berlin 1962.

Schneider, Wolfgang (Hrsg.): "Vernichtungspolitik". Eine Debatte über den Zusammenhang von Sozialpolitik und Genozid im nationalsozialistischen Deutschland. Junius, Hamburg 1991.

Schoeller, Wilfried F.: Doppelgedächtnis. Eine Rede im ehemaligen Konzentrationslager Buchenwald, in: Frankfurter Rundschau, 15.4.1993.

Schwarberg, Günther: Der Juwelier von Majdanek. Geschichte eines Konzentrationslagers. Goldmann/Stern, Hamburg 1981.

Schwarz, Gudrun: Die nationalsozialistischen Lager. Campus, Frankfurt/New York 1990.

Schwarz, Richard: Aspekte einer neuen Machttheorie. Michel Foucault. Podium Progressiv, Mainz 1991.

Segev, Tom: The Commanders of Nazi Concentration Camps, in: The Jerusalem Quarterly 31/1984, S. 91-107.

Sehn, Jan: Konzentrationslager Auschwitz-Birkenau. Warschau 1957.

Seidel, Thomas A. (Hrsg.): Das Elend mit der Vergangenheit. Buchenwald von 1937-1950. Ettersburg 1991.

Semprun, Jorge: Die große Reise. Rowohlt, Reinbek 1964.

Sentaurens, Andrée: Dix-sept ans dans les camps soviétiques. Gallimard, Paris 1963.

Sereny, Gitta: Am Abgrund. Eine Gewissensforschung. Gespräche mit Franz Stangl, Kommandant von Treblinka, und anderen. Ullstein, Frankfurt u.a. 1980.

Shelach, Menachem: Sajmiste - an Extermination Camp in Serbia, in: Holocaust and Genocide Studies 2/1987, S. 243-260.

Shelley, Lore (Hrsg.): Secretaries of Death. Accounts by Former Prisoners Who Worked in the Gestapo of Auschwitz. Shengold Publishers, New York 1986. (deutsch: ajz, Bielefeld 1992)

Shifrin, Avraham: UdSSR - Reiseführer durch Gefängnisse und Konzentrationslager in der SU. Stephanus-Edition, Uhldingen/Seewis 1980.

Siegel, Achim: Die Dynamik des Terrors im Stalinismus. Centaurus, Pfaffenweiler 1992.

Simonow, Konstantin: Das Vernichtungslager <Majdanek>, in: Internationale Literatur - Deutsche Blätter 10/1944, nachgedruckt in: Düsseldorfer Debatte 1/1985, S. 63-76.

Smith, Howard K.: Feind hört mit. Ein amerikanischer Korrespondent erlebt Nazi-Deutschland. Rotbuch, Berlin 1982.

Sofsky, Wolfgang: Absolute Macht. Zur Soziologie des Konzentrationslagers, in: Leviathan 4/1990, S. 518-535.

Sofsky, Wolfgang: Die Ordnung des Terrors: das Konzentrationslager. Fischer, Frankfurt 1993

Solomon, Michael: Magadan. Sieben Jahre in sowjetischen Straflagern. Hestia, Bayreuth 1974.

Solschenyzin, Alexander: Ein Tag im Leben des Iwan Denissowitsch. Droemer/Knaur, München/Zürich 1963.

ders.: Der Archipel GULAG. 3 Bde, Rowohlt, Reinbek 1978.

Spies, Gerty: Drei Jahre Theresienstadt. Kaiser, München 1984.

Stadt Wien: Und dann möchte ich leben. Kinderzeichnungen aus Theresienstadt. Sonderausstellung des Historischen Museums 1989.

Stange, Jörg: Zur Legitimation von Gewalt in der nationalsozialistischen Ideologie. R.G. Fischer, Frankfurt 1987.

Stanic, Dorothea (Hrsg.): Kinder im KZ. Elefanten Press, Berlin 1982[2].

Starke, Käthe: Der Führer schenkt den Juden eine Stadt. Bilder - Impressionen - Reportagen - Dokumente. Haude & Spener, Berlin 1975.

Stein, André L.: 'Making Sense' at Auschwitz: A Phenomenological Look at Signs, in: Ars Semiotica, 3/1980, S. 351-362.

Steinberg, Lucien: The Jews against Hitler (Not as a Lamb). Gordon & Cremonesi, London/New York 1974.

Ten Boom, Carrie: Dennoch. R. Brockhaus, Wuppertal 1986[19].

Tenbruck, Friedrich H.: Die kulturellen Grundlagen der Gesellschaft. Der Fall der Moderne. Westdeutscher Verlag, Opladen 1989.

Tenenbaum, Joseph: Auschwitz in Retrospect. The Self-Portrait of Rudolf Hoess, Commander of Auschwitz, in: Jewish Social Studies, Vol. XV, 1953, S. 203-234.

The Drawings of Bruno Schulz. Northwestern University Press, Evanston/Ill. 1990.

Theweleit, Klaus: Männerphantasien. 2 Bde, Roter Stern, Frankfurt 1977.

Thom, Achim/Charegorodcev, Genadij Ivanovic: Medizin unterm Hakenkreuz. Volk und Gesundheit, Berlin 1989.

Tichner, Eva: J'étais le numéro 20832 à Auschwitz. L'Harmattan, Paris 1988

Timm, Susanne: Schauermäre. Zur besonderen Rolle der Musik im Konzentrationslager Theresienstadt. Diplomarbeit Kunstpädagogik, Hildesheim 1992.

Tökei, Ferenc: Zur Frage der asiatischen Produktionsweise. Luchterhand, Neuwied und Berlin 1969.

Tolstaya, Tatyana: In Cannibalistic Times, in: New York Review of Books, 11.04.1991.

Toulmin, Stephen: Kosmopolis. Die unerkannten Aufgaben der Moderne. Suhrkamp, Frankfurt 1991.

Trautman, Edgar C.: Fear and Panic in Nazi Concentration Camps: A Biosocial Evaluation of the Chronic Anxiety Syndrome, in: International Journal of Social Psychiatry 10 (1964), S. 134-141.

Tuchel, Johannes: Konzentrationslager. Organisationsgeschichte und Funktion der "Inspektion der Konzentrationslager" 1934-1938. Boldt-Verlag, Boppard 1991.

Unger, Michael: The Prisoner's First Encounter with Auschwitz, in: Holocaust and Genocide Studies 2/1986, S. 279-295.

Universitätsbibliothek Bremen: Konzentrationslager. Bibliographie zur Ausstellung. Kinderzeichnungen aus Theresienstadt. Bremen 1980.

Urmson, Birgit: Die Darstellung des KZ im amerikanischen Kino- und Fernsehfilm. Manuskript, Oakland/Cal. 1992.

U.S.S.R. Labor Camps. US Senate Hearing, Part 1 and 3. Government Printing Office, Washington 1973.

Van de Poel, Albert: Ich sah hinter den Vorhang. Ein Holländer erlebt Neuengamme. Mölich, Hamburg 1948.

Van West, Charles: Les marches de la mort, in: Bulletin Trimestriel de la Fondation Auschwitz 16/1987-88, S. 74-81, 17/1988, S. 91-98, 19/1989, S. 50-57.

Wallace, Robert: Zaren, Popen und Bojaren. Rußland von den Warägern bis zu Peter dem Großen. Rowohlt, Hamburg 1973.

Warwick, Ernest: Tamajao 241. A POW Camp on the River Kwai. Paul-Leagas, Rockford 1987.

Weber, Ilse: In deinen Mauern wohnt das Leid. Gedichte aus dem KZ Theresienstadt. Bleicher, Gerlingen 1991.

Weber, Klaus: Die Faschisierung der deutschen Psychologie. In: Psychologie & Gesellschaftskritik 61/1992, S. 5-25.

Weber, Max: Buchenwald: Legend and Reality, in: The Journal of Historical Review 4/1986, 87, S. 405-417.

Wehr, Helmut: Erich Fromm. SOAK, Hamburg 1990.

Weiss, Peter: Die Ermittlung. Dramen 2. Suhrkamp, Frankfurt 1968.

Wendt, Bernd-Jürgen: Der Holocaust im Streit der Deutungen. Vortrag im Rahmen der Serie "Die Juden unter dem Nationalsozialismus", Universität Hamburg, 15.01.1992.

Wiernik, Yankel: A Year in Treblinka. An Inmate Who Escaped, Tells the Day-To-Day Facts of One Year of His Torturous Experience. General Jewish Workers' Union of Poland, New York 1944.

Wiesel, Elie: Die Nacht zu begraben, Elischa. Ullstein, Frankfurt/Berlin 1990[3].

Wolken, Otto: Die Befreiung von Auschwitz-Birkenau, in: Auschwitz-Hefte 2/1987, S. 261-265.

Wollenberg, Jörg: Antisemitismus und Judenvernichtung, in: Arbeiterstimme 91/1991.

Wyman, David S.: The Abandonment of the Jews. America and the Holocaust 1941-1945. Pantheon, New York 1984.

Young, James E.: Triumph of the Spirit [Film]. USA, 1989.

Zeiler, Joachim: Psychogramm des Kommandanten von Auschwitz: Erkenntnis und Begegnung durch Zerstörung. Zur Autobiographie des Rudolf Höss, in: Psyche, April 1991, S. 335-362.

Ziegler, Jürgen: Mitten unter uns. Natzweiler-Struthof: Spuren eines Konzentrationslagers. VSA, Hamburg 1986.

Ziegler, Richard (Zeichnungen)/Beheim-Schwarzbach, Martin (Sonette): Führer sehen Dich an. Georg Heintz-Verlag, Worms 1975.

Zorin, Libushe: Soviet Prisons and Concentration Camps. An Annotated Bibliography. Oriental Research Partners, Newtonville/Mass. 1980.

Zygowski, Hans: Psychische Störungen als Produkt psychosozialer Verursachung, in: Psychologie & Gesellschaftskritik 2, 3/1990, S. 7-26.

links

Politische Kritik mit theoretischem Anspruch

Was ist links?

links gibt es seit 1969. Seither hat sich viel verändert, auch wir. Geblieben ist: Wir sind unabhängig, weder parteiorientiert noch Bewegungssprachrohr. Und wir halten wesentliche politische und theoretische Orientierungen der Protestbewegung immer noch für gültig.

Was will links?

links will nicht nur die gesellschaftlichen und politischen Verhältnisse radikal kritisieren, sondern auch versuchen, über Bedingungen, Ziele und Ansätze einer alternativen Politik nachzudenken.

Was steht in links?

In **links** lesen Sie: aktuelle, politische Debatten, Hintergrundberichte jenseits kommerzieller Medienaktualität, Diskussionsbeiträge politisch arbeitender Gruppen, politisch-theoretische Analysen (die nicht nur lesbar, sondern auch verstehbar sind) und natürlich Glossen und Kommentare mit Biß.

Kostenloses Probeexemplar bei

links, **PF 10 20 62, 63020 Offenbach**

★
PSYCHOLOGIE & GESELLSCHAFTSKRITIK

Themen der letzten Hefte:

Wiedervereinigung mit der Vergangenheit?

„Blätter"-Beiträge zum Thema Umwidmung und Entsorgung von Geschichte:

Lutz Hoffmann Verordneter Patriotismus • Reinhard Kühnl Weimar und Bonn – Zum Problem von Kontinuität und Bruch Dan Diner Deutschland im Epochenwechsel • Gudrun Hentges und Reinhard Kühnl Ausländische Arbeitskräfte in Deutschland – Ein historischer Rückblick • Adenauer und die Kosten Beiträge von Heinrich Hannover und Wilfried Loth • Arthur Heinrich Wunderbare Wandlung: Die Nachnachkriegsdeutschen und der Bosnien-Einmarsch • Heinrich Moldenschardt Zu schön, um wahr zu sein: Geschichtsaufbau Ost • Erich Honecker vor dem Berliner Landgericht Dokument im Wortlaut • Georg Fülberth Lebenslänglich für Honecker • Jürgen Elsässer Wiedervereinigung mit der Vergangenheit • Reinhard Kühnl Der 30. Januar 1933 – 60 Jahre danach • Eberhard Rondholz Deutsche Erblasten im jugoslawischen Bürgerkrieg • Bernd Faulenbach Eine neue Sicht der Geschichte? Zur Diskussion über die deutschen Vergangenheiten • Lothar Wieland Der deutsche Griff nach der Weltmacht – Die Fischer-Kontroverse in historischer Perspektive • Martin Bennhold Mitteleuropa – eine deutsche Politiktradition • Heinrich Senfft Über die Schwierigkeiten, des „Phänomens" DDR Herr zu werden

Die „Blätter" erscheinen im Eigenverlag der Redaktion, und sie sind unabhängig von politischen Parteien, Kirchen und Anzeigenkunden.

Abhängig sind wir von unseren LeserInnen.

Blätter für deutsche und internationale Politik

Eine Insel der Vernunft in einem Meer von Unsinn.

Blätter Verlagsgesellschaft, Bertha-von-Suttner-Platz 6, 53111 Bonn, Tel 0228/650133, Fax 0228/650251